ORGANISMOS GENETICAMENTE MODIFICADOS

PRECAUÇÃO, INFORMAÇÃO E DIREITOS FUNDAMENTAIS

CB037548

DANIELA GUARITA JAMBOR

Prefácio
Fernando Campos Scaff

Apresentação
Rodrigo de Lima Vaz Sampaio

ORGANISMOS GENETICAMENTE MODIFICADOS

PRECAUÇÃO, INFORMAÇÃO E DIREITOS FUNDAMENTAIS

Belo Horizonte
FÓRUM
CONHECIMENTO JURÍDICO
2022

© 2022 Editora Fórum Ltda.

É proibida a reprodução total ou parcial desta obra, por qualquer meio eletrônico, inclusive por processos xerográficos, sem autorização expressa do Editor.

Conselho Editorial

Adilson Abreu Dallari
Alécia Paolucci Nogueira Bicalho
Alexandre Coutinho Pagliarini
André Ramos Tavares
Carlos Ayres Britto
Carlos Mário da Silva Velloso
Cármen Lúcia Antunes Rocha
Cesar Augusto Guimarães Pereira
Clovis Beznos
Cristiana Fortini
Dinorá Adelaide Musetti Grotti
Diogo de Figueiredo Moreira Neto (*in memoriam*)
Egon Bockmann Moreira
Emerson Gabardo
Fabrício Motta
Fernando Rossi
Flávio Henrique Unes Pereira
Floriano de Azevedo Marques Neto
Gustavo Justino de Oliveira
Inês Virgínia Prado Soares
Jorge Ulisses Jacoby Fernandes
Juarez Freitas
Luciano Ferraz
Lúcio Delfino
Marcia Carla Pereira Ribeiro
Márcio Cammarosano
Marcos Ehrhardt Jr.
Maria Sylvia Zanella Di Pietro
Ney José de Freitas
Oswaldo Othon de Pontes Saraiva Filho
Paulo Modesto
Romeu Felipe Bacellar Filho
Sérgio Guerra
Walber de Moura Agra

Luís Cláudio Rodrigues Ferreira
Presidente e Editor

Coordenação editorial: Leonardo Eustáquio Siqueira Araújo
Aline Sobreira de Oliveira

Rua Paulo Ribeiro Bastos, 211 – Jardim Atlântico – CEP 31710-430
Belo Horizonte – Minas Gerais – Tel.: (31) 2121.4900
www.editoraforum.com.br – editoraforum@editoraforum.com.br

Técnica. Empenho. Zelo. Esses foram alguns dos cuidados aplicados na edição desta obra. No entanto, podem ocorrer erros de impressão, digitação ou mesmo restar alguma dúvida conceitual. Caso se constate algo assim, solicitamos a gentileza de nos comunicar através do *e-mail* editorial@editoraforum.com.br para que possamos esclarecer, no que couber. A sua contribuição é muito importante para mantermos a excelência editorial. A Editora Fórum agradece a sua contribuição.

Dados Internacionais de Catalogação na Publicação (CIP) de acordo com ISBD

J27o Jambor, Daniela Guarita
Organismos Geneticamente Modificados: precaução, informação e direitos fundamentais / Daniela Guarita Jambor. - Belo Horizonte: Fórum, 2022.

189p.; 14,5cm x 21,5cm.

Inclui bibliografia
ISBN: 978-65-5518-375-7

1. Direito. 2. Direito Civil. 3. Direito do Consumidor. 4. Direito Sanitário. I. Título.

2022-1126 CDD 347
CDU 347

Elaborado por Vagner Rodolfo da Silva - CRB-8/9410

Informação bibliográfica deste livro, conforme a NBR 6023:2018 da Associação Brasileira de Normas Técnicas (ABNT):

JAMBOR, Daniela Guarita. *Organismos Geneticamente Modificados*: precaução, informação e direitos fundamentais. Belo Horizonte: Fórum, 2022. 189p. ISBN 978-65-5518-375-7.

À minha família, em especial aos meus avós, Antônio Frigo Guarita (*in memoriam*) e Norma Eda Megale Guarita, e aos meus pais, João Enrique Jambor e Angela Margarida Guarita Jambor, que sempre me inspiraram.

AGRADECIMENTOS

Ao Fernando Campos Scaff, agradeço pelo apoio, pela gentileza, pela paciência, pela atenção e pela confiança em minha caminhada acadêmica. Muito obrigada pela oportunidade concedida e pela confiança naquela pessoa, inexperiente, que bateu em sua porta com a vontade de somar. Espero ter somado, inclusive com a felicidade e a empolgação das monitorias. A monitoria foi mais um sonho que me ajudou e me deu a oportunidade de realizar. Serei eternamente grata e o levarei como um exemplo a ser seguido.

Ao Rodrigo Vaz Sampaio, agradeço pelas valiosas contribuições ao longo da minha caminhada acadêmica, pela disponibilidade e pela paciência para discussões adicionais. Você é, certamente, um exemplo a ser seguido como acadêmico, professor e ser humano. Serei também eternamente grata.

À Patrícia Faga Iglecias Lemos, agradeço pela simplicidade, pela sensibilidade e pela paixão para com o tema e a confiança depositada em mim. Delicadeza e (muito) conhecimento na medida certa, pacífica e equilibrada. Muito obrigada pelas ideias e sugestões para o desenvolvimento e a finalização desta obra.

Aos meus pais, João Enrique Jambor e Angela Margarida Guarita Jambor, e à minha irmã, Mariana Guarita Jambor, agradeço pelo apoio, pela inspiração e pela confiança em todas as etapas da minha vida. Notas particulares à minha mãe, Angela, que me demonstrou que o amor não tem limites, literalmente. Superou diversos obstáculos para me mostrar que dedicação, vontade, esforço, sinceridade, simplicidade, cumplicidade e empatia (e, claro, amor) movem montanhas, possibilitando a realização de sonhos. Aos grandes e, ao mesmo tempo, pequenos e incríveis Albert, Stephen (*in memoriam*) e Giulia, o meu muito obrigada por me ouvirem, serem meus (silenciosos e atenciosos) confidentes e estarem comigo nesta jornada, cada um do seu jeito e com suas particularidades.

Aos meus amigos, agradeço pelo apoio, pela paciência nos tempos de estudo e pelas discussões jurídicas intermináveis. Ao Fernando Eick, por me apoiar, ser meu companheiro de estudos e confidente. Tantas trocas acadêmicas e pessoais realizadas ao longo desses poucos e, ao mesmo tempo, muitos anos de convivência. À Maria Priscilla Ernandes Veiga Oliveira, à Nathália Nogueira Fagundes e ao Thales Rodrigues da Costa, amigos que vieram de maneira única, para acrescentar à minha vida. Vocês são incríveis, cada um com seu jeito e com a sua medida, obrigada por me apoiarem e me inspirarem. A todos os meus amigos, obrigada por permanecerem do meu lado em todas as circunstâncias.

A todos do SPLAW, agradeço pelo apoio, pela compreensão e pela convivência diária. Em particular ao Benny Spiewak, pela compreensão, pela solidariedade e pelo apoio, em minhas diversas "fases" da vida. Benny, que sempre se colocou à disposição; suas considerações, conhecimento, simplicidade e opiniões me levaram a amadurecer alguns assuntos refletidos nesta obra.

Ao Marco Aurélio Torronteguy, agradeço pelos intermináveis empréstimos de livros e discussões. Existiram muitos momentos em que o meu não saber se encontrou com o seu (muito) saber. Muito obrigada pelas broncas, pelos puxões de orelha e incentivos e, claro, pelo "você consegue fazer melhor do que isso".

Ao Rubens Granja, por me inserir no mundo acadêmico. A vontade já existia, mas a possibilidade de alinhar e harmonizar o profissional e o acadêmico foi você que me mostrou.

E a você, leitor, o meu muito obrigada. Pela curiosidade, pela vontade de se informar e de aprender e pelo apoio a esta obra. Sem você, do outro lado, nada disso seria possível. Conhecimento é para ser compartilhado, ainda que não concordemos com as (inúmeras) questões sem resposta e sem unanimidade desta obra. Você, certamente, me ajudou nesta (importante) página de minha vida. Convido-o a devorar as próximas páginas e espero poder contribuir com o seu aprendizado e experiência. E, por favor, me questione e não concorde com tudo o que ler neste livro.

Novamente, o meu muito obrigada a todos!

Although modern biotechnology over the past few decades has opened up new avenues and opportunities in a wide range of sectors, from agriculture to pharmaceutical production, the scale of the global debate on GMOs is unprecedented. This debate, which is very intensive and at times emotionally charged, has polarized scientists, food producers, consumers and public interest groups as well as governments and policymakers.

(Food and Agriculture Organization of the United Nations – FAO. Genetically modified organisms, consumers, food safety and the environment. FAO Ethics Series, vol. 2. Roma: 2001.)

LISTA DE ABREVIATURAS E SIGLAS

ABIA – Associação Brasileira das Indústrias da Alimentação
ADN – Ácido Desoxirribonucleico Recombinante
ADN/ARN – Material Genético
AIR – Análise de Impacto Regulatório
AMS – *Agricultural Marketing Service*
ANVISA – Agência Nacional de Vigilância Sanitária
BE – Substância de Bioengenharia
CC – Código Civil
CDC – Código de Defesa do Consumidor
CE – Comunidade Europeia
CEE – Comunidade Econômica Europeia
CF/88 – Constituição da República Federativa do Brasil de 1988
CIB – Conselho de Informações sobre Biotecnologia
CJF – Conselho da Justiça Federal
CNBS – Conselho Nacional de Biossegurança
COM – Comissão das Comunidades Europeias
CTNBio – Comissão Técnica Nacional de Biossegurança
DNA – Ácido Desoxirribonucleico
DUDH – Declaração Universal dos Direitos Humanos
IBGE – Instituto Brasileiro de Geografia e Estatística
IBOPE – Instituto Brasileiro de Opinião Pública e Estatística
IDEC – Instituto Brasileiro de Defesa do Consumidor
ISAAA – *The International Service for the Acquisition of Agri-biotech Applications*
MAPA – Ministério da Agricultura, Pecuária e Abastecimento
MPF – Ministério Público Federal
OGM – Organismo Geneticamente Modificado
OGMs – Organismos Geneticamente Modificados
ONGs – Organizações Não Governamentais
ONU – Organização das Nações Unidas
PIB – Produto Interno Bruto
PNAD – Pesquisa Nacional por Amostra de Domicílios
PNB – Política Nacional de Biossegurança
PNDC – Política Nacional de Defesa do Consumidor
PNEA – Política Nacional de Educação Ambiental
PNMA – Política Nacional do Meio Ambiente
PNRC – Política Nacional das Relações de Consumo
PROCONs – Órgãos de defesa dos consumidores
QR Code – *Quick Response Code*

rDNA – Ácido Desoxirribonucleico Recombinante
SAC – Serviço de Atendimento ao Consumidor
SDA – Secretaria de Defesa Agropecuária
SDA/MAPA – Secretaria de Defesa Agropecuária do Ministério da Agricultura, Pecuária e Abastecimento
SENACON – Secretaria Nacional do Consumidor
SF – Senado Federal
SISNAMA – Sistema Nacional do Meio Ambiente
STJ – Superior Tribunal de Justiça
TJUE – Tribunal de Justiça da União Europeia
TPS – Tomada Pública de Subsídios
TRF1 – Tribunal Regional Federal da 1ª Região
UE – União Europeia
UERGS – Universidade Estadual do Rio Grande do Sul

SUMÁRIO

PREFÁCIO

Num contrato, a obrigação principal atribuída a cada parte e as correspondentes prestações que devam ser adimplidas constituem aquilo que qualifica um determinado negócio jurídico, distinguindo-o dos demais. Assim, na compra e na venda, a obrigação de pagar o preço, de um lado, e a de transferir a propriedade, de outro, determinam o regramento daquele certo contrato e como deverá ser ele interpretado.

Identificada a operação econômica pretendida pelas partes, pois, busca-se o instrumento jurídico correlato, muitas vezes um contrato típico, regulado em lei.

Ocorre que, com o passar do tempo, a doutrina e o legislador passaram a reconhecer, cada vez mais, a presença de outros elementos que também participam o conteúdo do contrato, ou mesmo do ato jurídico stricto sensu, somando-se àquela obrigação principal e gerando, assim, várias outras consequências.

Qual poderia ser o objetivo desse alargamento das modalidades de obrigações, declaradas expressamente ou meramente implícitas, e que impõem às partes outros deveres, ditos laterais, que se somam àqueles primeiros e fundamentais de um determinado negócio jurídico?

As finalidades são várias, mas remetem, em um grande número de situações, à proteção que deve ser atribuída a uma parte que, numa determinada relação específica, apresente vulnerabilidades que a coloquem numa situação de injusta inferioridade perante a sua contraparte.

Por outro lado, a incidência desse dever lateral de informação, mais e mais importante, já atinge uma ampla gama de atividades humanas e se espraia para tantas outras, em especial aquelas que, por características específicas e complexidades inerentes, colocam uma das partes – aquela que, por um sem-número de razões, não possa ter conhecimento completo das características do bem, do ato ou do contrato – numa insuperável situação de vulnerabilidade, exigindo assim que lhe seja atribuída uma proteção específica.

É o que ocorreu no chamado Direito à Saúde, na relação médico-paciente, na qual o chamado consentimento informado ganhou status diferenciado e essencial, qualificador desse tipo específico de atividade.

Mais recentemente, é o que ocorre com a criação e utilização massiva dos organismos geneticamente modificados, desenvolvidos com tecnologia de ponta, ela mesma um bem em si, de conhecimento restrito e qualificado.

Nesse sentido revela-se o interesse no estudo feito por Daniela Guarita Jambor e que resultou na obra que tenho a satisfação de prefaciar.

Os organismos criados a partir dos avanços da engenharia genética e que na agricultura servem a objetivos de produção eficiente, com maior resistência a pragas e menores exigências quanto à área plantada ou a situações climáticas, devem atender também cuidados atinentes à segurança alimentar, à proteção ao meio-ambiente e à redução de riscos inerentes a essa modalidade de novas espécies.

É um campo ainda novo, mas que tem gerado constantes preocupações, assim como intenso debate, não apenas doutrinário, como também na própria sociedade em geral.

Reconhecidas a atualidade e a importância do tema, o livro *Organismos geneticamente modificados*: precaução, informação e direitos fundamentais, fruto da dissertação com a qual Daniela Guarita Jambor obteve o título de mestre pela Faculdade de Direito da Universidade de São Paulo, tem o grande mérito de abordar questões cruciais e que afetam a vida cotidiana das pessoas.

Esse desafio foi enfrentado diretamente pela autora, para o que recorreu a uma pesquisa séria e qualificada, cumprindo de modo mais do que adequado o esforço de sistematização dos diversos pontos envolvidos nas questões mais importantes, relativas aos deveres atribuídos àqueles que desenvolvem tais atividades com OGMs, bem como às consequências oriundas do inadimplemento desses mesmos deveres, em especial aquele da informação.

Trata-se da análise, pois, de uma atividade de risco, a qual exacerba a obrigação de esclarecer e de disponibilizar o máximo de informações, não apenas ao consumidor, mas para todo aquele que seja ou possa ser afetado pela mera existência de uma nova espécie de planta, por exemplo.

Daniela Guarita Jambor elaborou, assim, um trabalho consistente, fundamentado e claro. Com ele, logrou obter um título acadêmico de grande dignidade.

Tenho, assim, segurança em recomendar a leitura deste livro, reconhecendo a sua importância como obra jurídica séria e de inegável utilidade.

Arcadas de São Francisco, fevereiro de 2022.

Fernando Campos Scaff

Professor Titular da Faculdade de Direito
da Universidade de São Paulo.

Costuma-se afirmar que o Direito deve acompanhar os avanços sociais. O Direito estaria, assim, atrasado em relação aos fatos. Essa (pré) concepção denota típica ideia dos nossos tempos, em que, por motivos variados, o papel do jurista é relegado a segundo plano.

Esse discurso moderno-contemporâneo não se aplica à proteção da informação, nem aos avanços obtidos no campo da segurança alimentar. O Direito aqui inspira mudança na sociedade e assume o protagonismo que sempre deveria ter mantido.

Em qual limite a informação deve ser oferecida e a precaução devidamente tutelada sem prejudicar a capacidade de se alimentar gigantesco número de pessoas? A segurança alimentar, necessária como é, pode chegar ao limite de destruir a missão de multiplicação da espécie humana? Essas perguntas – possíveis hipóteses de pesquisa de natureza jurídica e interdisciplinar – estão na agenda de discussão dos Organismos Geneticamente Modificados (OGMs).

Para grande parte dos estudiosos, a produção de alimentos com utilização de biotecnologia tem-se tornado inevitável. Manter cadeias produtivas "livres de OGM" é extremamente difícil. Em sua obra The Regulation of Genetically Modified Organisms: Comparative Approaches, Luc Bodiguel e Michael Cardwell acreditam que a expansão dos organismos geneticamente modificados seja inevitável. Isolamento de cadeias de produtos OGMs apresenta-se como desafio talvez impossível de ser contornado.

Esse caminho conduziu a uma resposta regulatória – ou seja, jurídica – bastante irregular. Do ponto de vista comparado, a experiência é variada. Argentina e Estados Unidos da América, por exemplo, pressupõem igualdade entre alimentos OGMs e aqueles tradicionais, o que conduz a autorizações de novas variedades; enquanto a African Model Law on Safety in Biotechnology acomoda o princípio da precaução dosado com critérios econômico-sociais.

A múltipla resposta regulatória é indispensável, mas ainda foi impulsionada pela necessidade (dos fatos). O Direito, todavia, foi além ao estabelecer protagonismo não apenas por anteceder situações que merecem tutela, mas também por determinar caminhos de inovação ao regular. Para isso, o mundo jurídico usufrui(u) de conjunto de categorias possíveis de serem expandidas. Recordo apenas duas, intimamente relacionadas à questão OGMs: informação e precaução.

O ser humano deve e tem o direito de saber o que está ingerindo. Deve, pois, saber que, ao se alimentar de determinados produtos, põe em risco não apenas sua saúde e seu bem-estar, mas também da coletividade. Afinal, é princípio fundamental do Direito honeste vivere: estabelecer um comportamento inserido em grupo e em sociedade. Tem o direito de entender que as empresas devem informar do que os alimentos e bebidas são compostos e como são produzidos. Esse direito estabelece um dever – poder-dever em razão de alguns aspectos de proteção industrial – das empresas serem exaustivas na transparência à informação.

A informação, dado elaborado e apresentado ao mundo, é campo próprio jurídico. À primeira vista, como parece ser, essa afirmação soa despropositada. Porém, desde as experiências romanas – primeira formatação propriamente do Direito como instituição – há preocupação (legítima) no que e como se comunica a outra parte vinculada à obrigação. Sempre houve conjunto significativo de casos com esta vexata quaestio. A realização de um contrato, em possível recorte, significa troca de informações, que nada mais são, repito, dados elaborados pelos envolvidos.

Além desse repertório que se tornou quase inato pela perspectiva histórico-jurídica, a precaução, ao se referir ao dano futuro e ainda não imaginado, conferiu ao Direito mais envergadura em seu protagonismo social. O jurista é um líder inato, mas, por motivos que não nos cabe em uma Apresentação, foi esquecido no Panteão das Profissões. Ao associar a informação com a precaução, o Direito determina o futuro e ultrapassa a parede de fogo de Dante por anteceder aos fatos e estabelecer diretrizes do porvir.

* * * * *

Essas são as circunstâncias as quais rodeiam, com clareza, este livro.

Recebi, com grande alegria, o convite da Mestre Daniela Guarita Jambor, estudiosa de Direito Civil da Faculdade de Direito do Largo de São Francisco da Universidade de São Paulo. Além da importância do tema e da profundidade apresentada pela pesquisadora, o livro publicado pela Editora Fórum foi orientado pelo Professor Titular Fernando Campos Scaff, civilista de grande envergadura internacional e hábil formador de discípulos.

Ao participar da Banca de Mestrado da outrora candidata, percebi sua preocupação, como também notará o leitor, em estabelecer com bases firmes as categorias da informação e da precaução, bem como relação entre ambas no tema OGMs. Trata-se de profícua linha de pesquisa tanto do ponto de vista epistemológico devido à escassez de estudos como este quanto por sua aplicação prática imediata principalmente na riqueza da agropecuária brasileira.

É mérito da autora nos conduzir por um tema como o fez Virgílio na Divina Comédia. Os temas transversais e laterais são também apresentados com devida profundidade ao lado de irretocáveis considerações sobre o ordenamento jurídico brasileiro em comparação com o estado da arte na União Europeia e nos Estados Unidos da América.

É um texto que se torna incontornável para a literatura sobre a segurança alimentar ao unir a necessidade de se alimentar o mundo com bem-estar e saúde de todos.

A comunidade jurídica aguarda com muita ansiedade os próximos escritos de sua autora,

Expectativa criada e que há de ser cumprida,

São Paulo, 18 de fevereiro de 2022.

Rodrigo de Lima Vaz Sampaio

Pós-Doutor em Direito Civil e Romano pela Faculdade de Direito da Universidade de São Paulo. Diretor Acadêmico e Professor Titular do CEU Law School. Professor da Faculdade de Direito de Ribeirão Preto da Universidade de São Paulo [2018-2020]. Árbitro e Advogado.

CAPÍTULO 1

DO DIREITO E DO DEVER À INFORMAÇÃO

1.1 Parte geral

1.1.1 Importância do direito à informação

A informação é destaque na sociedade: é por meio dela que a sociedade contemporânea se desenvolve. A informação pode ser transmitida de diversas maneiras: dados, saberes, conhecimento, sons, formas, palavras, imagens, símbolos, entre outras.

O tema é tão importante que, na Alemanha, se considera a autonomia de um direito da informação como ramo do direito privado constitucionalizado. Além disso, o direito à informação é previsto na Declaração Universal dos Direitos Humanos ((DUDH) – Resolução nº 217-A(III) da Assembleia Geral das Nações Unidas):

> Art. 19. Toda pessoa tem direito à liberdade de opinião e expressão; este direito inclui a liberdade de, sem interferências, ter opiniões e de procurar, receber e transmitir informações e ideias por quaisquer meios, independentemente de fronteiras.[1]

Há quem defenda que a eficiência do mercado depende da existência de informação adequada,[2] bem como que a informação é "um

---

1 ORGANIZAÇÃO DAS NAÇÕES UNIDAS. *Resolução nº 217-A (III), de 10 de dezembro de 1948*. Disponível em: https://www.un.org/ga/search/view_doc.asp?symbol=A/RES/217(III)&Lang=E. Acesso em: 2 maio 2022.

2 BAR-GILL, Oren; BOARD, Oliver. Product-use information and the limits of voluntary disclosure. *American Law and Economics Review*, v. 14, n. 1, p. 235-270, 2012.

instrumento regulador de liberdades e possui clara função de inclusão social e política".[3] No Sistema de Proteção ao Consumidor, uma das grandes questões é, justamente, se o consumidor possui informação adequada.

A informação é assim sumarizada:

> Informação é, ao mesmo tempo, um estado subjetivo, é o saber ou o não saber, informação é um processo interativo, que se denomina normalmente de comunicação (tornar comum); informação é um conteúdo, são os dados, saberes, conhecimento, imagens, sons, formas, palavras, símbolos ou (in)formações organizadas, e – acima de tudo – informação é um direito![4]

O direito à informação possui caráter individual e coletivo, abrangendo interesses particulares e sociais. Além disso, é direito subjetivo, público e privado, essencial à pessoa humana.

> A informação deve ser compreendida como um bem público, como categoria de direito difuso dotado de característica da transindividualidade. É um direito que pertence a todos indistintamente, ninguém detém a sua exclusividade e muito menos a sua titularidade.[5]

O direito à informação é direito fundamental.[6] A sua base/fundamento varia de posição. Por exemplo:

---

[3] Fabíola Meira de Almeida Santos continua: "A informação configura elemento constitutivo da decisão, ou seja, é requisito para que o homem exerça os seus direitos e tome suas decisões de forma livre como sujeito universal de direitos, afinal 'informar é promover participação'". (SANTOS, Fabíola Meira de Almeida. Informação como instrumento para amenizar riscos na sociedade de consumo. *Revista de Direito do Consumidor*, v. 107, p. 363-384, set./out., 2016).

[4] MARQUES, Claudia Lima. Apresentação. *In:* BARBOSA, Fernanda Nunes. *Informação*: direito e dever nas relações de consumo. São Paulo: Editora Revista dos Tribunais, 2008. p. 10-11.

[5] ALBUQUERQUE, Fabíola Santos. O princípio da informação à luz do Código Civil e do Código de Defesa do Consumidor. *In*: BARROSO, Lucas Abreu (Org.). *Introdução crítica ao Código Civil*. Rio de Janeiro: Forense, 2006. p. 107.

[6] O aprovado pode ser verificado em um dos painéis de conclusão do V Congresso de Direito do Consumidor: "O direito à informação, conferido ao consumidor, é espécie do gênero Direitos Fundamentais, como especificação da tutela constitucional do consumidor, tendo sido expressa e conjuntamente previsto nos incisos XIV, XXXII e XXXIII do art. 5º da CF/1988. Essas normas são de aplicabilidade imediata, como direitos de prestação e proteção, dirigidos ao legislador, ao Judiciário (neste caso, como critérios nucleares de interpretação), à Administração Pública e aos Particulares, conformadores nas normas infraconstitucionais, inclusive do Código de Defesa do Consumidor (aprovada por unanimidade)". (MALFATTI, Alexandre David. *O direito de informação no código de defesa do consumidor*. São Paulo: Alfabeto Jurídico, 2003. p. 247).

(i) A base é a dignidade da pessoa humana: "[d]e onde o direito a ser informado e receber um tratamento equitativo e digno se constituiu em um direito inerente à pessoa" (tradução livre).[7]

(ii) (a) o direito à informação é constitucionalmente garantido pelo art. 5º, XIV, há a garantia de que o Estado promoverá a defesa do consumidor (art. 5º, XXXII) e a defesa do consumidor figura também como princípio geral da ordem econômica (art. 170, V);[8] e (b) a proteção da pessoa humana é objeto primordial de defesa do direito.[9]

(iii) É direito fundamental do ser humano, fazendo parte do direito à vida digna e saudável. "Portanto, a informação pode ser entendida como direito fundamental [...] e pedra angular da cidadania".[10]

A informação possui relevância nas mais diversas áreas do Direito, desempenhando papéis de prevenção ou minimização de danos (contratuais e extracontratuais), para evitar dano moral, evitar o abuso por falta ou omissão de informação, servir como forma de educar o consumidor. No Sistema de Proteção ao Consumidor, a informação é instrumento de liberdade, instrumento de igualdade (reequilíbrio da

---

7 Do original: "*A abundamiento cabe señalar que, el derecho del consumidor a ser informado, tiene definitivamente ganado el caracter de garantía fundamental, constitucional sustentada en el reconocimiento de la dignidad de la persona (art. 42, Constitución Nacional). De donde el derecho a ser informado y recibir un trato equitativo y digno se há constituido en derecho inherente a la persona*". (STIGLITZ, Rubén S. La obligación precontractual y contractual de información. El deber de consejo. *Revista de Direito do Consumidor*, v. 22, p. 9-25, abr./jun., 1997).

8 "[...] [N]ão há como deixar de reconhecer o caráter de direito fundamental à informação do consumidor. Proteger o consumidor, como pretendeu o legislador brasileiro de 1988, como direito e garantia fundamental, significa, antes de mais nada, reequilibrar a relação que este desenvolve com o agente produtivo, o fornecedor, o que somente se alcança com a garantia de uma informação plena e veraz". (BARBOSA, Fernanda Nunes. *Informação*: direito e dever nas relações de consumo. São Paulo: Editora Revista dos Tribunais, 2008. p. 85).

9 "É nesse sentido que, para nós, o direito à informação ganha *status* de direito fundamental, na medida em que a proteção da pessoa humana passa, necessariamente, pela defesa da sua nova autonomia de vontade, a qual somente se fortalece por meio da proteção da informação efetiva. É, destarte, o papel assumido pelos direitos humanos, no âmbito do direito internacional, e pelos direitos fundamentais da pessoa, no âmbito interno dos Estados, como forma de assegurar a primazia dos interesses da pessoa humana no que ela tem de essencial sobre qualquer outro, que acaba por elevar, em última análise, o direito à informação à categoria de direito fundamental". (BARBOSA, Fernanda Nunes. *Informação*: direito e dever nas relações de consumo. São Paulo: Editora Revista dos Tribunais, 2008. p. 90-91).

10 CAVALCANTI, Ana Elizabeth Lapa Wanderley. *O impacto da rotulagem dos alimentos transgênicos nos direitos da personalidade e na sadia qualidade de vida*. 2006. 350p. Tese (Doutorado em Direito) – Pontifícia Universidade Católica de São Paulo, São Paulo, 2006. p. 248-249.

relação de consumo[11 12 13]) e instrumento de solidariedade. A informação é ferramenta de proteção econômica.

A informação é o modo de gerenciar os riscos. Os consumidores só conseguem e podem decidir se estiverem minimamente informados. Questionamos: o que seria "minimamente informado"? Qual seria a baliza no Brasil, considerando o país heterogêneo, em desenvolvimento, que apresenta índices de analfabetismo e analfabetismo funcional alarmantes? As informações e os símbolos, como determinado pelas normas, são suficientes e atingem a finalidade para os quais foram criados? Apenas a parte privilegiada da sociedade é capaz de absorver, interpretar e, então, escolher determinado produto ou serviço, com base nas informações estipuladas pelas normas?

Tome, como exemplo, os Organismos Geneticamente Modificados (OGMs). O símbolo e as informações determinados pela legislação são claros o suficiente para transmitir à sociedade o risco que podem causar à saúde? A maneira de informar atinge toda a sociedade ou apenas parcela? Ou, ainda, a parcela privilegiada da sociedade absorve, interpreta, entende e utiliza a informação relacionada aos OGMs?

O Direito Ambiental é visto como área do Direito desenvolvida e contemporânea, e suas lições quanto à informação e à participação popular devem ser apreendidas e transportadas às demais áreas do Direito. O Poder Público possui a obrigação de promover a conscientização da população para certos temas – notadamente os que atingem direitos fundamentais, como saúde pública – e incentivar a participação/ contribuição popular.

---

[11] "Nas relações de consumo, tipicamente de massa, onde o conhecimento sobre os produtos e serviços por parte dos consumidores é escasso, onde impera a complexidade técnica e a ausência de tempo para qualquer verificação mais detalhada, a informação é algo fundamental. Ela cria no destinatário uma confiança; crê o consumidor que aquilo que lhe está sendo dito é verdadeiro, é correto, é seguro". (GUIMARÃES, Paulo Jorge Scartezzini. A informação ao consumidor e a responsabilidade civil solidária. *Revista de Direito do Consumidor*, v. 38, p. 290-297, abr./jun. 2001).

[12] Para Geraint Howells, o ato de fornecer informação é resposta à assimetria informacional existente entre consumidores e fornecedores. (HOWELLS, Geraint. The potential and limits of consumer empowerment by information. *Journal of Law and Society*, v. 32, n. 3, p. 349-370, set. 2005).

[13] O fabricante possuiria melhores informações sobre as atribuições do produto, mas a assimetria informacional seria eliminada por meio da divulgação da informação. A falha de providenciar instruções e avisos razoáveis seria considerada como defeito. Ou seja, avisos ao consumidor seriam uma das maneiras de afastar a responsabilidade do fabricante. (BAR-GILL, Oren; BOARD, Oliver. Product-use information and the limits of voluntary disclosure. *American Law and Economics Review*, v. 14, n. 1, p. 235-270, 2012).

Apenas com a devida e correta informação é possível viabilizar a participação da sociedade.[14] [15] "Trata-se de um desmembramento dos princípios previstos nos arts. 3º e 4º da CF/1988, que abordam a construção de uma sociedade livre, justa e igualitária e da cooperação dos povos para o progresso da humanidade".[16]

Além disso, a informação possui importante papel na concretização de ideais de liberdade e igualdade, que correspondem ao discurso moderno.[17] O direito à informação passou a ser condição para efetivar a participação da sociedade, permitindo à sociedade atuar de modo consciente e eficaz.[18] O direito à informação é de cada um e de todos. A informação assumiu valor social na contemporaneidade.

1.1.2 Informação no Sistema de Proteção ao Consumidor

1.1.2.1 Direito à informação no Sistema de Proteção ao Consumidor

O Código de Defesa do Consumidor (CDC) confere grande relevância à informação, prevendo-a em inúmeros dispositivos.

---

[14] O Superior Tribunal de Justiça (STJ) entendeu que o direito à informação é pressuposto e garantia de eficácia do direito da participação das pessoas em formular, implementar e fiscalizar políticas públicas, com a finalidade de promover a conscientização, de formar uma consciência e de garantir o acesso adequado às informações sobre o meio ambiente de que disponham as autoridades, sendo que cabe aos Estados facilitar e estimular a conscientização e a participação, fornecendo a todos as informações. "Nessa linha de raciocínio, [...] os órgãos ambientais portam universal e indisponível dever de informar clara, ativa, cabal e honestamente a população, 'independentemente da comprovação de interesse específico' [...], para tanto utilizando-se de dados que gerem ou lhes aportem, mesmo quando ainda não detentores de certeza científica, pois uma das formas mais eloquentes de expressão do *princípio da precaução* ocorre precisamente no campo da transparência e da publicidade do Estado". (BRASIL. STJ, *REsp nº 1.505.923*, 2ª Turma, Rel. Min. Herman Benjamin, j. em 21.5.2015).

[15] Paulo Affonso Leme Machado destaca que para a informação ambiental produzir os seus resultados imediatos e eficazes, há a necessidade de quem possui a informação (particular ou Governo) a torne pública de forma contínua e organizada, independentemente de pedido. (MACHADO, Paulo Affonso Leme. Informação e participação: instrumentos necessários para a implementação do Direito Ambiental. *Revista de Informação Legislativa*, n. 134, p. 213-218, abr./jun., 1997).

[16] LEMOS, Patrícia Faga Iglecias. *Resíduos sólidos e responsabilidade civil pós-consumo*. 3. ed. São Paulo: Editora Revista dos Tribunais, 2014. p. 54-55.

[17] BARBOSA, Fernanda Nunes. *Informação*: direito e dever nas relações de consumo. São Paulo: Editora Revista dos Tribunais, 2008. p. 10-11.

[18] ATZ, Ana Paula. O gerenciamento do risco no direito do consumidor a partir da observação do princípio da informação. *Revista de Direito do Consumidor*, v. 100, p. 225-265, jul./ago., 2015.

Curiosamente, a maioria dos tipos penais[19] é motivada pela garantia à informação. A informação divide-se em dois vieses: (i) o direito de o consumidor ser informado; e (ii) o dever do fornecedor de informar.

O direito à informação é consagrado como objetivo (art. 4º, *caput*, CDC), princípio da Política Nacional das Relações de Consumo (PNRC) (art. 4º, IV, CDC) e direito básico do consumidor (art. 6º, III, CDC). É, portanto, direito autônomo.

A informação deve ser adequada[20] e clara[21] sobre os produtos e/ou serviços, com especificação de quantidade, qualidade, características, composição, preço e riscos que apresentam. Ao veicular informações, o fornecedor de produtos e/ou serviços deve observar os deveres de transparência e veracidade, inseridos na boa-fé objetiva, para evitar confusão do consumidor causada pela informação dúbia, imprecisa, inverídica e/ou excessiva. Um dos parâmetros para veicular a informação é a utilidade: os dados inúteis e/ou confusos devem ser suprimidos.

Há requisitos para satisfazer o direito à informação: o art. 31 do CDC obriga o fornecedor a veicular informação de forma correta, clara, precisa e ostensiva. A informação será correta quando corresponder à verdade. A informação correta está relacionada ao princípio da transparência, que integra a PNRC. A informação será clara quando o seu entendimento for fácil. Será precisa quando possuir os dados necessários, não sendo prolixa. A informação deve ser verdadeira, sendo a veracidade da informação um princípio. A informação deve ser

---

19 Por exemplo, de acordo com o art. 66 do Código de Defesa do Consumidor, é infração penal: "[f]azer afirmação falsa ou enganosa, ou omitir informação relevante sobre a natureza, característica, qualidade, quantidade, segurança, desempenho, durabilidade, preço ou garantia de produtos ou serviços". (BRASIL. *Lei nº 8.078, de 11 de setembro de 1990*. Dispõe sobre a proteção do consumidor e dá outras providências. Disponível em: http://www.planalto.gov.br/ccivil_03/leis/l8078compilado.htm. Acesso em: 2 maio 2022).

20 "O STJ já decidiu que informação adequada, nos termos do art. 6º, III, do CDC, é aquela que se apresenta simultaneamente completa, gratuita e útil; vedada, nesse último caso, a diluição da comunicação efetivamente relevante pelo uso de informações soltas, redundantes ou destituídas de qualquer serventia para o consumidor (BRASIL. STJ, *REsp 586.316*, 2ª T., Rel. Min. Herman Benjamin, DJ 19/03/09). Se ao fornecedor fosse dado esconder a informação útil (porém potencialmente contrária aos interesses comerciais do fornecedor) no meio de uma multidão de informações inúteis, esvaziado estaria o direito subjetivo do consumidor de ser informado com clareza e exatidão". (BRAGA NETTO, Felipe Peixoto. *Manual de direito do consumidor*: à luz da jurisprudência do STJ. 14. ed., rev., ampl. e atual. Salvador: Ed. JusPodivm, 2019. p. 72).

21 "Informação 'adequada' é aquela que tem congruência, que é apropriada. Informação 'clara' é aquela que tem limpidez, que é perfeitamente compreensível" (MACHADO, Paulo Affonso Leme. *Direito à informação e meio ambiente*. 2. ed., rev., ampl., e atual. São Paulo: Malheiros, 2018. p. 68).

ostensiva, que significa "com facilidade de ser lida e compreendida",[22] de fácil constatação/percepção. Por fim, a informação deve ser em português e gratuita.

O art. 31 do CDC possui rol exemplificativo (verifique a expressão "entre outros dados" do dispositivo), de maneira que o fornecedor deve apresentar quantas informações sejam necessárias para o consumidor ser bem informado e, então, escolher livremente. O legislador acertou em seu posicionamento, porque fixar as características da informação fadaria ao insucesso. A variedade de produtos e serviços e a inovação tecnológica impõem a "evolução" e o "molde" da informação a cada caso.

Em suma, a informação será adequada quando possuir elementos de qualidade e quantidade necessárias para o consumidor formar livremente a sua vontade e ser, simultaneamente, útil, completa e gratuita. Observe, ainda, que a informação deve ser adequada à circunstância, conforme o grau de compreensão e de limitação do consumidor.

Quando envolver produtos e serviços considerados potencialmente nocivos ou perigosos, há rigidez: a informação deve ser mais clara, completa, precisa e ostensiva, por conta do maior grau de nocividade e de periculosidade. A advertência variará de acordo com o público-alvo: leigo ou técnico.

O dever de informar exige comportamento positivo e ativo, não aceitando que o silêncio se equivale à informação e não se coaduna com meia informação, semi-informação ou informação parcial. "Informação ou é prestada de forma completa, ou não é informação no sentido jurídico (e prático) que lhe atribui o CDC".[23]

> Saliente-se que, no Código de Defesa do Consumidor, o dever de informar não é tratado como mero dever secundário, e sim como dever básico, essencial e intrínseco às relações de consumo. Não é válida a meia informação ou a informação incompleta. A informação deve cumprir a sua função de conscientizar o consumidor sobre os produtos ou serviços que lhe são oferecidos. Dessarte, não é suficiente oferecer a informação: é preciso saber transmiti-la, porque mesmo a informação completa e verdadeira pode vir a apresentar deficiência na forma como é exteriorizada ou recebida pelo consumidor.[24]

---

22 MACHADO, Paulo Affonso Leme. *Direito à informação e meio ambiente*. 2. ed. rev., ampl., e atual. São Paulo: Malheiros, 2018. p. 205.

23 BRASIL. STJ, *Recurso Especial nº 586.316*, 2ª Turma, Rel. Min. Herman Benjamin, j. em 17.4.2007.

24 MARTINS, Humberto. Diretrizes jurisprudenciais do Superior Tribunal de Justiça relacionadas à proteção do consumidor. *Revista de Direito do Consumidor*, v. 106, p. 17-36, jul./ago., 2016.

O direito à informação pode também ser considerado instrumento para reequilibrar a relação de consumo, compensando a vulnerabilidade do consumidor.

> Ao cumprir com o dever de informar, o fornecedor quer que o consumidor seja trazido para um nível superior de capacidade cognitiva, ou para uma racionalidade equivalente à do fornecedor, fazendo com que, consequentemente, a contração seja livre, e nesta acepção, justa.[25]

Logicamente, o dever de informar possui limites: o seu conteúdo é restringido aos dados imprescindíveis e suficientes para o consumidor formar a sua decisão[26] e abarca os aspectos positivos e negativos.[27] Apenas informações essenciais à materialização do negócio devem ser apresentadas pelo fornecedor.[28] O dever de informar deve ser analisado dentro de um contexto histórico, social e cultural.

O desafio é estruturar a informação para ela atingir a sua função. Quais características da informação devem estar presentes para que ela atinja a sua função (de informar o consumidor)? O primeiro passo parece ser estudar o mercado e o público-alvo. Qual é o público-alvo? Leigo ou técnico? A partir disso, quais informações seriam necessárias para a compreensão do público-alvo sobre produto e/ou serviço?

---

25 ATALÁ, Correia. O dever de informar nas relações de consumo. *Revista da Escola de Magistratura do Distrito Federal*, n. 13, p. 79-95, 2011.

26 "Entendemos por 'dever geral de informação' o dever de informar a contraparte sobre todas as circunstâncias relevantes, relativas ao negócio em causa, que esta desconheça. Ora, a não revelação de uma informação não é sempre ilícita ou desleal, pois, em princípio, cada contraente deve cuidar, ele próprio, das informações relevantes para o contrato. Este dever só existirá se a contraparte puder legitimamente esperar a informação pré-contratual por esta ser conforme a boa-fé e as concepções dominantes do comércio jurídico. Assim, mesmo que as partes persigam interesses opostos, como é normalmente o caso, haverá o dever de esclarecer a contraparte sobre as circunstâncias que podem frustrar o fim do contrato e que, por isso, são de especial significado para a sua decisão, desde que a contraparte possa esperar a sua comunicação em conformidade com as concepções dominantes do tráfico. Ou seja, em princípio, não existirá um dever pré-contratual geral de informação: só relativamente a determinados elementos e dentro de determinadas circunstâncias. [...] Concluímos, assim, que não se é obrigado a informar tudo". (SCAFF, Fernando Campos. *Direito à saúde no âmbito privado*: contratos de adesão, planos de saúde e seguro-saúde. São Paulo: Saraiva, 2010. p. 86).

27 FREITAS FILHO, Roberto. Os alimentos geneticamente modificados e o direito do consumidor à informação: uma questão de cidadania. *Revista de Informação Legislativa*, n. 40, abr./jun., p. 148, 2003.

28 O fornecedor de um produto possui o dever de acompanhar o desenvolvimento da tecnologia/ciência em âmbito universal. Porém, ele não é obrigado a informar o consumidor sobre algo que desconhece. Tem-se aí um limite ao dever de informar.

Pesquisa mercadológica, com tópico específico sobre quais informações seriam consideradas necessárias pelos pesquisados, parece ser fundamental. Os pesquisados devem ser heterogêneos, de nada valendo a pesquisa caso se foque, exclusivamente, apenas um determinado grupo de pesquisados (por exemplo, apenas participam da pesquisa indivíduos com graduação superior completa). A homogeneidade de público nas pesquisas resultaria em insucesso, pois a sociedade é heterogênea, de modo que a homogeneidade dos pesquisados não refletirá, certamente, a sociedade objeto da pesquisa. É fundamental também considerar a diferença do público entre regiões de determinada localidade. Por exemplo, o Brasil é visto como bom a ótimo local para conduzir pesquisas clínicas com medicamentos, por conta da heterogeneidade da sociedade brasileira, seja quanto às particularidades de resposta dos indivíduos a tratamentos (perspectiva de saúde), seja a partir da diferença socioeconômica do Brasil, seja pelo tamanho do mercado brasileiro.

A pesquisa mercadológica parece ser um bom norte para se estabelecer quais e os limites das informações a serem transmitidas, desde que ela seja conduzida com público heterogêneo, abarcando desde o letrado até o analfabeto.

Por fim, o dever de informar vigora nas fases pré-contratual, contratual e pós-contratual.[29] A informação deve ser prestada, principalmente, antes da celebração do contrato (inclusive via embalagem/rotulagem); porque, dessa maneira, o consumidor poderá efetivar uma escolha livre e consciente.[30] [31]

---

[29] "[...] [O]u seja, há que se garantir que o conteúdo da informação chegou ao consumidor em todos os momentos: (a) antes e até que decida pelo produto ou serviço; (b) no tempo da aquisição; e, (c) no momento do desfrute como forma de esclarecimento a eventuais dúvidas, por meio de atendimento no pós-venda, por exemplo, entre outros". (SANTOS, Fabíola Meira de Almeida. Informação como instrumento para amenizar riscos na sociedade de consumo. *Revista de Direito do Consumidor*, v. 107, p. 363-384, set./out., 2016).

[30] FREITAS FILHO, Roberto. Os alimentos geneticamente modificados e o direito do consumidor à informação: uma questão de cidadania. *Revista de Informação Legislativa*, n. 40, abr./jun., 2003, p. 147.

[31] Humberto Martins defende que outro momento importante de informar o consumidor é a fase contratual. Para ele, os momentos pré-contratual e contratual definem a decisão do consumidor de adquirir ou não um produto / serviço. (MARTINS, Humberto. O dever de informar e o direito à informação (I — a perspectiva do Direito do Consumidor). *Revista Consultor Jurídico*. Disponível em: https://www.conjur.com.br/2020-fev-19/dever-informar-direito-informacao-parte. Acesso em: 2 maio 2022).

1.1.2.2 Princípio da transparência e livre escolha do consumidor

O direito à informação é reflexo do princípio da transparência,[32] significando maior clareza, veracidade e respeito, por meio de troca de informações entre o fornecedor e o consumidor.[33] Transparência equivale a informação clara e correta sobre produto e/ou serviço; significa lealdade, confiança e respeito nas relações entre fornecedor e consumidor, antes, durante e depois da relação contratual.[34]

O dever de transparência é previsto no art. 4º, *caput*, do CDC, como objetivo da PNRC. O consumidor deve saber quais são os seus direitos e deveres, para, então, formar e manifestar livremente a sua vontade.

Com base no princípio da transparência, o fornecedor não pode afastar o dever de informar, sob qualquer argumento e tempo. Igualmente, não pode se valer de informações dúbias ou contraditórias para o consumidor incorrer em erro ou, até mesmo, para excluir direitos do consumidor.

Em resumo:[35]

> Ao direito subjetivo do consumidor corresponde o dever de informar do fornecedor, que, desenvolvido na teoria contratual pela doutrina alemã como dever anexo, acessório, decorrente do princípio da boa-fé, passa, no sistema do CDC, a adquirir o papel de verdadeiro dever independente, essencial (ou básico), isto é, obrigando o fornecedor de forma direta.

---

[32] "O STJ reconheceu que 'o direito à informação, abrigado expressamente pelo art. 5º, XIV, da Constituição Federal, é uma das formas de expressão concreta do Princípio da Transparência, sendo também corolário do Princípio da Boa-Fé Objetiva e do Princípio da Confiança, todos abraçados pelo CDC' (BRASIL. STJ, *REsp 586.316*, 2ª T., Rel. Min. Herman Benjamin, DJ 19/03/09)". (BRAGA NETTO, Felipe Peixoto. *Manual de direito do consumidor*: à luz da jurisprudência do STJ. 14. ed., rev., ampl. e atual. Salvador: Ed. JusPodivm, 2019. p. 68).

[33] BARBOSA, Fernanda Nunes. *Informação*: direito e dever nas relações de consumo. São Paulo: Editora Revista dos Tribunais, 2008. p. 100.

[34] Ana Elizabeth Lapa Wanderley Cavalcanti defende que não observar os princípios da informação e da transparência resultaria em prática abusiva, prevista no CDC, podendo gerar dano ao consumidor e, consequentemente, indenização. (CAVALCANTI, Ana Elizabeth Lapa Wanderley. A rotulagem dos alimentos geneticamente modificados e o direito à informação do consumidor. *In*: PAESANI, Liliana Minardi. *O direito na sociedade da informação*. São Paulo: Atlas, 2007. p. 147).

[35] "Boa-fé, vulnerabilidade e transparência são, portanto, naquele âmbito, *noções interligadas*, tendo a boa-fé, entre suas funções, a de aumentar a carga de deveres informativos do fornecedor em vista de minimizar a vulnerabilidade do consumidor por meio da dação de informação veraz, útil e completa aos fins a que se destina (<<transparência>>)." (MARTINS-COSTA, Judith. *A boa fé no direito privado*: critérios para a sua aplicação. 2. ed. São Paulo: Saraiva Educação, 2018. p. 323-324).

> Desse modo, nasce, com o Código de Defesa do Consumidor, um novo dever de informar, cujo alicerce pode ser encontrado tanto na boa-fé como na transparência, a qual concretiza a ideia de reequilíbrio de forças nas relações de consumo, especialmente quando da conclusão do contrato, imposto pela lei como forma de alcançar a tão sonhada justiça contratual.[36]

Quanto à livre escolha do consumidor, há relação próxima e direta com o princípio da transparência. "[A] obrigação de transparência é justificada pela ideia de que ele [o consumidor] deve ser livre para escolher se deseja ou não usar um determinado produto".[37]

Em outros termos, privilegia-se a comunicação de riscos aos consumidores para orientar uma escolha livre e informada quanto aos produtos/serviços disponíveis no mercado.[38] [39] [40]

---

[36] BARBOSA, Fernanda Nunes. *Informação*: direito e dever nas relações de consumo. São Paulo: Editora Revista dos Tribunais, 2008. p. 101.

[37] No original: *"L'obligation de transparence se justifie par l'idée qu'il doit disposer du libre choix d'utiliser ou non tel ou tel produit"*. (EWALD, François; GOLLIER, Christian; SADELEER, Nicolas de. *Le principe de précaution*. Paris: PUF, 2001. p. 69).

[38] A posição é compartilhada pela Comissão das Comunidades Europeias que, em 2005, emitiu Comunicação ao Parlamento Europeu, ao Conselho, ao Comitê Econômico e Social Europeu e ao Comitê das Regiões sobre "Cidadãos mais saudáveis, mais seguros e mais confiantes: uma Estratégia de Saúde e Defesa do Consumidor". No documento, a Comissão prevê vertente de ação exclusivamente para "consumidores mais bem informados e educados". Dentre os aspectos previstos, há o de escolhas livres e informadas: "garantir que os consumidores, através de uma melhor informação, possam fazer escolhas informadas, ecológicas e socialmente responsáveis em termos de alimentação, produtos e serviços mais vantajosos e os que correspondem mais aos seus objectivos de estilo de vida aumentando, assim, a sua confiança". (UNIÃO EUROPEIA. Comissão das Comunidades Europeias. *Comunicação ao Parlamento Europeu, ao Conselho, ao Comitê Econômico e Social Europeu e ao Comitê das Regiões, Cidadãos mais saudáveis, mais seguros e mais confiantes*: uma Estratégia de Saúde e Defesa do Consumidor, COM (2005) 115 final. Bruxelas: abr., 2005. Disponível em: https://eur-lex.europa.eu/legal-content/PT/TXT/PDF/?uri=CELEX:52005DC0115&from=EN. Acesso em: 2 maio 2022).

[39] Nas Nações Unidas, a Resolução da Assembleia Geral nº 70/186 determina que uma das necessidades legítimas dos consumidores é o acesso a informações adequadas que lhes permitam fazer escolhas informadas de acordo com desejos e necessidades individuais (item 5(e)). (ORGANIZAÇÃO DAS NAÇÕES UNIDAS. Assembleia Geral. *Resolução nº 70/186*. Disponível em: https://undocs.org/en/A/RES/70/186. Acesso em: 2 maio 2022).

[40] No Reino Unido, a informação é a chave para a proteção do consumidor: *"Undoubtedly the provision of information is one of the key tools available to enhance consumer protection. It has long been reflected in United Kingdom consumer law. Regulatory laws prohibit the provision of false or misleading information and imposing positive information requirements. Private law liability rules, such as product liability and sales law, also encourage the provision of information. [...] The Unfair Commercial Practices Directive takes an interesting approach as the omission of certain information will be treated as misleading. [...] Most positive information duties are descriptive, requiring details such as the price, nature of goods or services and the supplier, delivery, and so on. Some information requirements take the form of warnings that must be given and these give rise to yet another set of issues about their effectiveness. Information and warnings are the traditional tools of consumer protection"*. (HOWELLS, Geraint. The potential and limits of consumer empowerment by information. *Journal of Law and Society*, v. 32, n. 3, p. 349-370, set. 2005).

A liberdade de escolha do consumidor é garantida como seu direito básico no art. 6º, II, do CDC, e é vista como reflexo do direito à informação. Para o consumidor desempenhar verdadeiramente uma livre escolha, em tese, deve estar devidamente informado sobre o produto e/ou serviço.[41]

Cada pessoa tem o direito de ser informada de maneira adequada, conforme o grau de compreensão e limitações, para exercer plenamente o direito de escolha, sem sofrer restrição no exercício da vontade.[42]

> Vale dizer: a escolha do consumidor somente é livre se estiver adequadamente vinculada à informação correta, acessível e satisfatória sobre produtos e serviços que os fornecedores colocam no mercado de consumo. Ao receber a informação sobre o produto ou o serviço, o consumidor decidirá o que consumir ou não: nesse ponto, se a informação for completa, clara e eficiente, o consumidor agirá com consciência, mas, se a informação for parcial, ambígua ou falsa, o direito de escolha do consumidor estará violado. Uma vez que o consumidor tem o direito à informação, o fornecedor terá, em contrapartida, o dever de informar como conduta necessária para atuar no mercado e respeitar, simultaneamente, o direito básico do consumidor de ser informado.[43]

Ficam, no entanto, a questão e a ressalva: mesmo que o fornecedor observe requisitos mínimos e a informação seja adequada ao seu fim, até que ponto o consumidor (receptor da mensagem) conseguirá compreendê-la? Isto é, em que medida é possível atestar/afirmar que existiria uma "equação" certa e infalível ao direito de ser informado? A resposta, infelizmente, é negativa. Ainda que se considere a

---

41 Nelson Nery Júnior defende que o direito à informação – o estar bem informado– é essencial para desempenhar uma livre escolha: "A proteção máxima ao consumidor, tal como preconiza o ordenamento jurídico do Brasil e como também o faz o Tratado da Comunidade Europeia, passa pelo direito do consumidor de ser bem informado acerca dos bens e serviços ofertados. Todos os demais direitos do consumidor – v.g., livre escolha dos bens ofertados e proteção à saúde e à segurança contra os riscos dos mesmos bens –, passam, necessariamente, pelo direito à informação, porquanto é certo que o consumidor exercerá melhor sua pretensão de aquisição de bens ou de contratação de serviços quando estiver adequadamente informado acerca das características dos mesmos". (NERY JUNIOR, Nelson. Direitos fundamentais à saúde e informação do consumidor. *Soluções Práticas de Direito*, v. 1, p. 309-362, set. 2014).

42 BARBOSA, Fernanda Nunes. *Informação*: direito e dever nas relações de consumo. São Paulo: Editora Revista dos Tribunais, 2008. p. 118.

43 MARTINS, Humberto. O dever de informar e o direito à informação (I – a perspectiva do Direito do Consumidor). *Revista Consultor Jurídico*. Disponível em: https://www.conjur.com.br/2020-fev-19/dever-informar-direito-informacao-parte. Acesso em: 2 maio 2022.

possibilidade em países desenvolvidos, tanto no Brasil quanto nesses países, haverá, certamente, um déficit na compreensão da informação. A informação não atingirá a todos de maneira uniforme, mas alguns indivíduos de uma maneira (completa) e outros de maneiras distintas (incompletas ou até mesmo sem efeito). Reitera-se que a análise deve partir de pesquisa mercadológica sobre determinado produto e/ou serviço; se possível, antes de ser introduzido no mercado.

E, uma vez que a informação não atingirá a sua finalidade (a de informar), a consequência direta será a de que o consumidor não desempenhará a livre escolha. Na prática, até que ponto existe a livre escolha do consumidor? Esteja o consumidor esclarecido ou não esclarecido, pode-se defender a sua livre escolha em toda e qualquer situação? Parece que não.

Em paralelo, tem-se a situação das vacinas contra a Covid-19, mais delicada, polêmica e radical: até que ponto o consumidor pode escolher tomar a vacina? Toma-se o caso da vacina da gripe: ela contém ovo em sua composição. Alguns indivíduos são alérgicos a ovo e não podem tomar a vacina contra a gripe. No caso da Covid-19, parecem imperar a empatia e a pressão social, bem como a superioridade do bem comum (saúde pública). Supondo a ciência possuir todas as respostas à Covid-19 e a sociedade estar bem e devidamente informada sobre as vacinas, muitos indivíduos ainda resistirão a tomar a vacina por convicções próprias. Contudo, a partir do momento que os indivíduos integram a sociedade e a sociedade, por iniciativa própria (não imposta pelo Estado), passa a exigir a comprovação de vacinas para atividades culturais, por exemplo, o indivíduo, então, terá que tomar a vacina, ainda que seja contra as suas crenças pessoais.

Em resumo e conclusão, a defesa e a justificativa de que o direito de informar serve também à escolha livre do consumidor não se sustentam inteiramente. A liberdade do consumidor, no fundo, é restringida pela própria sociedade, em que se impera uma determinada visão. Fica, então, a reflexão: qual é a real função da informação?

1.2 Exceções ao direito e ao dever à informação

1.2.1 Falhas e consequências

A informação (i) incorreta; (ii) imprecisa; (iii) solta, redundante ou destituída de serventia; (iv) excessiva; ou (v) incompleta pode conduzir o consumidor a erro.[44] [45] Pode ocorrer também a enganosidade por omissão, que significa o fornecedor deixar de passar uma informação essencial sobre o produto e/ou serviço.[46] [47]

A inadequação da informação, inclusive a que induz a erro o consumidor, sobre produto e/ou serviço acarreta a responsabilidade

---

[44] "Pode também ocorrer um excesso de informação, ou hipereficiência informativa, o que provoca no consumidor dificuldade ou mesmo impossibilidade de apreender o que na mensagem constitui o seu núcleo cognoscitivo. O dado fundamental para a informação do consumidor não vem claramente identificado ou ressaltado. Nesses casos a informação demasiada prejudica a eficiência e pode ser enquadrada na categoria defeito de informação." (TOMASETTI JÚNIOR, Alcides. O objetivo de transparência e o regime jurídico dos deveres e riscos de informação nas declarações negociais para consumo. *Doutrinas Essenciais de Responsabilidade Civil*, v. 2, p. 67-104, out., 2011).

[45] Não é a quantidade de informação, mas a qualidade que interessa ao dever de informar. O exagero de informações, notadamente técnicas, compromete a qualidade da informação sobre o produto e / ou serviço (receber informação sem a compreender é igual a não receber a informação). O excesso de informação suprime a esfera de decisão do consumidor. Em síntese, o excesso de informação – quando não acrescenta nada relevante, repetindo o que já é de conhecimento – desinforma o consumidor e compromete a sua decisão.

[46] Verifique a Diretiva nº 29/2005 do Parlamento Europeu e do Conselho relativa às práticas comerciais desleais das empresas face aos consumidores no mercado interno: "Art. 7º – Omissões enganosas – 1. Uma prática comercial é considerada enganosa quando, no seu contexto factual, tendo em conta todas as suas características e circunstâncias e as limitações do meio de comunicação, omita uma informação substancial que, atendendo ao contexto, seja necessária para que o consumidor médio possa tomar uma decisão de transacção esclarecida, e, portanto, conduza ou seja susceptível de conduzir o consumidor médio a tomar uma decisão de transacção que este não teria tomado de outro modo". (UNIÃO EUROPEIA. *Directiva nº 2005/29/CE do Parlamento Europeu e do Conselho, de 11 de maio de 2005*. Disponível em: https://eur-lex.europa.eu/legal-content/PT/TXT/?uri=celex%3A32005L0029. Acesso em: 2 maio 2022).

[47] O STJ entendeu haver dano ao consumidor ao se omitir informação sobre a presença de álcool em cervejas com a expressão "sem álcool". Para o STJ, ainda que exista decreto regulamentador que classifique a cerveja como "sem álcool" por conta do baixo teor, não estaria autorizado o desrespeito ao direito à informação clara e adequada. A omissão de informação essencial e determinante para aquisição do produto violaria a boa-fé objetiva. (BRASIL. STJ, *AgInt no REsp nº 1.278.613*, 4ª Turma, Rel. Min. Lázaro Guimarães (desembargador convocado do TRF 5ª Região), j. em 18.9.2018).

objetiva do fornecedor,[48] [49] [50] prevista nos arts. 12, 14, 18 e 20 do CDC. Os referidos artigos preveem o vício e o defeito de informação.

Havendo falha no dever de informar, as circunstâncias do caso concreto definirão se o caso é de vício ou de defeito.[51] Estar-se-á diante de vício nas hipóteses em que houver descompasso entre o produto e/ou serviço e as legítimas expectativas do consumidor. Por exemplo: o fornecedor informa que o produto, em contato com a água, se transforma em azul. Porém, o consumidor, ao inserir o produto na água, se transformou em verde.

Por outro lado, estar-se-á diante de defeito/fato do produto e/ou serviço quando há dano à integridade física ou moral do consumidor. Por exemplo: o fornecedor não informa que o produto contém lactose, e o consumidor que possui intolerância à lactose o consome, gerando dano à sua saúde.

Ou seja, o vício resulta em problemas de inadequação (não corresponde à legítima expectativa do consumidor quanto à fruição/uso), enquanto o fato/defeito envolve segurança (riscos à integridade físico-psíquica ou patrimonial dos consumidores). A depender de característica do produto e/ou serviço, a inadequação pode constituir, ao mesmo tempo, vício e defeito do produto e/ou serviço.

---

[48] "O dever de informar, portanto, também serve de fundamento para a responsabilidade do fornecedor, cuja violação pode levá-lo a ter que responder pelos riscos inerentes, não por defeito de segurança do produto ou do serviço, mas por informações inadequadas ou insuficientes sobre a utilização ou os riscos do produto. Nesse caso, a responsabilidade não decorre do defeito do produto ou do serviço, mas da ilicitude na conduta do fornecedor que descumpre com o *dever de informar*". (CAVALIERI FILHO, Sergio. *Programa de direito do consumidor*. 4. ed. São Paulo: Atlas, 2014. p. 319).

[49] Teresa Ancona Lopez exemplifica a situação a partir da constatação de riscos hipotéticos no uso abusivo de celulares: "As empresas de telefonia móvel, a partir do momento que a comunidade científica concluir sobre os riscos hipotéticos do celular, terão o dever de informar sobre esses riscos e, se esse dever não for cumprido, poderão, aí sim, ser responsabilizadas por *defeito de informação*, sendo constrangidas a indenizar os danos morais e materiais ao consumidor que usou de forma incorreta o produto, vindo a adoecer". (LOPEZ, Teresa Ancona. *Princípio da precaução e evolução da responsabilidade civil*. São Paulo: Quartier Latin, 2010. p. 224-225).

[50] "Por essa razão, quando o fornecedor presta informação de forma inadequada, ou seja, insuficiente ou incorreta, já está lesando a boa-fé objetiva, demonstrando indiferença para com a confiança que os consumidores depositam intuitivamente na relação, e, consequentemente, sua conduta já pode ensejar reparação civil aos consumidores". (VAZ, Caroline. A responsabilidade civil e o direito à informação dos consumidores na sociedade de consumo. *In*: MELGARÉ, Plínio (Org.). *O direito das obrigações na contemporaneidade*: estudos em homenagem ao ministro Ruy Rosado de Aguiar Júnior. Porto Alegre: Livraria do Advogado Editora, 2014. p. 100).

[51] Há quem entende ser desnecessária a divisão entre defeito e vício, abarcando todas as possibilidades de falha no dever de informar como defeito. Por exemplo: Zelmo Denari *In*: GRINOVER, Ada Pellegrini et al. *Código Brasileiro de Defesa do Consumidor comentado pelos autores do anteprojeto*. 12. ed. Rio de Janeiro: Forense Universitária, 2019.

No caso da informação, se inadequada, (i) é defeito do produto e/ou do serviço (a falta de informação faz com que o produto/serviço não possua a segurança que dele o consumidor legitimamente espera), quando promoverá um dano (arts. 12 e 14 do CDC), como (ii) vício (arts. 18 e 20 do CDC), quando se levará em conta a funcionalidade do produto e/ou serviço.

A doutrina majoritária defende o defeito de informação, explicando que "[u]m produto que tenha periculosidade inerente (não defeituoso) transforma-se em produto com *periculosidade adquirida* (defeituoso)".[52] [53] Além disso, é unânime que o defeito de informação é externo ao produto e, portanto, não está no produto e/ou no serviço em si.

Judith Martins-Costa reforça o defeito de informação nos casos em que os riscos são ignorados pelo homem comum e esses não são objeto de informação pelo fornecedor: "[h]averia 'defeito de informação' se os riscos fossem contextualmente desconhecidos, ignorados pelo 'consumidor-padrão' e não fossem objeto de informação".[54] [55]

Há limite à responsabilização por defeito de informação: não pode se exigir que o fornecedor informe o óbvio. Deve-se partir do princípio da razoabilidade e evitar o exagero. "O importante é saber discriminar aquilo que deve ser informado daquilo que não precisa ser e, dentro do que deve ser informado, saber separar o que deve do que não deve ser informado de maneira ostensiva".[56] [57]

---

[52] LOPEZ, Teresa Ancona. *Nexo causal e produtos potencialmente nocivos*: a experiência brasileira do tabaco. São Paulo: Editora Quartier Latin, 2008. p. 92.

[53] "De acordo com o art. 12º do Código de Defesa do Consumidor, um produto pode ser considerado defeituoso quando não garantir a segurança necessária em relação ao seu uso ou à sua apresentação. Portanto, aquele produto que não contiver informações claras quanto ao seu conteúdo é, para a Legislação vigente, considerado defeituoso, tendo em vista que fere o direito do consumidor de saber, estar informado, acerca daquilo que está consumindo". (BÜHLER, Gisele Borghi. Relação de consumo. *Revista de Direitos Difusos*, v. 7, p. 857-869, jun., 2001).

[54] MARTINS-COSTA, Judith. Ação indenizatória. Dever de informar do fabricante sobre os riscos do tabagismo. *In:* LOPEZ, Teresa Ancona (Coord.). *Estudos e pareceres sobre livre-arbítrio, responsabilidade e produto de risco inerente – o paradigma do tabaco*: aspectos civis e processuais. Rio de Janeiro: Renovar, 2009. p. 307.

[55] Aqui, novamente, se observam questões: como determinar o conhecimento de "homem comum"? O que é "homem comum"? Se já existe (grande) discussão sobre a definição e a caracterização de "homem comum"; quem dirá sobre o conhecimento do "homem comum". Impossível caracterizar.

[56] LOPEZ, Teresa Ancona. *Nexo causal e produtos potencialmente nocivos*: a experiência brasileira do tabaco. São Paulo: Editora Quartier Latin, 2008. p. 194.

[57] O que seria o óbvio que não é necessário o fornecedor informar? De novo, a depender das características particulares de um consumidor, uma coisa é óbvia a um indivíduo, enquanto outro aspecto não é nada óbvio. Qual o conceito de "óbvio"? Sem restar dúvidas; fácil de descobrir? De novo, cada consumidor é um mundo em particular, não sendo possível se

Relacionado às questões anteriores, que permanecem sem resposta, dada a necessidade de avaliação casuística, o que seria informação inadequada? Aqui parece haver linha menos nebulosa: quanto mais potencialmente periculoso o produto e/ou serviço for, em tese, mais informações o fornecedor deverá disponibilizar ao consumidor. Lembrando que não estamos apenas diante de casos claros e de óbvios contrastes (pular de *bungee jump Vs* consumir alimento com OGMs), mas também perante os mais simples (o próprio consumo de alimentos – um indivíduo alérgico pode se submeter a terríveis experiências, com potenciais danos à sua saúde, se ingerir alergênico que não foi informado no rótulo do produto). Ou seja, *bungee jump* e consumir alimento (com ou sem OGMs) podem se transformar em péssimas e tortuosas experiências a depender das características particulares do consumidor.

O que se pode concluir, em resumo e momentaneamente, é que informar é necessário; não informar adequadamente é falha, transgressão ao ordenamento jurídico. Requisitos, limites, exceções restam ainda cinzas, não claros. Será que é possível chegar a um denominador comum, "equação", do que seria informação adequada e, consequentemente, o que seria inadequação informacional? Seria possível traçar linha comum a essas duas situações, aplicável a todo e qualquer setor? Não, isso é impossível. Então, uma análise setorial, minuciosa, pode trazer *insights* do que seria informação adequada e inadequada? Parece ser o caminho.

1.2.2 Abuso de direito

O Código Civil (CC) possui dois tipos de atos ilícitos: (i) o ilícito propriamente dito, puro ou padrão, previsto no art. 186; e o (ii) ilícito equiparado ou ato ilícito no sentido lato, constituído pelo abuso de direito, previsto no art. 187. A diferença entre as duas espécies de ilícito seria a de que o abuso de direito é lícito pelo seu conteúdo e ilícito pelo exercício. E o ilícito puro seria antijurídico em sua totalidade – conteúdo e consequências.

O abuso de direito é o exercício de um direito subjetivo além dos limites impostos pela boa-fé, pelos bons costumes, pelo fim social ou econômico do direito subjetivo a ser exercido.[58] É exercício antissocial,

chegar a uma "equação" para todo e qualquer consumidor, em toda e qualquer situação, em todo e qualquer setor do mercado.

58 Teresa Ancona Lopez assim define abuso de direito: "é o ato antijurídico cometido pelo titular de um direito, que ao exercê-lo excede os limites impostos pelos valores éticos e

anormal, que se afasta da ética e da finalidade econômica ou social do direito.

A aplicação da teoria do abuso de direito é residual, em vez de prioritária. Em outras palavras, a teoria do abuso de direito oferece solução para os casos que não foram previstos pelo ordenamento. Quando não há uma solução direta ao caso – instituto e/ou situação regulada especificamente pela legislação –, então se opera a teoria do abuso de direito. No fundo, o abuso de direito poderia ser aplicado a qualquer situação ilícita contrária ao fim econômico e social de direito, boa-fé ou bons costumes. Ou seja, em várias situações. Para não esvaziar a teoria, o abuso de direito deve ser aplicado de maneira residual, em situações que não são cobertas especificamente pelo ordenamento jurídico.

Dois são os requisitos do abuso de direito: (i) exercício de direito próprio; e (ii) violação de limites objetivos (fim econômico e social do próprio direito, de boa-fé ou bons costumes). A análise da abusividade do exercício do direito deve ser objetiva, dependendo apenas da análise da desconformidade entre o exercício do direito e os valores tutelados pelo ordenamento jurídico.

Em se tratando de abuso de direito, o art. 927 do CC impõe o dever de reparar. A responsabilidade civil é objetiva, se fundamentando exclusivamente no critério objetivo-finalístico do ato praticado.[59]

Porém, as consequências do abuso de direito não são limitadas ao dever de indenizar. Há outras consequências, tais como: anulação, ineficácia e multas, incluindo as que se aplicam concomitantemente à sanção civil, como de caráter penal ou administrativo.

Feitas considerações iniciais, analisamos o abuso de direito no âmbito do direito/dever de informar. Não seria abuso de direito, e sim exercício regular de um direito fornecer informação à parte contratante. Porém, quando o dever extrapolar, a situação é abuso de direito. A questão é: quando o dever de informar ultrapassa os limites? A resposta é variável, elástica, varia de acordo com a situação e o momento sociocultural.

---

sociais do sistema, principalmente a boa-fé, os bons costumes e a finalidade social e econômica do direito". (LOPEZ, Teresa Ancona. Exercício do direito e suas limitações: abuso do direito. *Doutrinas Essenciais de Direito Civil*, v. 4, p. 997-1017, out., 2010).

[59] O Enunciado 37 da Jornada de Direito Civil do Centro de Estudos do Conselho da Justiça Federal (CJF), realizada em setembro de 2002, pode ser verificado em: "A responsabilidade civil decorrente do abuso do direito independe de culpa e fundamenta-se somente no critério objetivo-finalístico". (BRASIL. Jornada de Direito Civil do Centro de Estudos do Conselho da Justiça Federal. *Enunciado 37*. Disponível em: https://www.cjf.jus.br/cjf/corregedoria-da-justica-federal/centro-de-estudos-judiciarios-1/publicacoes-1/jornadas-cej. Acesso em: 2 maio 2022).

Cabe a reflexão: por um período, se entendia que, quanto mais informações sobre um produto e/ou serviço fossem repassadas ao consumidor, mais protegido ele estaria. Porém, a afirmação deve ser analisada com parcimônia. A assertiva já está ultrapassada.[60] A quantidade de informação não prevalece mais, dando lugar à qualidade e à informação na medida certa.

Quanto ao dever de informar, admite-se interpretação do art. 187 do CC para que a norma, ao se referir à expressão "direito", abarque o "dever", porque seria "situação em que há o exercício desarrazoado da posição jurídica".[61]

Partindo da possibilidade, vislumbrar-se-iam situações de abuso de direito do dever de informar, tais como: ação ou omissão, nos casos em que uma das partes induziria a outra parte a erro; por conta da quantidade – desproporcional – de informação; e/ou ausência de informação.

O abuso do direito, via dever de informação, confronta os limites impostos pela própria lei, função social e fim social ou econômico do direito. Se o titular do direito exerce o direito afastando-o de sua finalidade incorre em abuso de direito.

Portanto, qualquer situação que veicule informações não adequadas e que não correspondam à expectativa e à necessidade da parte e não atenda aos preceitos do direito civil, são situações de abuso do direito do dever de informar. Apenas a informação estritamente essencial deve ser repassada à parte.

Volta-se a questionar: qual o limite/medida do que seria a informação estritamente essencial? Parece caber análise casuística, sobretudo do mercado do produto e/ou serviço. Compare, por exemplo, adquirir um *smartwatch Vs* adquirir um medicamento. Ambos possuem documentos informativos ao consumidor (*smartwatch* possui termos de uso e medicamento possui bula); porém, seus dizeres são completamente distintos.

---

60 "Seja porque o discurso de 'quanto mais informação melhor para o consumidor' sucumbe, na prática, na consequente desinformação por parte desse, seja porque o fornecedor, conscientemente ou não, lesa o consumidor com as informações ali expostas". (BARROS, João Pedro Leite. O excesso de informação como abuso do direito (dever). *Revista Luso-Brasileira de Direito do Consumo*, v. VII, mar., p. 15, 2017.).

61 BARROS, João Pedro Leite. O excesso de informação como abuso do direito (dever). *Revista Luso-Brasileira de Direito do Consumo*, v. VII, p. 23, mar., 2017.

1.2.3 Excludente de responsabilidade: obrigação de se informar/renúncia à faculdade de se informar

Se o fornecedor cumpriu a legislação, em especial CDC, o próprio ato de informar é delimitação/exclusão de responsabilidade civil:

> [...] a informação tem direta ligação com a divisão de riscos: aquele profissional que informa transfere o risco, aquele que omite, aceita o risco de dano em virtude – justamente – da informação que voluntariamente omitiu![62]

Há outros aspectos tidos como delimitação/exclusão de responsabilidade civil, como a obrigação do consumidor/da parte de se informar e a renúncia à faculdade de se informar.

É problemático, curioso e interessante considerar um dever de *se informar* do consumidor como limite/excludente da responsabilidade do fornecedor. Em outras palavras, cumpre ao consumidor se informar, minimamente, sobre determinado produto e/ou serviço. É obrigação do consumidor buscar elementos para subsidiar a sua tomada de decisão, para permitir o entendimento das questões que estão sendo tratadas e o atendimento à boa-fé objetiva. Logicamente, há limite para o dever de se informar do consumidor: não se trata de obter todas as informações existentes sobre determinado produto e/ou serviço, mas se munir das informações mais relevantes e de razoável acesso.

Há algumas questões que se impõem: qual o fundamento do dever de se informar? O que seria a informação básica que o consumidor deveria possuir? Ela teria a força necessária para excluir a responsabilidade civil do fornecedor? Se sim, como operaria a excludente de responsabilidade? Seria culpa exclusiva da vítima ou culpa concorrente?

Quanto ao fundamento do dever de se informar, temos:

> [o] dever de ser informar fundamenta-se no conceito da cooperação e, finalmente, na boa-fé. As partes devem ajudar-se na realização da obrigação. Assim, há situações em que o *credor* da informação deve buscar a informação devida para facilitar o processo obrigacional.[63]

---

[62] Conforme WIEBE *In*: MARQUES, Cláudia Lima. Violação do dever de boa-fé de informar corretamente, atos negociais omissivos afetando o direito/liberdade de escolha. Nexo causal entre a falha/defeito de informação e defeito de qualidade nos produtos de tabaco e o dano final morte. Responsabilidade do fabricante do produto, direito a ressarcimento dos danos materiais e morais, sejam preventivos, reparatórios ou satisfatórios. *Doutrinas Essenciais de Direito do Consumidor*, v. 3, p. 445-526, abr., 2011.

[63] FABIAN, Christoph. *O dever de informar no direito civil*. São Paulo: Revista dos Tribunais, 2002. p. 158.

Parece lógico que o fornecedor não precisará informar dado que o consumidor sabe e compreende o perigo/risco do produto e/ou serviço. Há, no entanto, a dificuldade de provar o fato em tribunal: raramente o consumidor vai admitir o conhecimento prévio que inocentaria o fornecedor.[64] Adicionalmente, há a difícil tarefa de se concluir pelo que seria e qual informação seria já de conhecimento do consumidor. Parece, aqui, novamente, necessário análise casuística, que nem sempre é possível.

Para exemplificar: paciente, submetido a tratamento médico, é médico (e, portanto, consumidor). Se o procedimento/tratamento for básico/simples, aspecto de amplo conhecimento médico, o médico (fornecedor) não precisaria entrar em detalhes com o consumidor (paciente médico) – basta que informe minimamente o paciente. Por outro lado, caso o tratamento envolva doença específica, grave, séria e rara, reconhece-se a vulnerabilidade do consumidor (paciente médico) e, como consequência, a imprescindibilidade de o paciente ser amplamente informado sobre o tratamento, em especial, riscos e opções de tratamento.

Novo exemplo: dever limitado do fornecedor em informar em contrato submetido ao Sistema de Proteção ao Consumidor. Nos termos da primeira parte do art. 46 do CDC, o consumidor deve tomar conhecimento prévio do contrato. Ou seja, o limite do dever de informar do fornecedor é apenas o de disponibilizar previamente o contrato. Por consequência, o consumidor não poderá alegar completo desconhecimento do conteúdo do contrato.

Na sociedade moderna, em que o livre-arbítrio é supervalorizado, é difícil aceitar a total ignorância de um assunto. Porém, ainda que haja a total ignorância, por culpa exclusiva do consumidor, a responsabilidade civil do fornecedor restará afastada? Não parece ser certa, assertiva, a última frase e tampouco funcionar em todos os casos. Aqui, o fornecedor deveria, em tese, conhecer a limitação do consumidor. Será que é possível nortear uma informação por meio de uma pesquisa mercadológica. Isto é, qual seria o público-alvo de um produto e/ou serviço? Entre as informações que o fornecedor entende serem necessárias e desnecessárias, quais realmente são necessárias e, portanto, devem ser repassadas ao consumidor? A princípio, parece ser uma saída.

---

[64] FABIAN, Christoph. *O dever de informar no direito civil*. São Paulo: Revista dos Tribunais, 2002. p. 157.

Tratando-se de escolha livre do consumidor, devidamente ciente dos riscos atribuídos à não informação, apenas ao consumidor seria atribuída a responsabilidade pelos danos advindos. Se for possível estabelecer nexo causal entre a escolha de não se informar e o dano ao consumidor, verificar-se-á culpa exclusiva da vítima, causa interruptiva do nexo casual, afastando a responsabilidade civil do fornecedor.[65] [66] [67]

O ato da vítima não precisa ser culposo/doloso, apenas deve ser a única causa do prejuízo/dano à própria vítima.[68] Estar-se-á diante de culpa exclusiva da vítima se "a vítima utiliza o produto, apesar de estar ciente da existência do defeito e do risco que ele representa".[69]

O CDC adotou como forma de eximir a responsabilidade civil a culpa exclusiva do consumidor,[70] conforme art. 12, § 3º, III. Se houver concorrência entre o comportamento do fornecedor/fato do produto e/ou do serviço e o comportamento do consumidor (vítima), o fornecedor será responsabilizado. Portanto, no Sistema de Proteção ao Consumidor, para afastar a responsabilidade do fornecedor, é imperioso que

---

65 TEPEDINO, Gustavo. Liberdade de escolha, dever de informar, defeito do produto e boa-fé objetiva nas ações de indenização contra os fabricantes de cigarro. *In:* LOPEZ, Teresa Ancona (Coord.). *Estudos e pareceres sobre livre-arbítrio, responsabilidade e produto de risco inerente – o paradigma do tabaco*: aspectos civis e processuais. Rio de Janeiro: Renovar, 2009. p. 225.

66 A Diretiva nº 85/374/CEE do Conselho das Comunidades Europeias dispõe: "Art. 8º [...] 2. A responsabilidade do produtor pode ser reduzida ou excluída, tendo em conta todas as circunstâncias, quando o dano for causado conjuntamente por um defeito do produto e por culpa do lesado ou de uma pessoa pela qual o lesado é responsável". (UNIÃO EUROPEIA. *Directiva nº 85/374/CEE do Conselho, de 25 de julho de 1985*. Disponível em: https://op.europa.eu/pt/publication-detail/-/publication/b21bef4e-b528-49e2-a0f9-142dc503969a. Acesso em: 2 maio 2022).

67 Reconhece-se a ausência de responsabilidade do fornecedor na hipótese de o fornecedor se esforçar para comunicar o consumidor e o consumidor não adotar nenhuma postura: "[s]e se adotar o entendimento da professora Elsa Dias de Oliveira, chegar-se-á à conclusão de que não haveria solução ao consumidor, uma vez que tendo o fornecedor feito esforços sérios no sentido de informar o consumidor, se este não fizer a mínima diligência no sentido de se informar, o fornecedor nada mais poderia fazer nem também deveria ser responsabilizado por tal ignorância do consumidor". (BARROS, João Pedro Leite. O excesso de informação como abuso do direito (dever). *Revista Luso-Brasileira de Direito do Consumo*, v. VII, mar., 2017, p. 30).

68 PUSCHEL, Flavia Portella. *A responsabilidade por fato do produto no CDC*: Acidentes de consumo. São Paulo: Quartier Latin, 2006. p. 148.

69 PUSCHEL, Flavia Portella. *A responsabilidade por fato do produto no CDC*: Acidentes de consumo. São Paulo: Quartier Latin, 2006. p. 148.

70 Zelmo Denari ressalta: "A doutrina, contudo, sem vozes discordantes, tem sustentado o entendimento de que a lei pode eleger a culpa exclusiva como única excludente de responsabilidade, como fez o Código de Defesa do Consumidor nesta passagem. Caracterizada, portanto, a concorrência de culpa, subsiste a responsabilidade integral do fabricante e demais fornecedores arrolados no *caput* [do art. 12], pela reparação de danos". (GRINOVER, Ada Pellegrini et al. *Código Brasileiro de Defesa do Consumidor comentado pelos autores do anteprojeto*. 12. ed. Rio de Janeiro: Forense Universitária, 2019. p. 202).

a conduta da vítima seja necessária e suficiente para causar o dano, rompendo o nexo causal entre o dano e a conduta do fornecedor.

Em mitigação de riscos, parece ser necessário haver consentimento do consumidor para a sua vontade ser livre e consciente quanto a não ser informado. O consumidor (vítima) tem que assumir o risco de não ser informado e negligente – não querer se informar e arcar com as consequências (assumir os riscos). O consumidor não cumpre o dever de cuidado para consigo mesmo, sendo a sanção a exclusão da possibilidade de ser indenizado pelo fornecedor.

Apenas a análise do caso concreto demonstrará o grau de informação que poderia ser exigido do consumidor, ainda que figure na posição de vulnerável, para operar a excludente de responsabilidade. Entre outros aspectos, deve-se considerar o conhecimento anterior sobre o tema (produto e/ou serviço), o tempo para tomada da decisão e custo para obter a informação. Em síntese, deve-se considerar tempo, custo e extensão da investigação pelo consumidor.

No mais, ainda que não prevista expressamente a força maior no CDC, aceita-se a sua ocorrência como excludente da responsabilidade civil no Sistema de Proteção ao Consumidor. A força maior traz, resumidamente, imprevisibilidade e irresistibilidade. A força maior rompe o nexo de causalidade. A partir disso, enquadrar a atitude do consumidor de não se informar na hipótese de excludente de responsabilidade civil de força maior parece ser inadequada no Sistema de Proteção ao Consumidor.

No âmbito civil, o ônus da autoinformação é discutido na fase pré-contratual e por parte do contratante. A autoinformação existirá a depender da relação entre as partes negociantes, podendo desaparecer:

> Em suma, [...], aquela das partes que conhece ou que deveria conhecer, em razão especialmente da sua qualificação profissional, um facto que ela sabia ser de importância determinante para o outro contraente, é obrigada a informá-lo, desde que ele estivesse impossibilitado de se informar por si ou que pudesse legitimamente confiar na sua contraparte, em razão da natureza do contrato, da qualidade das partes ou das informações que este último lhe tinha fornecido. E é assim, porque o ônus que recaía sobre o contraente de se autoinformar, nestes casos, terá desaparecido.[71]

[71] SILVA, Eva Sónia Moreira da. *Da responsabilidade pré-contratual por violação dos deveres de informação*. Coimbra: Almedina, 2003. p. 129.

Há quem defenda que, caso o contratante deixe de se autoinformar, não pode invocar deveres pré-contratuais.[72] Ou seja, "a autoinformação não será, portanto propriamente um dever. Cada um procurar informar-se, se quiser. Mas, se não o fizer, arcará com as consequências".[73]

Para operar, especificamente, como excludente de responsabilidade civil, a não informação por parte de um dos contratantes deve equivaler à força maior no âmbito do Direito Civil. Porém, considerando a qualificação de "força maior",[74] parece improvável a situação ser classificada como excludente de responsabilidade nessa área do Direito.

Contudo, o fato não impede que se discuta o ônus da autoinformação no âmbito dos deveres pré-contratuais, como mencionado acima.

Além da culpa exclusiva da vítima, há a renúncia à faculdade de se informar, que exclui a responsabilidade civil do fornecedor. A renúncia à faculdade de se informar é caracterizada como: fornecedor se dispõe a informar o consumidor e o próprio consumidor escolhe não se informar, de maneira livre, voluntária, intencional e consciente. Seria desistência ao direito de ser informado, com base na confiança

---

72 "Concepções doutrinárias à parte, é majoritário o entendimento de que existe um ônus de autoinformação por parte do contratante. Isto é, em sede de negociações preliminares não há o dever de informar à outra parte sempre que esta consiga obter as informações por si, numa perspectiva de grau médio de diligências. Em suma: a parte não tem a obrigação de se informar, entretanto, se não o fizer por desleixo, não poderá aproveitar-se da situação e invocar posteriormente deveres pré-contratuais". (BARROS, João Pedro Leite. O excesso de informação como abuso do direito (dever). *Revista Luso-Brasileira de Direito do Consumo*, v. VII, mar., 2017, p. 20).

73 SILVA, Eva Sónia Moreira da. *Da responsabilidade pré-contratual por violação dos deveres de informação*. Coimbra: Almedina, 2003. p. 122.

74 Ainda que exista discussão sobre o tema, Paul-Henri Antonmattei sustenta que a força maior é um evento dotado de certas qualidades, expressas por três aspectos: exterioridade, imprevisibilidade e irresistibilidade. A força maior aparece como um evento inevitável e irresistível, impossibilitando respeitar um dever ou execução de um direito. (ANTONMATTEI, Paul-Henri. *Contribution à L'étude de La Force Majeure*. Bibliothèque de Droit Privé, Tome 220. Paris: Librairie Générale de Droit et de Jurisprudence, 1992. p. 23, 84). Para Caio Mário da Silva Pereira, os requisitos seriam: (i) necessariedade (não seria qualquer acontecimento que libera o devedor, mas o que leva ao ato danoso); e (ii) inevitabilidade (é necessário que o evento não possa ser impedido em seus efeitos). O autor não considera a imprevisibilidade como requisito essencial, porque o evento, ainda que previsível, em diversas ocasiões, ocorreria com força indomável e irresistível. (PEREIRA, Caio Mário da Silva. *Responsabilidade civil*. 12. ed. rev., atual., e ampl. Rio de Janeiro: Forense, 2018. p. 398-399).

depositada no fornecedor.[75] Novamente, para mitigar riscos, é aconselhável instrumento a documentar a renúncia do consumidor.

O que se defendeu até aqui é objeto de críticas. Os cenários propostos não são entendidos como excludentes de responsabilidade civil, porque não constituiriam culpa exclusiva da vítima, força maior ou renúncia à faculdade de se informar.

Por exemplo, a parte da doutrina que sustenta que o dever de se informar não configura culpa exclusiva da vítima se baseia no fato de que haveria assimetria informacional entre consumidor e fornecedor e que apenas o dever e o direito à informação igualariam a discrepância. Assim, haveria o dever de informar, inclusive como fatos notórios e de conhecimento da maioria dos consumidores.

Raramente há posicionamento jurídico sem críticas. Defendemos a excludente de responsabilidade civil nas formas de dever do consumidor de se informar e renúncia à faculdade de se informar. Tais excludentes necessitam de livre-arbítrio do consumidor. Isto é, deverá haver ato (ação ou omissão) do consumidor em não querer se informar/renunciar, bem como a assunção do risco daí advindo. O ato da própria vítima que origina o dano a si mesmo. Recomenda-se a documentação desse ato do consumidor, na medida do possível, como meio de mitigação de riscos ao fornecedor.

---

[75] A renúncia à faculdade de se informar é comumente verificada em relações médico-paciente. É uma das exceções que dispensam a prévia obtenção do consentimento informado: o paciente, por depositar confiança no médico, recusa, de modo voluntário e consciente, conceder o seu consentimento informado, outorgando também ao médico plena autonomia e discricionariedade para realizar o tratamento. Para aprofundar o tema: SCAFF, Fernando Campos. *Direito à saúde no âmbito privado*: contratos de adesão, planos de saúde e seguro-saúde. São Paulo: Saraiva, 2010.

CAPÍTULO 2

PRINCÍPIO DA PRECAUÇÃO

2.1 Parte geral

2.1.1 Sociedade de risco e reflexo na responsabilidade civil

Na última parte do século XX, com o surgimento da sociedade de risco,[76] as teorias da responsabilidade civil – subjetiva e objetiva – se mostraram insuficientes para solucionar as hipóteses de dano.

A expressão "sociedade de risco" foi criada por Ulrich Beck, em 1986, no livro a *Sociedade de Risco,* uma das obras mais influentes na análise social da última parte do século XX e referência da questão risco global.[77]

Entre as características da sociedade de risco, há o acelerado progresso tecnológico e científico para melhorar a vida humana. Porém, o progresso traz riscos e perigos à sociedade. A certeza e a segurança do conhecimento científico foram substituídas por insegurança, desordem e incerteza.

---

[76] A sociedade de risco nada mais é do que "a sociedade industrial com o acréscimo da ciência e da tecnologia avançadas". (LOPEZ, Teresa Ancona. *Princípio da precaução e evolução da responsabilidade civil.* São Paulo: Quartier Latin, 2010. p. 48).

[77] LOPEZ, Teresa Ancona. Responsabilidade civil na sociedade de risco. *In*: GUERRA, Alexandre Dartanhan de Mello (Coord.). *Estudos em homenagem a Clóvis Beviláqua por ocasião do centenário do Direito Civil codificado no Brasil.* São Paulo: Escola Paulista de Magistratura, 2018, v. 1. p. 419.

Além disso, os riscos não podem ser delimitados:

> [...] geograficamente ou em função de grupos específicos. Pelo contrário, contêm uma tendência globalizante que tanto se estende à produção *e* reprodução como atravessa fronteiras nacionais e, nesse sentido, [...] faz surgir ameaças globais supranacionais e independentes de classe.[78]

Vive-se medo e incerteza, não sabendo onde e no que podem nos levar os avanços tecnológico e científico. Os riscos da modernização parecem invisíveis e não provados pela ciência. "No mundo em que vivemos apenas uma coisa é certa: a incerteza".[79]

O risco e a incerteza possuem origem nas novas invenções, como (i) internet, sob o aspecto de que nossos dados são públicos e, portanto, há um maior controle de dados; (ii) novas tecnologias e/ou descobertas no campo da biotecnologia; (iii) novos tratamentos, em especial, novos medicamentos e novos produtos para saúde (como as próteses e órteses impressas em 3D); (iv) alimentos contaminados; e (v) seres transgênicos.

Destacam-se os alimentos, os humanos e os animais transgênicos. Em novembro de 2018, o cientista He Jiankui, da Universidade de Ciência e Tecnologia do Sul, de Shenzhen, declarou que criou os primeiros bebês geneticamente modificados (gêmeas) do mundo.[80] Outro exemplo é o "espermatozoide feminino": cientistas britânicos, da Universidade de New Castle, criaram espermatozoides a partir de células-tronco da medula óssea feminina.[81] Quanto aos animais transgênicos, uma empresa americana criou vaca da raça Holstein, que dá muito leite e não possui chifres.[82] No Brasil, particularmente no interior de São Paulo, há a utilização de mosquitos estéreis que transmitem a dengue, geneticamente modificados, para impedir a proliferação de mosquitos não estéreis.

---

78 BECK, Ulrich. *Sociedade de risco*: rumo a uma outra modernidade. São Paulo: Editora 34, 2011. p. 16.

79 FREIRE, Paula Vaz. Sociedade de risco e direito do consumidor. *In*: LOPEZ, Teresa Ancona; LEMOS, Patrícia Faga Iglecias; RODRIGUES JUNIOR, Otavio Luiz. *Sociedade de risco e direito privado*: desafios normativos, consumeristas e ambientais. São Paulo: Atlas, 2013. p. 375.

80 LUCAS, Louise; NICOLLE, Liu; COOKSON, Clive. Nascem bebês modificados geneticamente na China. *Valor Econômico*, São Paulo, 27 nov. 2018.

81 BBC BRASIL. Cientistas criam espermatozoide a partir de célula feminina. *O Estado de São Paulo, São Paulo*, 31 jan. 2008. Disponível em: https://ciencia.estadao.com.br/noticias/geral,cientistas-criam-espermatozoide-a-partir-de-celula-feminina,118009. Acesso em: 2 maio 2022.

82 GARATTONI, Bruno; SZKLARZ, Eduardo. A vaca transgênica. *Superinteressante*, ed. 411, ano 34, n. 1, São Paulo, jan., 2020.

Quanto mais se aumentam as medidas de segurança, mais se incrementam os riscos, alguns deles com consequências mais devastadoras. Pode-se chegar a evitar um risco, porém, correr-se-á outro risco, do qual se tem ou não conhecimento, potencialmente mais devastador. Inclusive, a tecnologia pode não ser suficiente para dominar/reconhecer um novo risco.

Os riscos não podem ser completamente eliminados; sempre permanece a probabilidade de um dano menor. Os riscos podem ser minimizados, mas não excluídos. Não existe risco zero; sempre haverá o risco residual, que é absorvido pelas vítimas.[83] Sustentar que um produto é seguro significa que não foram detectados, até aquele momento, riscos significantes ou relevantes. Ou seja, "[...] a ciência é incapaz de provar que alguma coisa é absolutamente segura e que não oferece perigos".[84]

Os princípios da precaução e da prevenção surgiram e – a cada dia – vêm adquirindo mais espaço na responsabilidade civil, porque a teoria do risco é insuficiente para enfrentar os riscos da atual sociedade. Os princípios surgem para gerenciar os riscos, tentar evitar ou diminuir os males da sociedade. Ou seja, na sociedade contemporânea, no âmbito da responsabilidade civil, convivem a culpa, a presunção da culpa, a teoria do risco e os princípios da precaução e da prevenção.

Não se objetiva eliminar/substituir a responsabilidade civil tradicional (em suas versões subjetiva e objetiva), mas adicionar os princípios da prevenção e da precaução.

Nesse sentido, as funções da responsabilidade civil permanecem, sendo adicionada apenas a função preventiva. Em outros termos, a responsabilidade civil atual possui três funções principais: (i) função compensatória ou reparatória: é a tradicional função da responsabilidade civil, fundamentada no princípio da reparação integral de danos sofridos no passado; (ii) função dissuasória ou punitiva: pesadas indenizações impostas ao ofensor, busca desestimular o ofensor a repetir a falta; pode-se mencionar *punitive damages* e *deterrence* como exemplos; e (iii) função preventiva: refere-se aos princípios da precaução e da prevenção, havendo antecipação de riscos e danos.

---

83 Adriana Carvalho Pinto Vieira e Pedro Abel Vieira Junior defendem, no âmbito dos OGMs, que na realidade o que se avalia é a potencialidade de risco relativo, sendo a razão para alguns defenderem a necessidade de rotulagem dos alimentos para que as pessoas possam ter o conhecimento para decidirem livremente. (VIEIRA, Adriana Carvalho Pinto; VIEIRA JUNIOR, Pedro Abel. *Direito dos consumidores e produtos transgênicos*. Curitiba: Juruá, 2008, p. 52).

84 MILARÉ, Édis; SETZER, Joana. Aplicação do princípio da precaução em áreas de incerteza científica. *Doutrinas Essenciais de Responsabilidade Civil*, v. 5, p. 1123-1143, out. 2011.

2.1.2 Princípio da precaução

O princípio da precaução (*vorsorgeprinzip*) se originou na Alemanha, nos anos de 1970, relacionado ao direito ambiental. Ele é assim conceituado:

> Princípio da precaução é aquele que trata das diretrizes e valores do sistema de antecipação de riscos hipotéticos, coletivos ou individuais, que estão a ameaçar a sociedade ou seus membros com danos graves e irreversíveis e sobre os quais não há certeza científica; esse princípio exige a tomada de medidas drásticas e eficazes com o fito de antecipar o risco suposto e possível, mesmo diante da incerteza.[85]

A Declaração do Rio sobre Meio Ambiente e Desenvolvimento (ECO RIO 92) é considerada o grande marco do princípio da precaução,[86] lançando-o ao grande público e o consagrando no direito brasileiro. O princípio da precaução está previsto no princípio 15 da ECO RIO 92:

> Com o fim de proteger o meio ambiente, o princípio da precaução deverá ser amplamente observado pelos Estados, de acordo com suas capacidades. Quando houver ameaça de danos graves ou irreversíveis, a ausência de certeza científica absoluta não será utilizada como razão para o adiamento de medidas economicamente viáveis para prevenir a degradação ambiental.[87]

O princípio da precaução é aplicado quando ocorrer ameaça de danos sérios ou irreversíveis à saúde humana ou ao meio ambiente, nos

---

[85] LOPEZ, Teresa Ancona. *Princípio da precaução e evolução da responsabilidade civil*. São Paulo: Quartier Latin, 2010. p. 103.

[86] O princípio da precaução nasceu no final da década de 60 na Suécia, com a Declaração de Estocolmo sobre o Meio Ambiente Humano (1972). Após isso, a presença do princípio da precaução se dá em vários pactos, tratados, declarações, convenções, protocolos internacionais, sobretudo de direito ambiental. Por exemplo: Convenção de Barcelona sobre a proteção do nordeste do Oceano Atlântico (1976); Convenção sobre Poluição Atmosférica de Longa Distância (1979); Carta Mundial da Natureza (1982); Convenção de Viena (1985); Protocolo de Montreal (1987); Declaração Ministerial da Segunda Conferência do Mar do Norte (1987); Conferência Internacional do Conselho Nórdico sobre Poluição dos Mares (1989); Convenção de Londres sobre a poluição causada por hidrocarburetos (1990). Já, em 1990, a Declaração Ministerial de Bergen sobre o Desenvolvimento Sustentável da Região da Comunidade Europeia considerou o princípio da precaução como de aplicação geral, relacionado ao desenvolvimento sustentável. Essa evolução legislativa do princípio da precaução deu origem à definição mais aceita hoje, que é a prevista na ECO RIO 92.

[87] ORGANIZAÇÃO DAS NAÇÕES UNIDAS. Assembleia Geral. *Declaração do Rio sobre Meio Ambiente e Desenvolvimento (ECO RIO 92)*, jun. 1992. Disponível em: https://www.un.org/en/development/desa/population/migration/generalassembly/docs/globalcompact/A_CONF.151_26_Vol.I_Declaration.pdf. Acesso em: 2 maio 2022.

casos em que os dados científicos não forem suficientemente claros ou forem ambíguos.[88] A identificação e a avaliação da ameaça devem ser baseadas em análise científica, devendo ser compatível com o conhecimento científico da época.[89]

Seus elementos básicos são:

(i) Incerteza científica: incerteza de que um dano grave e/ou irreparável ocorrerá. É necessário que a incerteza científica seja razoável e efetiva, não bastando a mera alegação.

(ii) Risco de dano: os riscos relacionados ao princípio da precaução devem ser graves e irreversíveis. Por gravidade, entende-se o risco que abrange um grande número de pessoas ou que tenha um impacto significativo na natureza. Por irreversibilidade, entende-se que é a impossibilidade de retornar a um estado próximo ao estado inicial.[90]

Há duas condições formais do princípio da precaução: (i) a incerteza científica e a medida tomada para evitar o risco possuem caráter transitório; e (ii) as diligências investigativas devem continuar a serem desenvolvidas.[91] Não é porque se adota medida para evitar o risco que deve se deixar de buscar solução efetiva para o risco.

O princípio não deve ser aplicado de maneira indiscriminada. Há a necessidade de sopesar: (i) a liberdade e os direitos de indivíduos e empresas no desenvolvimento de novas tecnologias; e (ii) a necessidade de reduzir os riscos dos efeitos nocivos que as novas tecnologias possam trazer, sobretudo à saúde dos indivíduos.

Por um lado, as empresas possuem a liberdade de criar e explorar atividades econômicas e novas tecnologias, por meio das quais colaborariam com o progresso e o crescimento econômico.[92] Por outro

---

[88] VIEIRA, Adriana Carvalho Pinto; VIEIRA JUNIOR, Pedro Abel. Debates atuais sobre a segurança dos alimentos transgênicos e os direitos dos consumidores. *Doutrinas Essenciais de Direito do Consumidor*, v. 5, p. 25-47, abr., 2011.

[89] VIEIRA, Adriana Carvalho Pinto; VIEIRA JUNIOR, Pedro Abel. Debates atuais sobre a segurança dos alimentos transgênicos e os direitos dos consumidores. *Doutrinas Essenciais de Direito do Consumidor*, v. 5, p. 25-47, abr., 2011.

[90] GRISON, Denis. *Qu'est-ce que le príncipe de précaution?* Paris: Libraire Philosophique J. Vrin, 2012. p. 67.

[91] FROTA, Mário. Segurança alimentar – imperativo de cidadania. *Doutrinas essenciais de Direito do Consumidor*, v. 5, p. 173-207, abr., 2011.

[92] François Ewald defende que o Estado pode e deve utilizar o princípio da precaução para suspender uma grande liberalidade, que pode tomar forma de expressão, manifestação, comércio, grandes empresas. Isso porque, o princípio da precaução integra o poder de polícia da Administração Pública (EWALD, François *apud* MACHADO, Paulo Affonso Leme. *Direito ambiental brasileiro*. 12. ed., rev., atual., e ampl. São Paulo, Malheiros Editores, 2004. p. 68). Inclusive, caso a Administração Pública deixe de exigir e praticar medidas de

lado, os indivíduos devem ter assegurada a mínima precaução sobre os potenciais danos causados pelas novas tecnologias e atividades econômicas. E, não sendo isso possível, ao menos devem ser informados sobre os riscos a que (aparente e potencialmente) estão sujeitos.

Portanto, o princípio da precaução deve ser aplicado de maneira cautelosa – de maneira equilibrada, respeitando os princípios da razoabilidade e da proporcionalidade. "[O] princípio da precaução não é um princípio da fatalidade, mas um princípio da inteligência".[93]

A medida deve ser proporcional ao risco,[94] sob pena de causar danos econômicos e sociais irreversíveis.[95] Veja o exemplo dos alimentos geneticamente modificados. Ainda não se tem certeza se os alimentos geneticamente modificados fazem bem ou mal à saúde. Por outro lado, o

---

precaução, em caso de dano/prejuízo, será corresponsável (MACHADO, Paulo Affonso Leme. *Direito ambiental brasileiro*. 12. ed., rev., atual., e ampl. São Paulo, Malheiros Editores, 2004. p. 69).

93 No original: *"[L]e principe de précaution n'est pas un príncipe de fatalité, mais un principe d'intelligence"*. (GRISON, Denis. *Qu'est-ce que le príncipe de précaution?* Paris: Libraire Philosophique J. Vrin, 2012, p. 70).

94 Verifique o Regulamento (CE) nº 178/02: "Art. 7º - Princípio da precaução: 1. Nos casos específicos em que, na sequência de uma avaliação das informações disponíveis, se identifique uma possibilidade de efeitos nocivos para a saúde, mas persistam incertezas a nível científico, podem ser adoptadas as medidas provisórias de gestão dos riscos necessárias para assegurar o elevado nível de protecção da saúde por que se optou na Comunidade, enquanto se aguardam outras informações científicas que permitam uma avaliação mais exaustiva dos riscos. 2. As medidas adoptadas com base no nº 1 devem ser proporcionadas e não devem impor mais restrições ao comércio do que as necessárias para se alcançar o elevado nível de protecção por que se optou na Comunidade, tendo em conta a viabilidade técnica e económica e outros factores considerados legítimos na matéria em questão. Tais medidas devem ser reexaminadas dentro de um prazo razoável, consoante a natureza do risco para a vida ou a saúde e o tipo de informação científica necessária para clarificar a incerteza científica e proceder a uma avaliação mais exaustiva do risco". (UNIÃO EUROPEIA. *Regulamento (CE) nº 178/2002 do Parlamento Europeu e do Conselho de 28 de janeiro de 2002*. Disponível em: https://eurlex.europa.eu/LexUriServ/LexUriServ.do?uri=CONSLEG:2002R0178:20080325:PT:PDF. Acesso em: 2 maio 2022).

95 Isso não quer dizer que qualquer atividade será desempenhada, ainda que apresente alta hipótese de ocorrer um risco grave e / ou irreparável. A proporcionalidade impõe que, se a atividade for considerada muito arriscada, o seu desempenho não deve ser permitido. Neste sentido, verifique Comunicação da Comissão das Comunidades Europeias relativa ao princípio da precaução (COM(2000)): "Proporcionalidade significa adaptar as medidas ao nível de protecção escolhido. Raramente se pode reduzir o risco a zero, mas uma análise de riscos incompleta pode reduzir consideravelmente a gama de opções disponíveis aos gestores de riscos. Uma proibição total nem sempre constitui uma resposta proporcional a um risco potencial. Contudo, em determinados casos, é a única resposta possível a um dado risco". (UNIÃO EUROPEIA. Comissão das Comunidades Europeias. *Comunicação da Comissão das Comunidades Europeias relativa ao princípio da precaução, COM (2000) 1 final*. Bruxelas: fev. 2000. Disponível em: http://eur-lex.europa.eu/legalcontent/PT/TXT/?qid=1507770348511&uri=CELEX:52000DC0001. Acesso em: 2 maio 2022).

Brasil cultiva e exporta uma grande quantidade de alimentos, inclusive geneticamente modificados. Se o cultivo desse tipo de alimento for proibido, haverá reflexo direto e considerável na exportação brasileira, ocasionando perda de empregos e aumento da desigualdade social.

2.1.2.1 Princípio da precaução *vs* princípio da prevenção

A prevenção e a precaução sempre estiveram presentes na sociedade, sendo, anteriormente, relacionadas à prudência e aplicadas de maneira intuitiva e empírica. Hoje, a precaução é "racional, científica, tecnológica e jurídica".[96] A questão central é até que ponto a autoridade pública pode e precisa agir "contra riscos que ainda não foram identificados ou mesmo na ausência de riscos".[97]

Por sua vez, a prevenção, tal como a precaução, é medida antecipatória, que visa evitar o dano. Ela está relacionada a riscos constatados, conhecidos e provados.

Há várias classificações para diferenciar os princípios da precaução e da prevenção, sendo as principais: risco vs perigo; prévia ou não comprovação científica; perigo concreto vs perigo abstrato; risco potencial vs risco conhecido.

Basicamente, estar-se-á diante do princípio da precaução quando se estiver perante risco (entendido como a possibilidade de ocorrer situação de perigo; é a incerteza, com a possibilidade de causar dano; é abstrato).

Por outro lado, estar-se-á diante do princípio da prevenção quando a situação envolver perigo (possibilidade de ocorrência de dano; sua ocorrência pode ser prevista e a sua possibilidade pode ser calculada; é conhecido e real).

Em síntese:

> O princípio da precaução deve ser empregado naqueles casos em que estiver presente a incerteza científica de que a atividade ou o empreendimento podem causar danos [...]. O princípio da prevenção,

---

[96] LOPEZ, Teresa Ancona. *Princípio da precaução e evolução da responsabilidade civil*. São Paulo: Quartier Latin, 2010. p. 97.

[97] No original: "*La précaution se distingue de la protection contre les dangers. La différence principale est dans l'identification du risque. Les pouvoirs publics ont évidemment à protéger contre les risques identifiables. La question est de savoir jusqu'où ils peuvent agir contre des risques qui ne sont pas encore identifiés, ou même en l'absence de risque (cas où il s'agit de maintenir inchangée une ressource environnementale)*". (EWALD, François; GOLLIER, Christian; SADELEER, Nicolas de. *Le principe de précaution*. Paris: PUF, 2001. p. 7).

de outra banda, deve ser aplicado quando houver certeza científica de que a atividade ou empreendimento causará danos [...].[98]

2.1.2.2 Princípio da precaução no ordenamento jurídico brasileiro

É pacífico o entendimento de que o princípio da precaução, ainda que não expressamente, está previsto na CF/1988. É o que ocorre, por exemplo, na proteção do meio ambiente e da saúde.

Quanto ao meio ambiente, o princípio da precaução está reconhecido no art. 225, *caput*, e §1º, incisos II, III, IV e V, da CF/1988, transparecendo notória preocupação de preservar o meio ambiente para as gerações atual e futura. Quanto à saúde, há o dever de adotar medidas para evitar dano à saúde pública pela Administração Pública, por entes públicos e privados e em todo e qualquer empreendimento (art. 196 da CF/1988).

No plano infraconstitucional, o princípio da precaução está previsto em várias leis e decretos, expressamente ou não. Por exemplo, o princípio da precaução está previsto na Lei nº 6.938/1981 – Política Nacional do Meio Ambiente (PNMA); na Lei nº 9.605/1998 (Lei de Crimes Ambientais) e, expressamente, na Lei nº 11.105/2005 (Lei da Biossegurança), que impõe a observância do princípio em seu art. 1º.

O art. 1º do Protocolo de Cartagena (Decreto nº 5.705/2006) é claro: aplica-se o princípio da precaução aos OGMs. Acompanhamos o entendimento: o princípio da precaução deve ser aplicado aos OGMs, porque cuida de questões ambientais, com enfoque no futuro.[99]

Não se deve limitar a aplicação do princípio da precaução ao meio ambiente e à saúde humana e animal, ainda que a maioria das leis nas quais o princípio da precaução está previsto (direta ou indiretamente) aborde os dois campos. A aplicação do princípio da precaução deve ser abrangente, devendo haver proporcionalidade e razoabilidade.

Outro exemplo: ainda que não expressamente, reconhecemos o princípio da precaução no CDC ao estabelecer a segurança de produtos e serviços como um dos direitos do consumidor e determinar

[98] WEDY, Gabriel. O princípio constitucional da precaução: como instrumento de tutela do meio ambiente e da saúde pública. 2. ed. Belo Horizonte: Fórum, 2017. p. 60.

[99] LEMOS, Patrícia Faga Iglesias. A Responsabilidade Civil Objetiva por Danos ao Meio Ambiente Causados por Organismos Geneticamente Modificados. *In*: DENARI, Cristiane (Org.). *Transgênicos no Brasil e biossegurança*. Porto Alegre: Sergio Antonio Fabris Ed., 2005. p. 153.

a necessidade de segurança dos produtos e serviços disponíveis no mercado (art. 4º, *caput*, e art. 8º, respectivamente).

2.2 Hipóteses de aplicação do princípio da precaução

2.2.1 Formas de aplicar o princípio da precaução

Não é possível enumerar as formas de aplicar o princípio da precaução. Por possuir noção indeterminada, em cada situação restará determinado qual é a melhor forma de aplicar o princípio; se se está diante de discricionariedade.

Teresa Ancona Lopez constrói o seguinte "passo a passo" para aplicar o princípio da precaução: (i) primeiro, analisar se é caso efetivo de princípio da precaução; e (ii) segundo, averiguar quais os "meios técnicos disponíveis para a implementação das medidas que possam prevenir os riscos indeterminados".[100]

A maneira de analisar os riscos da atividade constitui escolha do Estado ou das empresas privadas. Diante de situação de precaução, é necessário elaborar inventário dos riscos associados à atividade,[101] não sendo exigida a demonstração exaustiva e completa dos riscos;[102] até porque não é possível. O inventário parte de dúvida, sequenciado por pesquisa tecnológica e científica, visando ao veredito sobre a precaução no uso do produto e/ou serviço. A partir de estudos e laudos técnicos é que se verificará a melhor maneira de implementar o princípio da precaução, ainda que não se possa atingir um nível integral de compreensão dos riscos.

É interessante a colocação de José Rubens Morato Leite e Patryck de Araújo Ayala: aplicar o princípio da precaução não importa recomendar, necessariamente, em banir o produto e/ou a atividade, porque a segurança não foi provada, mas que "as autoridades deverão ser mais rigorosas na avaliação dos possíveis riscos desse produto"[103] e/ou atividade.

---

[100] LOPEZ, Teresa Ancona. *Princípio da precaução e evolução da responsabilidade civil*. São Paulo: Quartier Latin, 2010. p. 123.

[101] LOPEZ, Teresa Ancona. *Princípio da precaução e evolução da responsabilidade civil*. São Paulo: Quartier Latin, 2010. p. 123-124.

[102] LEITE, José Rubens Morato; AYALA, Patryck de Araújo. *Direito ambiental na sociedade de risco*. 2. ed. Rio de Janeiro: Forense Universitária, 2004. p. 79.

[103] LEITE, José Rubens Morato; AYALA, Patryck de Araújo. *Direito ambiental na sociedade de risco*. 2. ed. Rio de Janeiro: Forense Universitária, 2004. p. 81.

Repita-se, o princípio da precaução só deve ser aplicado em ameaças de danos sérios ou irreversíveis, nos casos em que os dados científicos não forem claros ou forem ambíguos.[104] Deve-se identificar e avaliar a ameaça por meio de análise científica, sensata e compatível com o conhecimento científico da época.

Mapeados os riscos e identificada a maneira de implementar o princípio da precaução, é necessária a prudência, observando os princípios da razoabilidade e da proporcionalidade. As medidas devem ser determinadas e apropriadas de acordo com o potencial risco e específicas para a situação.

O princípio da precaução não é de aplicação mecânica, "não podendo ser insuficiente em face do vetor da vedação de inoperância e tampouco não pode superestimar determinado princípio em face da possibilidade da violação do vetor da proibição do excesso".[105] Ou seja, a medida não pode ser insuficiente para diminuir o risco e deve-se proibir discriminações arbitrárias e não justificáveis.

Há de serem reconhecidas também a coerência e a precariedade da decisão ao se aplicar o princípio da precaução. Isto é, as medidas devem ser periodicamente revistas, de acordo com a evolução do conhecimento científico.[106] Não é porque foram adotadas medidas que o conhecimento científico deve restar estagnado.

Veja os comentários de Alexandra Aragão sobre as medidas para aplicar o princípio da precaução:

> Pode tratar-se de medidas de conteúdo positivo ou negativo, mais ou menos gravosas, mais ou menos urgentes, mais ou menos reactivas, mais vocacionadas para o controle do risco objetivo ou do risco subjetivo, mas elas serão sempre provisórias, periodicamente revistas e nunca definitivas e, sobretudo, proporcionais à gravidade do risco.

---

[104] VIEIRA, Adriana Carvalho Pinto; VIEIRA JUNIOR, Pedro Abel. *Direito dos consumidores e produtos transgênicos*. Curitiba: Juruá, 2008. p. 122.

[105] WEDY, Gabriel. *O princípio constitucional da precaução*: como instrumento de tutela do meio ambiente e da saúde pública. 2. ed. Belo Horizonte: Fórum, 2017. p. 151.

[106] "A provisoriedade é a marca, por definição, das medidas de precaução, de modo que não podem se instalar no ordenamento jurídico com vocação de perpetuidade à diferença da prevenção que conduz normalmente a medidas definitivas. A razão de ser desse caráter temporário, iluminada pelo princípio da adaptabilidade, é clara: se o princípio da precaução parte de uma situação de incerteza é evidente que à medida que desparecem as dúvidas científicas ou aparecem técnicas alternativas mais seguras, será preciso rever as medidas adotadas". (MORGADO, Cíntia. *O direito administrativo do risco*: a nova intervenção estatal sob o enfoque da segurança alimentar (recurso digital). Rio de Janeiro: Gramma, 2017.).

> Entre o estabelecimento de proibições liminares (de atividades, tecnologias, produtos ou substâncias) e a mera informação da população potencialmente afetada (sobre os riscos identificados e as medidas de autoproteção no caso de o risco se verificar), a paleta de medidas precaucionais é vasta.[107]

Parâmetros foram estabelecidos para implementar o princípio. A Comunicação da Comissão das Comunidades Europeias (COM, 2000) relativa ao princípio da precaução propõe observar os seguintes princípios gerais à gestão de riscos na implementação do princípio da precaução: (i) proporcionalidade; (ii) não discriminação; (iii) coerência; (iv) análise das vantagens e dos encargos que podem resultar da atuação ou da ausência de atuação; e (v) análise da evolução científica.[108] [109]

A Declaração de Wingspread impõe as medidas que devem ser observadas ao aplicar o princípio da precaução: o processo de aplicação deve ser aberto, informado e democrático, com a participação das partes potencialmente afetadas.[110]

A seguir, podem ser analisados os dez mandamentos da precaução propostos por Kourilsky e Viney:

> 1) Todos os riscos devem ser definidos, avaliados e graduados.
> 2) A análise de risco deve comparar os diferentes cenários de ação e inação.
> 3) Toda análise de risco deve abranger uma análise econômica que deve levar a um estudo do custo-benefício (em sentido lato) como condição prévia à tomada de decisões.
> 4) As estruturas de avaliação de riscos devem ser independentes, mas coordenadas.

---

[107] ARAGÃO, Alexandra. Aplicação nacional do princípio da precaução. *Colóquios 2011-2012*, Associação dos Magistrados da Jurisdição Administrativa e Fiscal de Portugal, p. 159-185, 2013. p. 172. Adaptado.

[108] Item 6.3.

[109] Uma das grandes contribuições da COM (2000) foi reconhecer que a incidência da precaução transcende o direito ambiental, porque: "tem cabimento sempre que se façam presentes motivos razoáveis para suspeitar que efeitos potencialmente perigosos ao ambiente, à saúde das pessoas e dos animais ou à proteção vegetal possam ser incompatíveis com o elevado nível de proteção escolhido para a Comunidade". (GRASSI NETO, Roberto. *Segurança alimentar*: da produção agrária à proteção do consumidor. São Paulo: Saraiva, 2013. p. 217).

[110] No original: "*The process of applying the Precautionary Principle must be open, informed and democratic and must include potentially affected parties. It must also involve an examination of the full range of alternatives, including no action*" (WINGSPREAD CENTER. *Wingspread Statement on the Precautionary Principle*, January 23-25, 1998. Disponível em: https://www.iatp.org/sites/default/files/Wingspread_Statement_on_the_Precautionary_Prin.htm. Acesso em: 2 maio 2022).

> 5) As decisões devem, na medida do possível, ser revisáveis e as soluções adotadas, reversíveis e proporcionadas.
> 6) Sair da incerteza impõe obrigação de pesquisa.
> 7) Os circuitos de decisão e as disposições securitárias devem ser não só apropriados, mas coerentes e eficazes.
> 8) Os circuitos de decisão e as disposições securitárias devem ser confiáveis.
> 9) As avaliações, as decisões e suas consequências, bem como os dispositivos que contribuíram para elas, devem ser transparentes, o que impõe identificação e rastreabilidade.
> 10) O público deve ser informado da melhor maneira e seu grau de participação ajustado pelo poder político. (tradução livre)[111]

Especificamente quanto aos alimentos, os critérios que devem guiar medidas fundamentadas no princípio da precaução são: (i) liberdade de investigação orientando os estudos sobre os efeitos do alimento ao ser humano (não permitir que os estudos sejam restringidos); (ii) individualização na análise do caso (casuística, sempre caso a caso); (iii) exaurimento das etapas investigativas (total esgotamento de cada fase investigativa antes de passar para a próxima fase); (iv) proporcionalidade, adequação e coerência na adoção da medida (tomar providências adequadas ao risco apurado, não adotando medida insuficiente, que extrapole a intensidade necessária ou que não guarde nexo de causalidade com a situação; possuir coerência com outra solução já adotada em circunstância similar; considerar aspectos econômicos e não econômicos ao sopesar as vantagens e os encargos da adoção ou não da medida); e (v) manutenção da medida acautelatória na pendência da

---

[111] No original: *"On peut extraire des considérations qui précèdent un certain nombre de principes de procédures susceptibles d'encadrer la réflexion et l'action. Ils sont présentés sous forme de dix commandements. 1) Tout risque doit être défini, évalué et gradué. 2) L'analyse des risques doit comparer les différents scénarios d'action et d'inaction. 3) Toute analyse de risque doit comporter une analyse économique qui doit déboucher sur une étude coût/bénéfice (au sens large) préalable à la prise de décision. 4) Les structures d'évaluation des risques doivent être indépendantes mais coordonnées. 5) Les décisions doivent, autant qu'il est possible, être révisables et les solutions adoptées réversibles et proportionnées. 6) Sortir de l'incertitude impose une obligation de recherche. 7) Les circuits de décision et les dispositifs sécuritaires doivent être non seulement appropriés mais cohérents et efficacies. 8) Les circuits de décisions et les dispositifs sécuritaires doivent être fiables. 9) Les évaluations, les décisions et leur suivi, ainsi que les dispositifs qui y contribuent, doivent être transparents, ce qui impose l'étiquetage et la traçabilité. 10) Le public doit être informé au mieux et son degré de participation ajusté par le pouvoir politique."* (KOURILSKY, Philippe; VINEY, Geneviève. *Le principe de précaution*. 1999. Disponível em: http://www.ladocumentationfrancaise.fr/var/storage/rapports-publics/004000402.pdf. Acesso em: 2 maio 2022).

incerteza científica (surgimento de novos dados pode ensejar a revisão da medida adotada).[112]

Em resumo, são critérios para implementar o princípio da precaução: (i) risco de dano grave e/ou irreversível; (ii) prova da incerteza científica ou início de certeza científica;[113] (iii) proporcionalidade e razoabilidade entre a medida adotada e seus efeitos sociais, econômicos e ambientais. A suspensão ou o impedimento de atividade deve ser a última medida, com motivação adequada e fundamentada da autoridade; e (iv) revisão da medida adotada após determinado período. Os aspectos devem ser baseados em sérias análises técnicas e científicas, com o melhor conhecimento da época e considerando fatores sociais e econômicos.

Os critérios e as medidas de precaução não devem partir do particular (cientistas, empresas), tampouco da discricionariedade da administração pública ou da visão casuística do Ministério Público, mas de regulação legal. Assim, restarão garantidos a segurança jurídica e "o respeito a regras equilibradas de concorrência e respeito à liberdade de iniciativa empresarial".[114]

Ao final, o princípio da precaução exige um "agir consciente, ponderado, prudente, dotado de uma espécie de clarividência, de escatologia".[115]

Alguns tribunais brasileiros já se manifestaram sobre a implementação do princípio da precaução.[116] Porém, ainda é cedo para atestar critérios de implementação, ter a discussão como finalizada e concordar com o posicionamento dos tribunais brasileiros. O princípio da precaução tem sido aplicado "de modo aleatório, impreciso e sem amparo de critérios objetivos".[117] E eis uma questão sarcástica:

---

[112] GRASSI NETO, Roberto. *Segurança alimentar*: da produção agrária à proteção do consumidor. São Paulo: Saraiva, 2013. p. 243-247.

[113] Realizar avaliação dos riscos tão completa quando possível e procurar vislumbrar da melhor forma possível os graus de incerteza.

[114] SCAFF, Fernando Campos. A responsabilização civil e a biotecnologia. *In*: PAVINATO, Tiago; SIMÃO, José Fernando (Coord.). *Liber amicorum Teresa Ancona Lopez*: estudos sobre responsabilidade civil. São Paulo: Almedina, 2021. p. 254.

[115] HARTMANN, Ivar Alberto Martins. O princípio da precaução e sua aplicação no direito do consumidor: dever de informação. *Revista de Direito do Consumidor*, v. 70, p. 172-235, abr./jun., 2009.

[116] Por exemplo, o tema foi abordado no âmbito da soja geneticamente modificada, planta bioinseticida, campos eletromagnéticos, construção de barragens, carcinicultura, resíduos sólidos, agrotóxicos, amianto e derramamento de petróleo.

[117] OLIVEIRA, Carina Costa de; MORAES, Gabriela G. B. Lima; FERREIRA, Fabrício Ramos. Artigo Introdutório: Os limites da interpretação do princípio da precaução no Brasil e as contribuições do direito comparado e do direito internacional para a tecnicidade na

"[a]inda há incerteza quanto aos efeitos processuais e procedimentais do princípio da precaução no Brasil".[118]

Estudiosos brasileiros realizaram pesquisa sobre as decisões proferidas pelo Tribunal Regional Federal da 1ª Região (TRF1), no período de 2001 a 2016, envolvendo o princípio da precaução.[119] [120] Os dados e as conclusões são alarmantes, mas não fogem do que se esperou: ausência de técnicas e critérios para aplicar o princípio da precaução, o que ocasiona insegurança jurídica no uso do princípio. São estes os principais aspectos:

(i) Mais da metade das decisões não estão amparadas em critérios doutrinários ou elementos científicos que justifiquem a incidência do princípio da precaução como fundamento das manifestações judiciais.[121] Em expressivo número de decisões, o princípio da precaução foi meramente citado.[122]

---

implementação do princípio. *In*: OLIVEIRA, Carina Costa de; MORAES, Gabriela G. B. Lima; FERREIRA, Fabrício Ramos (Org.). *A interpretação do princípio da precaução pelos tribunais*: análise nacional, comparada e internacional. Campinas: Pontes Editores, 2019. p. 15.

[118] OLIVEIRA, Carina Costa de; MORAES, Gabriela G. B. Lima; FERREIRA, Fabrício Ramos. Artigo Introdutório: Os limites da interpretação do princípio da precaução no Brasil e as contribuições do direito comparado e do direito internacional para a tecnicidade na implementação do princípio. *In*: OLIVEIRA, Carina Costa de; MORAES, Gabriela G. B. Lima; FERREIRA, Fabrício Ramos (Org.). *A interpretação do princípio da precaução pelos tribunais*: análise nacional, comparada e internacional. Campinas: Pontes Editores, 2019. p. 23.

[119] O resultado da pesquisa é compartilhado em capítulos da obra: OLIVEIRA, Carina Costa de; MORAES, Gabriela G. B. Lima; FERREIRA, Fabrício Ramos (Org.). *A interpretação do princípio da precaução pelos tribunais*: análise nacional, comparada e internacional. Campinas: Pontes Editores, 2019.

[120] A pesquisa encontrou obstáculo: a falta de quantitativo expressivo de julgados. O aspecto contribui para a fragilidade dos precedentes produzidos. (FERREIRA, Fabrício Ramos. A aplicação do princípio da precaução pelo Tribunal Regional Federal da 1ª Região: razões para a necessidade do estabelecimento de critérios para o seu uso pela jurisprudência. *In*: OLIVEIRA, Carina Costa de; MORAES, Gabriela G. B. Lima; FERREIRA, Fabrício Ramos (Org.). *A interpretação do princípio da precaução pelos tribunais*: análise nacional, comparada e internacional. Campinas: Pontes Editores, 2019. p. 43).

[121] FERREIRA, Fabrício Ramos. A aplicação do princípio da precaução pelo Tribunal Regional Federal da 1ª Região: razões para a necessidade do estabelecimento de critérios para o seu uso pela jurisprudência. *In*: OLIVEIRA, Carina Costa de; MORAES, Gabriela G. B. Lima; FERREIRA, Fabrício Ramos (Org.). *A interpretação do princípio da precaução pelos tribunais*: análise nacional, comparada e internacional. Campinas: Pontes Editores, 2019. p. 35.

[122] FERREIRA, Fabrício Ramos. A aplicação do princípio da precaução pelo Tribunal Regional Federal da 1ª Região: razões para a necessidade do estabelecimento de critérios para o seu uso pela jurisprudência. *In*: OLIVEIRA, Carina Costa de; MORAES, Gabriela G. B. Lima; FERREIRA, Fabrício Ramos (Org.). *A interpretação do princípio da precaução pelos tribunais*: análise nacional, comparada e internacional. Campinas: Pontes Editores, 2019. p. 43.

(ii) Outro indicativo preocupante: a jurisprudência é baseada em situações processuais que não analisam o mérito da controvérsia. Isto é, parcela considerável dos precedentes não examinou o mérito da controvérsia (decisões foram proferidas em processos cautelares, liminares e/ou agravos), ocorrendo exame superficial da controvérsia.[123]

Ainda assim, há aspecto curioso: "[...] justamente dentro deste estrato [precedentes que analisaram a questão em tutelas de urgência], é que se encontram o maior número de julgados que foram considerados como tendo aplicado de forma correta o princípio da precaução".[124]

E Fabrício Ramos Ferreira complementa: "[d]iz-se que a conclusão é infeliz, porque a ausência da análise do mérito da lide permite a construção de precedentes frágeis ou de força reduzida".[125]

(iii) Ou seja, os precedentes analisados "mais representam a exteriorização de uma determinada ideologia do que a aplicação técnica da norma ou da doutrina sobre os fatos".[126]

Concordamos com a seguinte posição sobre a jurisprudência brasileira: "sem técnicas e critérios mais claros, o princípio da precaução se transforma em um curinga revestido de incerteza, risco ou dano em potencial".[127]

---

[123] FERREIRA, Fabrício Ramos. A aplicação do princípio da precaução pelo Tribunal Regional Federal da 1ª Região: razões para a necessidade do estabelecimento de critérios para o seu uso pela jurisprudência. *In*: OLIVEIRA, Carina Costa de; MORAES, Gabriela G. B. Lima; FERREIRA, Fabrício Ramos (Org.). *A interpretação do princípio da precaução pelos tribunais*: análise nacional, comparada e internacional. Campinas: Pontes Editores, 2019. p. 43.

[124] FERREIRA, Fabrício Ramos. A aplicação do princípio da precaução pelo Tribunal Regional Federal da 1ª Região: razões para a necessidade do estabelecimento de critérios para o seu uso pela jurisprudência. *In*: OLIVEIRA, Carina Costa de; MORAES, Gabriela G. B. Lima; FERREIRA, Fabrício Ramos (Org.). *A interpretação do princípio da precaução pelos tribunais*: análise nacional, comparada e internacional. Campinas: Pontes Editores, 2019. p. 48.

[125] FERREIRA, Fabrício Ramos. A aplicação do princípio da precaução pelo Tribunal Regional Federal da 1ª Região: razões para a necessidade do estabelecimento de critérios para o seu uso pela jurisprudência. *In*: OLIVEIRA, Carina Costa de; MORAES, Gabriela G. B. Lima; FERREIRA, Fabrício Ramos (Org.). *A interpretação do princípio da precaução pelos tribunais*: análise nacional, comparada e internacional. Campinas: Pontes Editores, 2019. p. 48.

[126] FERREIRA, Fabrício Ramos. A aplicação do princípio da precaução pelo Tribunal Regional Federal da 1ª Região: razões para a necessidade do estabelecimento de critérios para o seu uso pela jurisprudência. *In*: OLIVEIRA, Carina Costa de; MORAES, Gabriela G. B. Lima; FERREIRA, Fabrício Ramos (Org.). *A interpretação do princípio da precaução pelos tribunais*: análise nacional, comparada e internacional. Campinas: Pontes Editores, 2019. p. 43.

[127] OLIVEIRA, Carina Costa de; MORAES, Gabriela G. B. Lima; FERREIRA, Fabrício Ramos. Artigo Introdutório: Os limites da interpretação do princípio da precaução no Brasil e as contribuições do direito comparado e do direito internacional para a tecnicidade na implementação do princípio. *In*: OLIVEIRA, Carina Costa de; MORAES, Gabriela G. B. Lima; FERREIRA, Fabrício Ramos (Org.). *A interpretação do princípio da precaução pelos tribunais*: análise nacional, comparada e internacional. Campinas: Pontes Editores, 2019. p. 16.

Medidas devem ser adotadas. Cobrar revisão e posicionamento dos tribunais brasileiros é fundamental. Como é possível que a "maioria das decisões que invocam a aplicação do princípio da precaução o fazem sem qualquer critério"?[128] É aspecto que origina insegurança jurídica. Existe a necessidade de construir critérios para aplicar o princípio da precaução em decisões judiciais, com o intuito de haver mais segurança jurídica em seus fundamentos e maiores garantias ao jurisdicionado.[129]

2.2.2 A informação como aplicação do princípio da precaução

Sustentamos que a informação está relacionada ao princípio da precaução sob duas perspectivas: (i) é por meio da informação (técnico-científica) que serão avaliadas e implementadas as medidas de precaução; e (ii) a informação como forma de implementar o princípio, via compartilhar potencial risco atrelado ao produto e/ou serviço para que o indivíduo possa, com base na informação, exercer a livre escolha. Avaliaremos a segunda perspectiva da informação, na qualidade de forma de implementar o princípio da precaução, trazendo à sociedade a questão de aceitabilidade do risco.

Uma das características de situações do princípio da precaução é a assimetria informacional entre o causador do risco e o sujeito objeto do risco. Uma política de precaução deve abarcar também técnicas de comunicação, sobretudo para compensar a "desigualdade informacional".[130]

É primordial, ao aplicar o princípio da precaução, existirem mecanismos de comunicação, aplicando-se também os princípios da

---

[128] FERREIRA, Fabrício Ramos. A aplicação do princípio da precaução pelo Tribunal Regional Federal da 1ª Região: razões para a necessidade do estabelecimento de critérios para o seu uso pela jurisprudência. *In*: OLIVEIRA, Carina Costa de; MORAES, Gabriela G. B. Lima; FERREIRA, Fabrício Ramos (Org.). *A interpretação do princípio da precaução pelos tribunais*: análise nacional, comparada e internacional. Campinas: Pontes Editores, 2019. p. 40.

[129] FERREIRA, Fabrício Ramos. A aplicação do princípio da precaução pelo Tribunal Regional Federal da 1ª Região: razões para a necessidade do estabelecimento de critérios para o seu uso pela jurisprudência. *In*: OLIVEIRA, Carina Costa de; MORAES, Gabriela G. B. Lima; FERREIRA, Fabrício Ramos (Org.). *A interpretação do princípio da precaução pelos tribunais*: análise nacional, comparada e internacional. Campinas: Pontes Editores, 2019. p. 40.

[130] Por exemplo: *"Les situations de précaution se caractérisent d'abord par une forte asymétrie d'information entre celui qui prend le risque et celui qui est en position de le subir. Une politique de précaution este une manière de compenser a priori cette inégalité"*. (EWALD, François; GOLLIER, Christian; SADELEER, Nicolas de. *Le principe de précaution*. Paris: PUF, 2001. p. 68-69).

participação, da cooperação e da transparência.[131] Implementar medida de precaução, sem a oitiva dos cidadãos, é fadar ao insucesso.[132]

Entendemos, inclusive, que a informação deve ser elevada à maneira mais importante de implementar o princípio da precaução e também como instrumento obrigatório da aplicação, porque (i) a incerteza científica, em muitos casos, não permite a descoberta de outras técnicas para minorar os potenciais riscos; (ii) a informação pode ser vista como a forma mais barata e eficaz para implementar o princípio; (iii) a informação não interfere no avanço do desenvolvimento da tecnologia (não proíbe a atividade e/ou produto); (iv) agrega qualidade à participação/discussão democrática; e (v) a informação, por si só, permite a livre escolha do indivíduo (se deseja ou não arcar com potenciais riscos do produto e/ou serviço).

Há a tendência de o ser humano não aceitar que terceiros gerenciem riscos e danos a que está submetido. A informação é instrumento que garante o acesso dos indivíduos aos riscos e danos a que estão sujeitos. Em um primeiro momento, a informação permite que cada ser humano tome para si o gerenciamento dos riscos e danos. Trata-se de ferramenta indispensável para o seu livre-arbítrio, exercício de escolha e autodeterminação. Assim, a efetiva informação é aquela que possibilita o conhecimento e a compreensão do ser humano sobre determinado tema.[133]

---

[131] Vide exemplos: "*Une politique de précaution ne se conçoit pas sans un dispositif de communication. Cela d'abord en application des principes de participation, de coopération, de transparence qui, le plus souvent, l'accompagnent*". (EWALD, François; GOLLIER, Christian; SADELEER, Nicolas de. *Le principe de précaution*. Paris: PUF, 2001. p. 68); "A prática dos princípios da informação ampla e da participação ininterrupta das pessoas e organizações sociais, no processo das decisões dos aparelhos burocráticos, é que alicerça e torna possível viabilizar a implementação da prevenção e da precaução para a defesa do ser humano e do meio ambiente". (MACHADO, Paulo Affonso Leme. O princípio da precaução e o direito ambiental. *Revista de Direitos Difusos*, v. 8, p. 1094, ago. 2001.).

[132] "A aplicação do princípio da precaução é um ato político (para a *polis*) e os vários segmentos sociais devem ser envolvidos, principalmente o jurídico. Decidir sobre medidas de precaução sem ouvir a comunidade jurídica, que tem visão ampla da sociedade e sabe o que é melhor e mais justo para os cidadãos, é confiar somente em consultas a "bolas de cristal" usadas geralmente por técnicos e economistas". (LOPEZ, Teresa Ancona. *Princípio da precaução e evolução da responsabilidade civil*. São Paulo: Quartier Latin, 2010. p. 131).

[133] Cass R. Sunstein destaca que a maioria das pessoas está inadequadamente informada sobre os riscos que existem na sociedade e que o problema é agravado pela rapidez com que falsas informações são compartilhadas. Para ele, as influências sociais poderiam originar graves erros públicos. Confira: "*Why do ordinary people make mistakes about risks? The most obvious problem is that most of us, most of the time, are inadequately informed. [....] The problem is compounded by social influences, through which false information can be spread rapidly, and even produce mass panic. If many people are starting to believe that genetic modification of food is dangerous, others may well be led to agree, not because they have reliable information, but because*

Um dos aspectos mais importantes da informação é o de elucidar o cidadão, sem confundi-lo ou deixá-lo mais inseguro.[134] Embora baseada em conhecimento científico, a informação deve ser clara e acessível.

A informação também deve ser de qualidade e, portanto, deve estar baseada em conhecimento científico. Muitas vezes, um único dado é mais preciso e útil à sociedade do que uma série de dados sem fundamento. Como mencionado, o detentor das informações deve reavaliá-las periodicamente para retificá-las ou ratificá-las e, ainda, buscar sua atualização, de acordo com a evolução da ciência.

Ivar Alberto Martins Hartmann sugere que a informação, para instrumentalizar o princípio da precaução, possui as seguintes características:

> A informação ostensiva decorrente da precaução requer a revisão de todos os requisitos da informação ao consumidor: a adequação, a suficiência e a veracidade. A adequação impõe que esta informação especial seja veiculada no maior número de meios possíveis, contenha linguagem apta a transmitir ao consumidor a situação de incerteza acerca da segurança, reinante sobre determinado produto ou serviço. A suficiência é, por sua vez, também um critério que se afigura mais exigente que em situações normais. A informação precauciosa deve ser muito mais ostensiva, ampla e presente que a informação normal. A veracidade da informação implica divulgar e educar o consumidor acerca dos diversos resultados de estudos sobre aquele produto ou serviço. Afirmar simploriamente que tal produto foi "cientificamente testado", quando sobre ele ainda pesam estudos que denunciam sua insegurança, não é apenas informação insuficiente, mas sim falsa, nos casos especiais de precaução.[135]

Portanto, defendemos a informação como o instrumento mais adequado para compartilhar com a sociedade os riscos envolvidos em situações de aplicabilidade do princípio da precaução. Dada a sua

---

without that information, they tend to accept the views of others. This is perfectly rational at the individual level; if I know little, I might as well rely on what others think. But social influences can lead to grave public errors. These often take the form of "availability cascades", involving mass concern over small risks, with a strong call for governmental response". (SUNSTEIN, Cass R. Is cost-benefit analysis for everyone? *Administrative Law Review*, v. 53, n. 1, p. 303, 2001.)

[134] A tarefa é mais árdua considerando que as informações decorrentes da aplicação do princípio da precaução são informações novas para a sociedade, técnicas e muitas vezes de difícil compreensão.

[135] HARTMANN, Ivar Alberto Martins. O princípio da precaução e sua aplicação no direito do consumidor: dever de informação. *Revista de Direito do Consumidor*, v. 70, p. 172-235, abr./jun., 2009.

importância, entendemos que a informação é maneira obrigatória de implementar o princípio. Porém, não é qualquer ato de informar que será visto como eficaz, apenas informação compreensível, adequada, suficiente, verídica, tempestiva e atual.

Adicionalmente, observamos que a informação como maneira de implementar o princípio da precaução é distinta da informação "normal". Deve-se observar todos os requisitos impostos à informação "normal" pelo Sistema de Proteção ao Consumidor. Porém, a informação da precaução é mais delicada: ao menos, impõe-se estudar o público-alvo e a melhor forma de comunicá-la, ressaltando os seus aspectos-chave.

Por exemplo, no âmbito dos OGMs, entendemos que apenas informar a presença de OGMs no alimento não é suficiente, mas se deve compartilhar outras informações imprescindíveis à livre escolha do indivíduo, como potenciais consequências à sua saúde. A melhor maneira de informar é via rotulagem. Contudo, ela não é a única e, urgentemente, devem-se adotar medidas educativas e de conscientização da população, com a participação de todos os agentes (empresas privadas detentoras da tecnologia, Poder Público, cientistas e associações de defesa do consumidor). É necessário esforço comum. Todos esses aspectos serão abordados nos próximos capítulos.

CAPÍTULO 3

ORGANISMOS GENETICAMENTE MODIFICADOS E ROTULAGEM: REGRAS E QUADRO COMPARATIVO

3.1 Introdução – OGMs e transgênicos

Os OGMs são exemplo clássico de aplicação do princípio da precaução, de maneira que se passa a analisar a implementação do princípio da precaução, por meio da informação.[136]

Antes de serem inseridos no mercado, os alimentos, em especial os frutos da biotecnologia, são submetidos a avaliações técnicas para atestar a sua segurança: (i) avaliação de risco (*risk assessment*), por iniciativa de órgão público ou privado (certificadoras), estuda-se a probabilidade de ocorrência de determinados danos, via métodos científicos; (ii) gestão do risco (*risk management*), fase em que se decidem as medidas que devem ser adotadas frente a potencial dano; e (iii) comunicação de risco, em que se divulgam os dados obtidos e prestam informações à sociedade sobre a existência de perigos/riscos e o que se deve fazer.

[136] Antes de informar a sociedade, indispensável possuir informações "concretas" e atualizadas sobre os OGMs. Para tanto, defendemos impor à indústria submeter, constantemente, ao Poder Público, informações sobre os OGMs. "A Administração passa a controlar a atividade da indústria e dos produtos alimentares através da informação em si mesma, a partir da qual poderá tomar medidas de prevenção ou precaução, incluindo a transmissão de informação ao público. O controle mediante subministro de informações não se trata de técnica nova do poder de polícia, mas vem ganhando reforço no novo sistema no lugar de instrumentos clássicos". (MORGADO, Cíntia. *O direito administrativo do risco*: a nova intervenção estatal sob o enfoque da segurança alimentar (recurso digital). Rio de Janeiro: Gramma, 2017.).

A segurança alimentar, cujo conceito ainda está em construção, traz a ideia de dar acesso a alimentos seguros, nutritivos, que satisfaçam a necessidade dos indivíduos, bem como há a preocupação com a composição dos alimentos comercializados.

No Brasil, a segurança alimentar é tratada pela Lei Orgânica de Segurança Alimentar e Nutricional (Lei nº 11.346/2006). O conceito de "segurança alimentar" é trazido no art. 3º dessa Lei, abarcando segurança do alimento propriamente dita, qualidade do alimento, respeito à diversidade cultural e "ambiental, cultural, econômica e socialmente sustentáveis" (trecho final do art. 3º da Lei nº 11.346/2006). Curiosamente, a Lei Orgânica de Segurança Alimentar e Nutricional vai além e insere no conceito de "segurança alimentar" a produção de conhecimento e o acesso à informação e a implementação de políticas públicas e participativas de produção, comercialização e consumo de alimentos, respeitando as características culturais do Brasil (art. 4º, V e VI, respectivamente).

Na seara de segurança alimentar, verificamos a existência de parâmetros de disponibilidade e de qualidade dos alimentos, respectivamente: (i) *food security*: garantir disponibilidade de alimentos (ou seja, que as populações terão acesso aos alimentos na medida/quantidade suficiente); e (ii) *food safety*: os alimentos são seguros e possibilitam vida saudável.

Entre os alimentos com origem na biotecnologia, encontram-se os OGMs e os transgênicos. O conceito de OGM é legal, conforme art. 3º da Lei de Biossegurança (Lei nº 11.105/2005): "Art. 3º Para os efeitos desta Lei, considera-se: [...] V – Organismo Geneticamente Modificado (OGM): organismo cujo material genético – ADN/ARN tenha sido modificado por qualquer técnica de engenharia genética".[137] Já os transgênicos são entendidos como organismos cujo material genético foi modificado e receberam material genético de outra espécie. Em outras palavras, transgênico é espécie de OGM.[138]

---

[137] BRASIL. *Lei nº 11.105, de 24 de março de 2005*. Regulamenta os incisos II, IV e V do § 1º do art. 225 da Constituição Federal, estabelece normas de segurança e mecanismos de fiscalização de atividades que envolvam organismos geneticamente modificados – OGM e seus derivados, cria o Conselho Nacional de Biossegurança – CNBS, reestrutura a Comissão Técnica Nacional de Biossegurança – CTNBio, dispõe sobre a Política Nacional de Biossegurança – PNB, revoga a Lei nº 8.974, de 5 de janeiro de 1995, e a Medida Provisória nº 2.191-9, de 23 de agosto de 2001, e os arts. 5º, 6º, 7º, 8º, 9º, 10 e 16 da Lei nº 10.814, de 15 de dezembro de 2003, e dá outras providências. Disponível em: http://www.planalto.gov.br/ccivil_03/_ato20042006/2005/lei/l11105.htm#:~:text=1%C2%BA%20Esta%20Lei%20estabelece%20normas,o%20descarte%20de%20organismos%20geneticamente. Acesso em: 2 maio 2022.

[138] "A norma brasileira utilizou o conceito de 'geneticamente modificado', englobando de uma maneira mais ampla todas as modificações genéticas, independentemente de se referirem

Para OGMs e transgênicos, existem, principalmente, dois procedimentos para atestar a sua segurança: (i) análise histórica, baseada em observar o consumo de determinado OGM/transgênico durante determinado tempo; e (ii) análises e testes técnicos (laboratoriais e de campo) para apurar, por exemplo, nível de toxidade. Contudo, até o momento, tais procedimentos não foram suficientes para cravar a resposta à pergunta, que assombra esses alimentos: os OGMs e/ou transgênicos são seguros? O problema, aqui, é lidar com os riscos não intencionais (não previsíveis e que não são perceptíveis/facilmente identificáveis).[139] A discussão sobre alimentos OGMS não é restrita à sua segurança, mas sim mais ampla.

As esferas em que se encontra a discussão sobre os benefícios e os malefícios dos OGMs são: ecológicos (ameaça à biodiversidade) e sanitários (por meio da alimentação, saúde dos seres vivos que consomem OGMs).[140] Teresa Ancona Lopez esclarece que grande parte da polêmica tem fundamento ideológico e político. E continua:

> É a velha e clássica disputa que envolve, de um lado, os produtores de sementes, as grandes multinacionais, e, de outro, os consumidores e pequenos agricultores, ou seja, as partes vulneráveis que são protegidas por ONGs ambientalistas e organizações de defesa dos consumidores, aqui em nome da segurança alimentar. Essa visão ideológica prejudica a verdade científica sobre os alimentos que sofreram transgenia e a sua possibilidade de causar malefícios à saúde.[141]

Defensores dos OGMs utilizam, basicamente, os argumentos: (i) poderia auxiliar no combate à fome; (ii) as plantas poderiam ser alteradas para originar alimentos com melhor qualidade e melhor teor nutricional; (iii) as plantas seriam mais resistentes, produtivas, duráveis

---

a modificações de genes de uma determinada espécie ou à introdução em uma espécie de genes de outras. O conceito 'transgênico', nesse modelo, refere-se exclusivamente àquelas modificações resultantes da introdução, em uma determinada espécie, de genes de outras". (FREITAS FILHO, Roberto. Os alimentos geneticamente modificados e o direito do consumidor à informação: uma questão de cidadania. *Revista de Informação Legislativa*, n. 40, abr./jun., p. 151, 2003).

139 CAVALCANTI, Ana Elizabeth Lapa Wanderley. Direitos Humanos à Alimentação Adequada (DHAA) sob o enfoque da rotulagem. In: SCALQUETTE, Ana Cláudia; SCALQUETTE, Rodrigo Arnoni (coord.). *Biotecnologia, biodireito e saúde*: novas fronteiras da ciência jurídica . v. 2. Indaiatuba, SP: Editora Foco, 2019. p. 54.

140 GRISON, Denis. *Qu'est-ce que le principe de précaution?* Paris: Libraire Philosophique J. Vrin, 2012. p. 75.

141 LOPEZ, Teresa Ancona. Segurança alimentar: riscos e exigências. *Revista de Direito Civil Contemporâneo*, v. 11, p. 33-54, abr./jun., 2017.

e benéficas à saúde; (iv) haveria aumento dos lucros, comércio e qualidade dos alimentos; (v) tendencialmente, os alimentos com OGMs seriam mais baratos em comparação com os alimentos convencionais; (vi) as plantas OGMs seriam letais a insetos; (vii) seria utilizada menor quantidade de herbicidas; (viii) haveria utilização para fins medicinais; (ix) haveria menor necessidade de aumentar as superfícies cultivadas. Por fim, a biotecnologia é necessária, desde que respeite a dignidade da pessoa humana e defesa da vida com qualidade como direito de toda e qualquer pessoa.[142]

Por outro lado, os questionadores dos OGMs argumentam: (i) plantações de OGMs provocariam poluição ambiental; (ii) ocorreria a denominada transgênese ou fluxo gênico entre as espécies ou transferência de genes de forma não intencional, o que impossibilitaria a existência simultânea de cultivos "tradicionais" (não OGMs) e os cultivos de OGMs;[143] (iii) as plantações de OGMs causariam desequilíbrio ecológico;[144] (iv) ocorreria a redução da biodiversidade/diversidade genética, com a extinção de espécies e substituição de cultivares locais; (v) a inserção de um OGM no meio ambiente culminaria em um desastre biológico; (vi) não se sabe até que ponto a biotecnologia interfere na saúde e na vida de quem consome os alimentos com OGMs, bem como ao meio ambiente;[145] (vii) os OGMs podem ser tóxicos e originar alergias em alguns indivíduos; (viii) haveria uma predominância dos

---

142 CAVALCANTI, Ana Elizabeth Lapa Wanderley. *O impacto da rotulagem dos alimentos transgênicos nos direitos da personalidade e na sadia qualidade de vida*. 2006. 350 p. Tese (Doutorado em Direito) – Pontifícia Universidade Católica de São Paulo, São Paulo, 2006. p. 121.

143 Alguns países solucionaram a questão estabelecendo a segregação das colheitas, identificando as colheitas de OGMs e não OGMs e outros países fixaram uma distância mínima que as colheitas de OGMs devem possuir de colheitas não OGMs.

144 A introdução de um OGM no ecossistema deve ser feita com benefícios, de maneira que seria necessária a introdução ser precedida de avaliação/estudo aprofundado sobre a espécie de OGM e os impactos que podem causar a médio e longo prazos. (CAVALCANTI, Ana Elizabeth Lapa Wanderley. *O impacto da rotulagem dos alimentos transgênicos nos direitos da personalidade e na sadia qualidade de vida*. 2006. 350 p. Tese (Doutorado em Direito) – Pontifícia Universidade Católica de São Paulo, São Paulo, 2006. p. 117.

145 Patrícia Faga Iglesias Lemos entende que a falta de estudos conclusivos sobre os benefícios e malefícios da produção e comercialização dos OGMs não ilide a responsabilidade civil pelos danos causados ao meio ambiente genericamente ou a um indivíduo ou indivíduos, desde que ultrapassados o denominado limite da tolerabilidade com a aferição do efetivo dano causado. (LEMOS, Patrícia Faga Iglesias. A Responsabilidade Civil Objetiva por Danos ao Meio Ambiente Causados por Organismos Geneticamente Modificados. *In*: DENARI, Cristiane (Org.). *Transgênicos no Brasil e biossegurança*. Porto Alegre: Sergio Antonio Fabris Ed., 2005. p. 135-156).

países ricos e das multinacionais[146] que detêm a tecnologia. Se se daria origem a monopólio, sobretudo na criação de semente (semente cuja técnica científica é conhecida por poucas empresas, protegidas por direito intelectual, e que obrigam os agricultores a se abastecerem de sementes a cada colheita); (ix) as técnicas biotecnológicas originariam o desenvolvimento de superbactéria ou supervírus, só podendo ser combatidos com agrotóxicos fabricados pela empresa que desenvolveu o alimento; e (x) diminuição da efetividade de medicamentos (antibióticos) usados em seres humanos e animais.[147]

Há, ainda, uma terceira corrente, tida como mais ponderada, que, apesar de aceitar os OGMs, não a aceita sem que o Poder Público se manifeste/garanta que o seu consumo não trará consequências/danos à saúde e ao meio ambiente. A corrente seria o "movimento popular pela defesa da personalidade, direito de escolha, direito de informação, resguardo da dignidade da pessoa humana e da sadia qualidade de vida".[148]

E qual a importância dos alimentos com OGMs para o Brasil?

Segundo o Serviço Internacional para Aquisição de Aplicações de Agrobiotecnologia – *The International Service for the Acquisition of Agri-biotech Applications* (ISAAA),[149] vinte e nove países plantaram 190,4 milhões de hectares de culturas biotecnológicas em 2019. O Brasil se encontra no segundo lugar do ranking dos países que mais

---

146 A situação dos pequenos agricultores merece nota. Os pequenos agricultores estariam à mercê da indústria no que diz respeito a aquisição de sementes OGMs: a indústria comercializa sementes estéreis de OGMs, fazendo com que os pequenos agricultores sejam obrigados a adquirir novas sementes a cada safra com o respectivo agrotóxico, que seria o único eficaz. Ou seja, há uma relação de dependência direta entre pequenos agricultores e indústria. Não vislumbramos os pequenos agricultores na qualidade de consumidores, o que, em parte, poderia prejudicá-los (por exemplo, não admitiria o combate, via proibição de venda casada, à necessidade de aquisição conjunta de semente e do respectivo agrotóxico). De outro lado, se pode encontrar proteção aos pequenos agricultores nas leis de defesa da concorrência, bem como podem possuir outros benefícios legis na qualidade de hipossuficiente; por exemplo: no âmbito de ônus da prova.

147 RAMOS, Ignez Conceição Ninni. Transgênicos – OGMs. *Revista de Direitos Difusos*, v. 8, p. 1057-1067, ago., 2001.

148 CAVALCANTI, Ana Elizabeth Lapa Wanderley. *O impacto da rotulagem dos alimentos transgênicos nos direitos da personalidade e na sadia qualidade de vida*. 2006. 350 p. Tese (Doutorado em Direito) – Pontifícia Universidade Católica de São Paulo, São Paulo, 2006. p. 316.

149 ISAAA. The International Service for the Acquisition of Agri-biotech Applications. Brief 55. Executive Summary. *Global Status of Commercialized Biotech/GM Crops in 2019*: Biotech Crops Drive Socio-Economic Development and Sustainable Environment in the New Frontier. Disponível em: https://www.isaaa.org/resources/publications/briefs/55/executivesummary/default.asp. Acesso em: 2 maio 2022.

plantaram as culturas biotecnológicas, com plantação de 52,8 milhões de hectares. Ainda, (i) as culturas biotecnológicas representariam 94% das plantações brasileiras; e (ii) os alimentos plantados seriam: soja, milho, algodão e cana-de-açúcar.

Segundo o estudo "20 anos de transgênicos: impactos ambientais, econômicos e sociais no Brasil", elaborado pelo Conselho de Informações sobre Biotecnologia (CIB) e pela Agroconsult,[150] do ponto de vista do Produto Interno Bruto (PIB), o ganho decorrente das culturas transgênicas de soja, milho e algodão representa, aproximadamente, R$ 2,8 bilhões.[151] A produção também promoveu ganhos na balança comercial brasileira: as plantações transgênicas acresceram 16,7 milhões de toneladas de produtos agrícolas exportados pelo país. "Em termos monetários, isso corresponde a US$ 3,8 bilhões (R$ 11,1 bilhões) sem considerar a adição de valor de produtos derivados".[152]

A partir dos dados acima, se o cultivo de OGMs fosse barrado, por insegurança, as exportações brasileiras sofreriam um enorme golpe, afetando trabalhadores do setor e a população pelo empobrecimento e pela diminuição de acesso a alimentos.

Ou seja, no fundo, o debate e a escolha quanto à liberação e ao consumo de OGMs são uma questão política. Os cidadãos deverão decidir o que é para eles ter uma vida boa: "viver com ou sem OGM, com que riscos, que custos, que efeitos, que tipo de sociedade, mas também que valores?".[153]

---

[150] CIB. Conselho de Informações sobre Biotecnologia. Agroconsult. "*20 anos de transgênicos*: impactos ambientais, econômicos e sociais no Brasil". Disponível em: https://d335luupugsy2.cloudfront.net/cms/files/50569/15435884882018-10-31-Vinte-anos-resumo-executivo-web-Por.pdf Acesso em: 2 maio 2022.

[151] Do total, as cadeias contribuíram da seguinte maneira: (i) a cadeia da soja contribuiu com R$ 1,6 bilhão; (ii) a cadeia do milho contribuiu com R$ 1,2 bilhão; e (iii) a cadeia do algodão contribuiu com R$ 100 milhões.

[152] CIB. Conselho de Informações sobre Biotecnologia. Agroconsult. "*20 anos de transgênicos*: impactos ambientais, econômicos e sociais no Brasil". Disponível em: https://d335luupugsy2.cloudfront.net/cms/files/50569/15435884882018-10-31-Vinte-anos-resumo-executivo-web-Por.pdf Acesso em: 2 maio 2022.

[153] No original: "*[...] vivre avec ou sans OGM, avec quels risques, quels côuts, quels effets, quel type de société, mais aussi quelles valeurs?*" (GRISON, Denis. *Qu'est-ce que le principe de précaution?* Paris: Libraire Philosophique J. Vrin, 2012. p. 78).

3.2 Experiência estrangeira

3.2.1 Comunidade europeia

3.2.1.1 Regulação

Na CE,[154] de maneira geral, a legislação relativa à segurança alimentar se baseia, sempre que possível, em avaliação científica do risco e na ideia de que cabe a todos os integrantes da cadeia alimentar responder por eventuais danos causados pelos alimentos.

A disponibilização, o comércio e a rotulagem de produtos que contenham OGMs são regulamentados pela Diretiva nº 2001/18/CE; Regulamentos (CE) nº 1829/2003 e nº 1830/2003.

A Diretiva nº 2001/18/CE trata da liberação deliberada no meio ambiente de OGMs e pós-controle desses produtos, trazendo regras[155]

---

[154] A legislação da CE é basicamente dividida em regulamentos e diretivas. Os regulamentos são diretamente aplicáveis a qualquer Estado Membro e as diretivas requerem transposição e implementação via legislação local. J. Claude Cheftel resume a legislação europeia da seguinte forma: *"The European legislation mainly consists of Regulations (which are directly applicable to all Member States) and Directives (which require transposition and implementation into national legislations, thus imposing delays and possible inconsistencies in interpretation, application and/or enforcement). Regulations and Directives are proposed by the European Commission, and frequently submitted for adoption to the European Parliament and the Council of Ministers (the "co-decision" process). The Commission can also issue Decisions (on topics of lesser importance). Legislation "in preparation" does not have legal value, but is available as published Proposals, Reports, Opinions and Recommendations of the Commission, the Council, the Parliament or the Economic and Social Committee. To elaborate this considerable body of legislation, European and Member State authorities work in close collaboration with professional associations, scientists, consumer representatives and other stakeholders. Member States may impose language requirements and certain national provisions which may be added to the general rules of the European Directives, but these provisions should be subject to a Community procedure"*. (CHEFTEL, J. Claude. Food and nutrition labelling in the European Union. *Food Chemistry*, v. 93, p. 532, 2005.)

[155] "Art. 21 1. Os Estados-Membros devem tomar todas as medidas necessárias para assegurar que, em todas as fases da colocação no mercado, a rotulagem e embalagem dos produtos colocados no mercado que contenham ou sejam constituídos por OGM sejam conformes com os requisitos relevantes que constem da autorização por escrito a que é feita referência no nº 3 do art. 15, nos nºs 5 e 8 do art. 17, no nº 2 do art. 18 e no nº 3 do art. 19. 2. No caso de produtos em relação aos quais seja impossível excluir a existência, fortuita ou tecnicamente inevitável, de vestígios de OGM autorizados, a Comissão fica habilitada a adotar atos delegados nos termos do art. 29-A, a fim de completar a presente diretiva, mediante o estabelecimento de limiares mínimos abaixo dos quais esses produtos não têm de ser rotulados em conformidade com o disposto no nº 1. Os limiares devem ser fixados consoante o produto em questão. 3. No caso de produtos destinados a serem directamente transformados, o nº 1 não se aplica aos vestígios de OGM autorizados numa proporção que não exceda 0,9 % ou limiares inferiores, desde que tais vestígios sejam fortuitos ou tecnicamente inevitáveis. A Comissão fica habilitada a adotar atos delegados nos termos do art. 29-A, a fim de completar a presente diretiva, mediante o estabelecimento dos limiares referidos no primeiro parágrafo do presente número". (UNIÃO EUROPEIA. *Directiva nº 2001/18/CE do Parlamento Europeu e do Conselho, de 12 de março de 2001.* Disponível em: https://eur-lex.europa.eu/legal-content/PT/TXT/?uri=celex%3A32001L0018. Acesso em: 2 maio 2022).

sobre rotulagem que, posteriormente, são aprofundadas pelos Regulamentos (CE) nº 1829/2003 e nº 1830/2003. A Diretiva nº 2001/18/CE reconhece, expressamente, a aplicação do princípio da precaução aos OGMs, conforme "Considerando 8"[156], arts. 1º[157] e 4º, item 1.[158]

O Regulamento (CE) nº 1829/2003 contém normas sobre os gêneros alimentícios e alimentos para animais geneticamente modificados, notadamente quanto ao regime de autorização para comercializar os produtos. Constituem objetivos do regulamento: (i) garantir elevado nível de proteção da vida e da saúde do ser humano, bem como da saúde e do bem-estar dos animais, do ambiente e dos interesses dos consumidores, e, ao mesmo tempo, assegurar o mercado desses produtos; (ii) estabelecer os procedimentos para autorizar e supervisionar os gêneros alimentícios e alimentos para animais geneticamente modificados; e (iii) estabelecer disposições para rotulagem desses produtos.[159]

Os objetivos do Regulamento já transparecem aspectos a serem observados no comércio de produtos com OGMs na CE (e que são confirmados pela legislação): aplicação do princípio da precaução aos OGMs, necessidade de avaliação técnica – na medida em que permite o estágio da ciência –, publicidade de dados dos alimentos ao consumidor e observância do princípio da informação para o consumidor realizar uma escolha livre e informada.

---

[156] "(8) O princípio da precaução foi tomado em conta na elaboração da presente directiva e deverá ser igualmente tomado em conta aquando da sua aplicação". (UNIÃO EUROPEIA. *Directiva nº 2001/18/CE do Parlamento Europeu e do Conselho, de 12 de março de 2001.* Disponível em: https://eur-lex.europa.eu/legal-content/PT/TXT/?uri=celex%3A32001L0018. Acesso em: 2 maio 2022).

[157] "Art. 1º - Objectivo - Em conformidade com o princípio da precaução, a presente directiva tem por objectivo a aproximação das disposições legislativas, regulamentares e administrativas dos Estados-Membros e a protecção da saúde humana e do ambiente quando: - são efectuadas libertações no ambiente deliberadas de organismos geneticamente modificados para qualquer fim diferente da colocação no mercado, no território da Comunidade, - são colocados no mercado, no território da Comunidade, produtos que contenham ou sejam constituídos por organismos geneticamente modificados". (UNIÃO EUROPEIA. *Directiva nº 2001/18/CE do Parlamento Europeu e do Conselho, de 12 de março de 2001.* Disponível em: https://eur-lex.europa.eu/legal-content/PT/TXT/?uri=celex%3A32001L0018. Acesso em: 2 maio 2022).

[158] "Art. 4º - Obrigações gerais - 1. Os Estados-Membros devem assegurar, em conformidade com o princípio da precaução, que sejam tomadas todas as medidas adequadas para evitar os efeitos negativos para a saúde humana e para o ambiente que possam resultar da libertação deliberada de OGM ou da sua colocação no mercado. A libertação deliberada de OGM ou a sua colocação no mercado só são autorizadas nos termos, respectivamente, da parte B ou da parte C". (UNIÃO EUROPEIA. *Directiva nº 2001/18/CE do Parlamento Europeu e do Conselho, de 12 de março de 2001.* Disponível em: https://eur-lex.europa.eu/legal-content/PT/TXT/?uri=celex%3A32001L0018. Acesso em: 2 maio 2022).

[159] Art. 1º do Regulamento (CE) nº 1829/2003.

Nesse sentido, destacam-se as seguintes passagens do Regulamento:

(i) Os gêneros alimentícios e alimentos para animais geneticamente modificados devem ser submetidos à avaliação de segurança antes de serem disponibilizados no mercado (item 3 dos Considerandos) e, como consequência, os alimentos autorizados a serem colocados no mercado são aqueles que foram submetidos a uma avaliação científica "do mais elevado nível possível de quaisquer riscos que apresentem para a saúde humana e animal" (item 9 dos Considerandos).

(ii) A Comunidade deve contribuir para promover o direito à informação do consumidor. "Além de outros tipos de informação ao público estabelecidos no presente regulamento, a rotulagem dos produtos é um meio que permite ao consumidor efetuar uma escolha informada e facilitar a boa-fé das transações entre o vendedor e o comprador" (item 17 dos Considerandos).

Além disso, a rotulagem não deve induzir o consumidor em erro "no que se refere às características dos gêneros alimentícios e, em especial, no que diz respeito à sua natureza, identidade, propriedades, composição e método de produção e fabrico" (item 18 dos Considerandos).

A rotulagem deve ser:

> fác[il] de entender e colocad[a] em um local visível, de modo a se[r] facilmente visíve[l], claramente legíve[l] e indeléve[l]. As informações não devem ser ocultadas, obscurecidas ou interrompidas por outra matéria escrita ou pictórica. O rótulo pode estar na embalagem ou anexado a ela ou visível através dela.[160]

(iii) A rotulagem deve informar sobre a composição e as propriedades dos alimentos para que o consumidor possa adotar uma escolha informada (item 20 dos Considerandos).

As informações devem ser objetivas, claras e independentes da detectabilidade de Ácido Desoxirribonucleico Recombinante (ADN) ou de proteína resultante da modificação genética no produto final, tudo para garantir a escolha livre e informada do consumidor, bem

[160] Tradução livre de: *"All label information must be easy to understand and placed in a conspicuous place, so as to be easily visible, clearly legible and indelible. They should not be hidden, obscured or interrupted by other written or pictorial matter. The label may be on the packaging, or attached to it, or visible through it"*. (CHEFTEL, J. Claude. Food and nutrition labelling in the European Union. *Food Chemistry*, v. 93, p. 533, 2005.).

como evitar enganos do consumidor sobre método de fabricação ou de produção (item 21 dos Considerandos).

Além disso, gêneros alimentícios fornecidos ao consumidor ou à coletividade que (i) contenham ou sejam constituídos por OGM ou (ii) sejam produzidos a partir de ou contenham ingredientes produzidos a partir de OGM possuem requisitos específicos de rotulagem (art. 12), quais sejam:

> Art. 13
> Requisitos
> 1. Sem prejuízo das outras disposições da legislação comunitária relativas à rotulagem dos géneros alimentícios, os géneros alimentícios que se enquadrem no âmbito da presente secção devem ser sujeitos aos seguintes requisitos de rotulagem específicos:
> a) Sempre que o género alimentício consista em mais do que um ingrediente, os termos "geneticamente modificado" ou "produzido a partir de [nome do ingrediente] geneticamente modificado" devem constar da lista dos ingredientes prevista no art. 6º da Directiva 2000/13/CE, entre parênteses e imediatamente a seguir ao nome do ingrediente em causa;
> b) Sempre que o ingrediente seja designado pelo nome de uma categoria, devem constar da lista dos ingredientes os termos "contém [nome do organismo] geneticamente modificado" ou "contém [nome do ingrediente] produzido a partir de [nome do organismo] geneticamente modificado";
> c) Sempre que não exista lista de ingredientes, devem constar claramente da rotulagem os termos "geneticamente modificado" ou "produzido a partir de [nome do organismo] geneticamente modificado";
> d) As indicações referidas nas alíneas a) e b) podem figurar numa nota de rodapé à lista dos ingredientes, caso em que deverão ser impressas com caracteres pelo menos do mesmo tamanho que os da lista dos ingredientes. Sempre que não exista lista de ingredientes, devem constar claramente do rótulo;
> e) Sempre que o género alimentício seja apresentado ao consumidor final como um género alimentício não pré-embalado ou como um género alimentício pré-embalado em pequenos acondicionamentos, cuja superfície maior seja inferior a 10 cm^2, a informação exigida no presente número deve ser indicada quer no expositor do género alimentício ou no local imediatamente contíguo a este, quer na embalagem, de forma permanente e visível, em caracteres de tamanho suficiente para ser facilmente legível e identificada.[161]

[161] UNIÃO EUROPEIA. *Regulamento (CE) nº 1829/2003 do Parlamento Europeu e do Conselho de 22 de setembro de 2003*. Disponível em: https://eurlex.europa.eu/legalcontent/PT/TXT/PDF/?uri=CELEX:02003R18292008041O&from=EN#:~:text=Foi%20estabelecido%20no%20Regulamento%20(CE,Estados%2DMembros%20e%20a%20Comiss%C3%A3o. Acesso em: 2 maio 2022.

Os requisitos específicos de rotulagem não se aplicam aos gêneros alimentícios que contenham material que tenha, seja constituído por ou seja produzido a partir de OGM em uma proporção não superior a 0,9% dos ingredientes que os compõem, individualmente ou do próprio produto, se constituir em um único ingrediente, desde que a presença do material seja acidental ou tecnicamente inevitável (art. 12, item 2).

Já na alimentação animal, as regras de rotulagem se aplicam para (i) os OGMs destinados à alimentação animal; (ii) alimentos para animais que contenham ou sejam constituídos por OGM; (iii) os alimentos para animais produzidos a partir de OGMs (art. 15). As regras específicas são:

> Art. 25
> Requisitos
> 1. Sem prejuízo das outras disposições da legislação comunitária relativa à rotulagem dos alimentos para animais, os alimentos para animais referidos no nº 1 do art. 15 devem ser sujeitos aos requisitos de rotulagem específicos a seguir estabelecidos.
> 2. Qualquer pessoa que pretenda colocar no mercado um alimento para animais referido no nº 1 do art. 15 deve assegurar que as informações a seguir especificadas figurem de forma claramente visível, legível e indelével num documento de acompanhamento ou, se for caso disso, na embalagem, no recipiente ou no rótulo do alimento.
> Cada alimento para animais que entre na composição de um determinado alimento para animais deve ser sujeito às seguintes regras:
> a) No tocante aos alimentos para animais referidos nas alíneas a) e b) do nº 1 do art. 15, devem constar entre parênteses imediatamente a seguir ao nome do alimento para animais os termos "[nome do organismo] geneticamente modificado".
> Em alternativa, esta indicação pode figurar numa nota de rodapé à lista dos ingredientes do alimento para animais, caso em que deve ser impressa com caracteres pelo menos do mesmo tamanho que os da lista dos ingredientes;
> b) No tocante ao alimento para animais referido na alínea c) do nº 1 do art. 15, devem constar entre parênteses imediatamente a seguir ao nome do alimento para animais os termos "produzido a partir de [nome do organismo] geneticamente modificado".
> Em alternativa, esta indicação pode figurar numa nota de rodapé à lista dos ingredientes do alimento para animais, caso em que deve ser impressa com caracteres pelo menos do mesmo tamanho que os da lista dos ingredientes;
> c) Conforme especificado na autorização, qualquer característica do alimento para animais referido no nº 1 do art. 15 que seja diferente do

seu equivalente tradicional, como as a seguir indicadas: i) composição, ii) propriedades nutricionais, iii) utilização prevista, iv) implicações para a saúde de determinadas espécies ou categorias de animais,

d) Conforme especificado na autorização, qualquer característica ou propriedade do alimento para animais que possa dar origem a preocupações de ordem ética ou religiosa".[162]

Tal como para a alimentação humana, no caso de alimentação animal, a rotulagem especial não se aplica aos alimentos que contenham material que tenha, seja constituído por ou seja produzido a partir de OGM em proporção não superior a 0,9% do alimento para animal ou de cada um dos alimentos que o compõem, desde que a presença do material seja acidental ou tecnicamente inevitável (art. 24, item 2).

(iv) Publicidade de dados não confidenciais relacionados a informação específica do produto e estudos que demonstrem a sua segurança, inclusive estudos independentes e avaliados pelos pares e métodos de amostragem, identificação e detecção (item 39 dos Considerandos).

Em resumo, segundo o Regulamento (CE) nº 1829/2003:

(i) Os gêneros alimentícios destinados ao consumidor final ou à coletividade e que (a) contenham ou sejam constituídos por OGM ou (b) sejam produzidos a partir de ou contenham ingredientes produzidos a partir de OGM, devem possuir frase de advertência. Exceção se faz aos alimentos que contêm material OGM no limite de 0,9% dos ingredientes que o compõem, individualmente ou do próprio produto, desde que a presença do material seja acidental ou tecnicamente inevitável.

Caso o gênero alimentício não seja pré-embalado ou pré-embalado em pequeno acondicionamento (superfície maior seja inferior a 10 cm^2), a frase de advertência[163] deve constar no expositor do produto

---

[162] UNIÃO EUROPEIA. *Regulamento (CE) nº 1829/2003 do Parlamento Europeu e do Conselho de 22 de setembro de 2003*. Disponível em: https://eurlex.europa.eu/legalcontent/PT/TXT/PDF/?uri=CELEX:02003R182920080410&from=EN#:~:text=Foi%20estabelecido%20no%20Regulamento%20(CE,Estados%2DMembros%20e%20a%20Comiss%C3%A3o. Acesso em: 2 maio 2022.

[163] Em síntese: (i) gênero alimentício contém mais de um ingrediente, necessário a frase na lista dos ingredientes: "geneticamente modificado" ou "produzido a partir de [nome do ingrediente] geneticamente modificado"; (ii) ingrediente designado pelo nome de uma categoria, deve constar a frase na lista dos ingredientes: "contém [nome do organismo] geneticamente modificado" ou "contém [nome do ingrediente] produzido a partir de [nome do organismo] geneticamente modificado"; e (iii) no caso de ausência de lista dos ingredientes, devem constar claramente as frases na rotulagem do produto: "geneticamente modificado" ou "produzido a partir de [nome do organismo] geneticamente modificado". As indicações mencionadas nos itens (i) e (ii) podem figurar em nota de rodapé à lista dos ingredientes. (UNIÃO EUROPEIA. *Regulamento (CE) nº 1829/2003 do Parlamento*

ou no local imediatamente contíguo a este, de forma permanente e visível, em caracteres de tamanho suficiente.

(ii) No caso de (a) OGMs destinados à alimentação animal; (b) os alimentos para animais que contenham ou sejam constituídos por OGM; e (c) os alimentos para animais produzidos a partir de OGM; é necessário o produto possuir frase de advertência.[164] Exceção também para alimentos com material que contenha, seja constituído por ou seja produzido a partir de OGM, no limite de 0,9% do alimento ou de cada um dos alimentos que o compõem, desde que a presença seja acidental ou tecnicamente inevitável.

O Regulamento (CE) nº 1830/2003[165] trata, especificamente, sobre a rastreabilidade e a rotulagem de alimentos que contenham/sejam constituídos por OGMs e dos gêneros alimentícios e alimentos para animais produzidos a partir de OGM.

O Regulamento (CE) nº 1830/2003 praticamente reforça a Diretiva nº 2001/18/CE e o Regulamento (CE) nº 1829/2003, determinando a forma de rotulagem de alimentos pré-embalados e não pré-embalados:

> Art. 4º
> Regras de rastreabilidade e de rotulagem aplicáveis aos produtos que contenham ou sejam constituídos por OGM

Europeu e do Conselho de 22 de setembro de 2003. Disponível em: https://eurlex.europa.eu/legalcontent/PT/TXT/PDF/?uri=CELEX:02003R182920080410&from=EN#:~:text=Foi%20estabelecido%20no%20Regulamento%20(CE,Estados%2DMembros%20e%20a%20Comiss%C3%A3o. Acesso em: 2 maio 2022).

[164] A frase de advertência deve constar: (i) para os alimentos "OGM destinado à alimentação animal" e "alimentos para animais que contenham ou sejam constituídos por OGM", deve constar entre parênteses imediatamente após o nome do alimento o termo "[nome do organismo] geneticamente modificado"; e (ii) para "alimentos para animais produzidos a partir de OGM", deve constar entre parênteses imediatamente após ao nome do alimento o termo "produzido a partir de [nome do organismo] geneticamente modificado". Alternativamente, a indicação das frases pode figurar em nota de rodapé à lista dos ingredientes. (UNIÃO EUROPEIA. *Regulamento (CE) nº 1829/2003 do Parlamento Europeu e do Conselho de 22 de setembro de 2003*. Disponível em: https://eurlex.europa.eu/legalcontent/PT/TXT/PDF/?uri=CELEX:02003R182920080410&from=EN#:~:text=Foi%20estabelecido%20no%20Regulamento%20(CE,Estados%2DMembros%20e%20a%20Comiss%C3%A3o. Acesso em: 2 maio 2022).

[165] O Regulamento é aplicado a: "Art. 2º - Âmbito de aplicação - 1. O presente regulamento é aplicável, em todas as fases da colocação no mercado, a: a) Produtos que contenham ou sejam constituídos por OGM, colocados no mercado em conformidade com a legislação comunitária; b) Géneros alimentícios produzidos a partir de OGM, colocados no mercado em conformidade com a legislação comunitária; c) Alimentos para animais produzidos a partir de OGM, colocados no mercado em conformidade com a legislação comunitária". (UNIÃO EUROPEIA. *Regulamento (CE) nº 1830/2003 do Parlamento Europeu e do Conselho de 22 de setembro de 2003*. Disponível em: https://eurlex.europa.eu/legalcontent/PT/TXT/PDF/?uri=CELEX:32003R1830&from=ET#:~:text=O%20presente%20regulamento%20estabelece%20um,exacta%2C%20o%20acom%2D%20panhamento%20dos. Acesso em: 2 maio 2022).

> [...]
> B. ROTULAGEM
> 6. No que respeita aos produtos que contenham ou sejam constituídos por OGM, os operadores devem assegurar-se de que:
> a) Tratando-se de produtos pré-embalados que contenham ou sejam constituídos por OGM, seja incluída no rótulo a menção "Este produto contém organismos geneticamente modificados" ou "Este produto contém [nome do(s) organismo(s)] geneticamente modificados";
> b) Tratando-se de produtos não pré-embalados oferecidos ao consumidor final, figure no expositor, ou ligada ao expositor do produto, a menção "Este produto contém organismos geneticamente modificados" ou "Este produto contém [nome do(s) organismo(s)] geneticamente modificados".
> O presente número não prejudica outros requisitos específicos previstos na legislação comunitária.[166]

Há, ainda, que se considerar o Regulamento (CE) nº 178/2002 que estabelece os princípios e as normas gerais da legislação alimentar, que cria a Autoridade Europeia para a Segurança dos Alimentos e que determina procedimentos em matéria de segurança dos gêneros alimentícios.

Segundo os arts. 8[167] e 10[168] do Regulamento (CE) nº 178/2002, (i) a legislação tem por objetivo proteger o consumidor e fornecer uma

[166] UNIÃO EUROPEIA. *Regulamento (CE) nº 1830/2003 do Parlamento Europeu e do Conselho de 22 de setembro de 2003*. Disponível em: https://eurlex.europa.eu/legalcontent/PT/TXT/PDF/?uri=CELEX:32003R1830&from=ET#:~:text=O%20presente%20regulamento%20estabelece%20um,exacta%2C%20o%20acom%2D%20panhamento%20dos. Acesso em: 2 maio 2022.

[167] "Art. 8º Protecção dos interesses dos consumidores 1. A legislação alimentar tem como objectivo a protecção dos interesses dos consumidores e fornecer-lhes uma base para que façam escolhas com conhecimento de causa em relação aos géneros alimentícios que consomem. Visa prevenir: a) práticas fraudulentas ou enganosas; b) a adulteração de géneros alimentícios; c) quaisquer outras práticas que possam induzir em erro o consumidor". (UNIÃO EUROPEIA. *Regulamento (CE) nº 178/2002 do Parlamento Europeu e do Conselho de 28 de janeiro de 2002*. Disponível em: https://eurlex.europa.eu/LexUriServ/LexUriServ.do?uri=CONSLEG:2002R0178:20080325:PT:PDF Acesso em: 2 maio 2022).

[168] "Art. 10º Informação dos cidadãos Sem prejuízo das disposições comunitárias e de direito nacional aplicáveis em matéria de acesso a documentos, sempre que existam motivos razoáveis para se suspeitar de que um género alimentício ou um alimento para animais pode apresentar um risco para a saúde humana ou animal, dependendo da natureza, da gravidade e da dimensão desse risco, as autoridades públicas tomarão medidas adequadas para informar a população da natureza do risco para a saúde, identificando em toda a medida do possível o género alimentício ou o alimento para animais ou o seu tipo, o risco que pode apresentar e as medidas tomadas ou que vão ser tomadas, para prevenir, reduzir ou eliminar esse risco." (UNIÃO EUROPEIA. *Regulamento (CE) nº 178/2002 do Parlamento Europeu e do Conselho de 28 de janeiro de 2002*. Disponível em: https://eurlex.europa.eu/LexUriServ/LexUriServ.do?uri=CONSLEG:2002R0178:20080325:PT:PDF. Acesso em: 2 maio 2022).

base para que faça escolha consentida sobre os gêneros alimentícios que escolher consumir; e, o mais importante, (ii) nos casos em que existam motivos razoáveis para suspeitar de que um alimento cause risco à saúde humana ou animal, as autoridades públicas devem adotar medidas para informar a população da natureza do risco, bem como as medidas tomadas ou que serão tomadas para prevenir, reduzir ou eliminar o risco.

3.2.1.2 Críticas

O Direito Alimentar Europeu procura atingir dois objetivos. Primeiro, procura garantir a segurança alimentar dos consumidores. Nesse sentido, a legislação alimentar se baseia, sempre que possível, no estado da ciência (em "avaliação científica do risco, recorrendo-se, em caso de incerteza científica, ao princípio da precaução").[169] Há, também, a ideia de que "a responsabilidade por eventuais danos causados pelos alimentos pode caber a toda a cadeia alimentar, ou seja, a todos quantos de algum modo participam no respectivo processo produtivo".[170] Segundo, procura eliminar potenciais entraves à livre circulação de bens (que contêm OGM) pela CE.

Concluímos que os princípios gerais do Direito Alimentar Europeu são princípio da precaução, princípio da transparência e princípio da informação.

Ainda, que as normas da CE sofram algumas críticas, a Diretiva nº 2001/18/CE é vista como marco de referência quanto à gestão de risco, rotulagem, monitorização e informações fornecidas à sociedade.[171] Por exemplo, no âmbito da rotulagem de OGMs, o Advogado-Geral do Tribunal de Justiça da União Europeia (TJUE) conclui que não seria possível adotar interpretação restritiva do conceito de "produzido a partir de OGM", porque limitaria o âmbito de aplicação de regras, sobretudo de rotulagem. A ausência de rotulagem só deixaria de existir no caso previsto nos regulamentos – quando a percentagem da presença de OGM não ultrapassa 0,9%, desde que seja acidental ou tecnicamente inviável. Verifique:

---

[169] ESTORNINHO, Maria João. *Segurança alimentar e protecção do consumidor de organismos geneticamente modificados*. Coimbra: Edições Almedina SA, 2008. p. 39.

[170] ESTORNINHO, Maria João. *Segurança alimentar e protecção do consumidor de organismos geneticamente modificados*. Coimbra: Edições Almedina SA, 2008. p. 40.

[171] ESTORNINHO, Maria João. *Segurança alimentar e protecção do consumidor de organismos geneticamente modificados*. Coimbra: Edições Almedina SA, 2008. p. 43.

> [...] 116. Além disso, como adequadamente sublinham K. H. Bablok e o., uma interpretação restritiva do conceito de «produzido a partir de OGM» baseada num critério subjectivo limitaria o âmbito de aplicação das disposições do Regulamento n. 1829/2003 relativas à rotulagem dos géneros alimentícios geneticamente modificados de uma maneira contrária ao seu claro conteúdo normativo. Com efeito, em conformidade com o art. 12, n. 1, alínea b), deste regulamento, os géneros alimentícios que sejam produzidos a partir de OGM devem ser rotulados como tal. Esta obrigação de rotulagem só deixa de existir quando a percentagem de material proveniente de OGM não excede 0,9%, desde que essa presença seja acidental ou tecnicamente inevitável. A referência a esta última condição perderia todo o seu significado se, por si só, o carácter fortuito ou tecnicamente inevitável da presença de material proveniente de OGM num género alimentício bastasse para fazer perder a este último a qualidade de «produzido a partir de OGM» e, devido a esse facto, o excluísse do âmbito de aplicação do Regulamento n. 1829/2003.[172]

A advertência sobre conter OGM é instrumento fundamental para proteger o consumidor. O rótulo é fonte de informação aos consumidores para corrigir a assimetria informacional existente entre o fornecedor e o consumidor.[173]

A advertência deve ser tida também como forma de possibilitar o consumidor a exercer o seu direito de escolha livre e informada dos produtos que deseja adquirir e consumir.[174] Nesse sentido, a rotulagem deve permitir (sendo clara para tanto) que o consumidor analise o que quer e o que não quer consumir, também com base em sua própria avaliação crítica sobre os OGMs.

---

[172] UNIÃO EUROPEIA. Conclusões do Advogado Geral do Tribunal de Justiça Europeu. *Processo nº C-442/2009*. Karl Heinz Bablok, Stefan Egeter, Josef Stegmeier, Karlhans Müller, Barbara Klimesch contra Freistaat Bayern. 9 fev. 2011. Disponível em: http://curia.europa.eu/juris/document/document.jsf?text=genetically%2Bmodified%2Borganism&docid=79642&pageIndex=0&doclang=pt&mode=req&dir=&occ=first&part=1&cid=8870849#Footnote1 Acesso em: 2 maio 2022.

[173] CHARLIER, Christophe; RUFINI, Alexandra. Le face-à-face OGM – agriculture biologique en Europe: entre réglementation et recommendation. *Revue d'économie politique*, v. 123, p. 573-592, 2013.

[174] Philippe Kourilsky e Geneviève Viney destacam que a rotulagem é indispensável, porque ela atende a liberdade de escolha do consumidor: *"L'étiquetage, dès qui'il est réclamé, devient indispensable. On ne peut qu'appuyer l'action des autorités en ce sens, dès lors que l'etiquetage n'est pas revendiqué pour la specutiré alimentaire, mais pour la liberté de choix du consommateur et pour autant que son coût ne soint pas prohibitif, ce qui constitueraitune aurtre perte de liberté."* (KOURILSKY, Philippe; VINEY, Geneviève. *Le principe de précaution*. 1999. Disponível em: http://www.ladocumentationfrancaise.fr/var/storage/rapports-publics/004000402.pdf Acesso em: 2 maio 2022).

Por um lado, enaltece-se o caráter criterioso dos requisitos previstos pelo Regulamento (CE) nº 1829/2003. Haveria uma preocupação para que a "informação prestada não esteja adstrita ao mero cumprimento de um requisito formal, mas que cumpra o seu papel de informar, na medida em que deva ser visível e legível para o consumidor".[175]

Por outro lado, critica-se o direito de escolha livre e informada, explicitando que é fácil sustentar que a rotulagem teria como fundamento liberdade civil, democracia e liberdade de escolha. Porém, questiona-se se a rotulagem realmente fornece alguma informação significativa.[176]

E, continuamos: para que o consumidor possa exercer, claramente, o seu direito de escolha livre e informada, é necessário que os rótulos sejam informativos. Os consumidores exigiriam a certeza da rotulagem como um "espelho da verdade", ainda que diante de conhecimento científico incerto e contestável.[177]

Quanto ao limite estabelecido pela regulação da CE, escolher um limite equivale a anuir que alimentos não são livres totalmente de OGMs e que haverá produtos com OGMs sem qualquer menção no rótulo.[178]

> Polêmicas à parte, não há dúvida de que aqui reside um ponto de forte crítica ao regulamento, embora, por outro lado, não possamos deixar de lembrar que, de alguma maneira, um critério teria de ser estabelecido, já que, na prática, a presença de vestígios de material de OGM é uma realidade.[179]

Maria João Estorninho esclarece qual é o sistema adotado pela CE quanto à advertência de contém OGM: "sistema de rótulos avisadores

---

[175] SAMPAIO, Izabel Cristina da Silva. Informação e organismos geneticamente modificados na União Europeia: considerações sobre a importância da rotulagem. *In:* ESTORNINHO, Maria João (Coord.). *Estudos de direito da alimentação.* Lisboa: Instituto de Ciências Jurídico-Políticas da Faculdade de Direito da Universidade de Lisboa, 2013. p. 195.

[176] HERRICK, Clare B. 'Cultures of GM': discourses of risk and labelling of GMOs in the UK and EU. *Area,* v. 37, n. 3, p. 291, set. 2005.

[177] HERRICK, Clare B. 'Cultures of GM': discourses of risk and labelling of GMOs in the UK and EU. *Area,* v. 37, n. 3, p. 291, set. 2005.

[178] SAMPAIO, Izabel Cristina da Silva. Informação e organismos geneticamente modificados na União Europeia: considerações sobre a importância da rotulagem. *In:* ESTORNINHO, Maria João (Coord.). *Estudos de direito da alimentação.* Lisboa: Instituto de Ciências Jurídico-Políticas da Faculdade de Direito da Universidade de Lisboa, 2013. p. 196.

[179] SAMPAIO, Izabel Cristina da Silva. Informação e organismos geneticamente modificados na União Europeia: considerações sobre a importância da rotulagem. *In:* ESTORNINHO, Maria João (Coord.). *Estudos de direito da alimentação.* Lisboa: Instituto de Ciências Jurídico-Políticas da Faculdade de Direito da Universidade de Lisboa, 2013. p. 196.

de riscos e perigos, ao invés de um sistema de rótulos de qualidade (no qual, pelo contrário, a indicação a constar no rótulo seria a de <<produto livre de OGM>>)".[180]

A adoção desse sistema de rótulos é justificada sob o entendimento de que a rotulagem negativa poderia induzir o consumidor a erro, porque "afirmar que um alimento não contém OGM pode ser considerado como uma falsa afirmação, na medida em que até agora os testes feitos pelos cientistas ainda não conseguem precisar se um produto é totalmente livre de OGM".[181]

Ainda, critica-se o sistema da CE quanto aos altos custos, à perda de eficiência e competitividade das empresas, o que implicaria entraves para o comércio, sobretudo nos países em desenvolvimento que supostamente carecem de mecanismos para o seu cumprimento.[182]

Izabel Cristina da Silva Sampaio destaca:

> [d]iante de todas as críticas, a União Europeia justifica a sua escolha pelo nível elevado de proteção do consumidor e, em particular, pelo direito deste fazer uma escolha consciente. Nesse sentido, concordamos com a escolha feita pelo legislador europeu, pois a dispensa de rotulagem nesses casos causaria incerteza jurídica e dificuldade de interpretação, o que impediria uma informação transparente e correta.[183]

3.2.2 Estados Unidos

3.2.2.1 Regulação

Os Estados Unidos são o grande defensor dos OGMs e dos alimentos transgênicos: uma série de estudos e artigos foram elaborados por entidades e associações norte-americanas para combater as críticas aos OGMs, em especial aos riscos à saúde e riscos ao meio ambiente.

---

[180] ESTORNINHO, Maria João. *Segurança alimentar e protecção do consumidor de organismos geneticamente modificados*. Coimbra: Edições Almedina SA, 2008. p. 90.

[181] SAMPAIO, Izabel Cristina da Silva. Informação e organismos geneticamente modificados na União Europeia: considerações sobre a importância da rotulagem. *In:* ESTORNINHO, Maria João (Coord.). *Estudos de direito da alimentação*. Lisboa: Instituto de Ciências Jurídico-Políticas da Faculdade de Direito da Universidade de Lisboa, 2013. p. 202.

[182] LAPEÑA, Isabel. Da rotulagem de produtos transgênicos. *In:* VARELLA, Marcelo Dias; BARROS-PLATIAU, Ana Flávia (Org.). *Organismos Geneticamente Modificados*. Belo Horizonte: Del Rey, 2005. p. 167.

[183] SAMPAIO, Izabel Cristina da Silva. Informação e organismos geneticamente modificados na União Europeia: considerações sobre a importância da rotulagem. *In:* ESTORNINHO, Maria João (Coord.). *Estudos de direito da alimentação*. Lisboa: Instituto de Ciências Jurídico-Políticas da Faculdade de Direito da Universidade de Lisboa, 2013. p. 203.

Contudo, com a edição da Lei Federal nº 114.216[184] (*Public Law 114-216*), os Estados Unidos passaram a obrigar a informação aos consumidores sobre a presença de OGMs em alimentos.

A Lei Federal nº 114.216, publicada em 29 de julho de 2016, emendou o "Ato de Marketing Agrícola de 1976"[185] para regular os OGMs, prevendo em até 2 (dois) anos a edição de "Regra Nacional sobre Transparência de Alimentos submetidos a método de Engenharia Genética".[186] A Regra Nacional foi publicada em 21 de dezembro de 2018, para instituir e regular a obrigação de incluir, nos rótulos dos alimentos que contêm OGMs, informações nesse sentido.

A Regra Nacional determina que fabricantes, importadores e certos varejistas de alimentos divulguem informações sobre se o alimento é proveniente de método de bioengenharia ou se utiliza ingredientes alimentícios provenientes de método de bioengenharia. Ao final, a Regra Nacional tem por objetivo fornecer aos consumidores mais informações sobre os alimentos que consomem.

Os principais tópicos da "Regra Nacional sobre Transparência de Alimentos submetidos a método de Engenharia Genética" e da Lei Federal nº 114.216 são:

(i) A data de implementação da regra é 1º de janeiro de 2020, sendo que, para as empresas classificadas como "pequenos fabricantes de alimentos",[187] [188] o prazo de implementação é 1º de janeiro de 2021.

A partir de 1º de janeiro de 2022, é obrigatório que todas as empresas reguladas observem a Lei Federal nº 114.216 e a Regra Nacional.

(ii) A Lei Federal nº 114.216 define "Bioengineered Food" como: "um alimento – (A) que contém material genético que foi modificado por meio de técnicas *in vitro* de ácido

---

[184] ESTADOS UNIDOS. *Public Law 114-216 – July 29, 2016*. Disponível em: https://uscode.house.gov/statviewer.htm?volume=130&page=835#. Acesso em: 2 maio 2022.

[185] Tradução livre de "*The Agricultural Marketing Act of 1946*".

[186] Tradução livre de "*National Bioengineered Food Disclosure Standard*". (ESTADOS UNIDOS. USDA. US Department of Agriculture. Agricultural Marketing Service. *National Bioengineered Food Disclosure Standard*. Disponível em: https://www.govinfo.gov/content/pkg/FR-2018-12-21/pdf/2018-27283.pdf. Acesso em: 2 maio 2022).

[187] Tradução livre de "*small food manufactures*".

[188] Os pequenos fabricantes de alimentos são os fabricantes com receitas anuais de pelo menos US$ 2.500.000, mas menos de US$ 10.000.000 (§§ 66.1 da "Regra Nacional sobre Transparência de Alimentos submetidos a método de Engenharia Genética"). (ESTADOS UNIDOS. USDA. US Department of Agriculture. Agricultural Marketing Service. *National Bioengineered Food Disclosure Standard*. Disponível em: https://www.govinfo.gov/content/pkg/FR-2018-12-21/pdf/2018-27283.pdf. Acesso em: 2 maio 2022).

desoxirribonucleico recombinante (ADN); e (B) para o qual a modificação não poderia ser obtida por meio de reprodução convencional ou encontrada na natureza".[189] A definição exclui alimentos em que o material genético modificado não é detectável.

Por sua vez, "Bioengineered Food" é definida pela "Regra Nacional sobre Transparência de Alimentos submetidos a método de Engenharia Genética" como:

> (i) Um alimento que contém material genético que foi modificado por meio de técnicas *in vitro* de ácido desoxirribonucleico recombinante (rDNA) e para os quais a modificação não poderia ser obtida por meio de melhoramento convencional ou encontrada na natureza; desde que (ii) Esse alimento não contenha material genético modificado se o material genético não for detectável nos termos do § 66.9. [...].[190]

Além disso, a Lei Federal nº 114.216 proíbe que um alimento derivado de animal seja considerado alimento de bioengenharia apenas porque o animal consumiu produtos a partir, contendo ou consistindo em uma substância de bioengenharia (Seção 293 (a) (1)).

Ao final, a Lei Federal nº 114.216 esclarece e determina que um alimento não pode ser considerado como "não alimento" derivado de biotecnologia ou qualquer outra afirmação similar que descreva a ausência de biotecnologia só porque a advertência de "Bioengineered Food" não é requerida no rótulo do alimento (Seção 294 (c)).

---

[189] Tradução livre de *"(1) BIOENGINEERING. — The term 'bioengineering', and any similar term, as determined by the Secretary, with respect to a food, refers to a food— (A) that contains genetic material that has been modified through in vitro recombinant deoxyribonucleic acid (DNA) techniques; and (B) for which the modification could not otherwise be obtained through conventional breeding or found in nature"*. (ESTADOS UNIDOS. *Public Law 114-216* – July 29, 2016. Disponível em: https://uscode.house.gov/statviewer.htm?volume=130&page=835# Acesso em: 2 maio 2022).

[190] Tradução livre de *"Bioengineered food means - (1) Subject to the factors, conditions, and limitations in paragraph (2) of this definition: (i) A food that contains genetic material that has been modified through in vitro recombinant deoxyribonucleic acid (rDNA) techniques and for which the modification could not otherwise be obtained through conventional breeding or found in nature; provided that (ii) Such a food does not contain modified genetic material if the genetic material is not detectable pursuant to § 66.9. (2) A food that meets one of the following factors and conditions is not a bioengineered food. (i) An incidental additive present in food at an insignificant level and that does not have any technical or functional effect in the food, as described in 21 CFR 101.100(a)(3). (ii) [Reserved]"*. (ESTADOS UNIDOS. USDA. US Department of Agriculture. Agricultural Marketing Service. *National Bioengineered Food Disclosure Standard*. Disponível em: https://www.govinfo.gov/content/pkg/FR-2018-12-21/pdf/2018-27283.pdf. Acesso em: 2 maio 2022).

(iii) Para ser obrigatória a advertência sobre a presença de organismo modificado (indicando que o alimento é um alimento proveniente de biotecnologia ou contém ingrediente alimentar proveniente de biotecnologia), é necessário que o alimento seja considerado "Bioengineered Food".

Estão excluídos da obrigatoriedade de possuir símbolo e advertência quanto à presença de organismo modificado "um alimento no qual nenhum ingrediente contém intencionalmente substância de bioengenharia (BE), com uma permissão para presença de BE inadvertida ou tecnicamente inevitável de até cinco por cento (5%) para cada ingrediente".[191]

Ou seja, para que seja necessário conter advertência no rótulo do alimento, (i) o alimento deve ser considerado "Bioengineered Food" (alimento que contém material genético modificado, por meio de técnicas *in vitro* de rDNA e cuja modificação não poderia ser obtida por meio de melhoramento convencional ou encontrada na natureza), constando ou não na lista de alimentos da *Agricultural Marketing Service* do Departamento de Agricultura dos Estados Unidos (AMS); e (ii) qualquer ingrediente isolado possuir mais de 5% de substância de biotecnologia, nos casos de a presença ser inadvertida ou tecnicamente inevitável.[192]

(iv) Há outras duas expressas isenções à Lei Federal nº 114.216: alimento servido em restaurante ou estabelecimento de varejo similar e para "muito pequenos fabricantes de alimentos",[193] que são aqueles com receitas anuais de menos de US$ 2,5 milhões (§§ 66.1 da "Regra Nacional sobre Transparência de Alimentos submetidos a método de Engenharia Genética").

---

[191] Tradução livre de *"§ 66.5 Exemptions. (...) (c) A food in which no ingredient intentionally contains a bioengineered (BE) substance, with an allowance for inadvertent or technically unavoidable BE presence of up to five percent (5%) for each ingredient".* (ESTADOS UNIDOS. USDA. US Department of Agriculture. Agricultural Marketing Service. *National Bioengineered Food Disclosure Standard.* Disponível em: https://www.govinfo.gov/content/pkg/FR-2018-12-21/pdf/2018-27283.pdf. Acesso em: 2 maio 2022).

[192] ESTADOS UNIDOS. USDA. US Department of Agriculture. Agricultural Marketing Service. *National Bioengineered Food Disclosure Standard.* Disponível em: https://www.govinfo.gov/content/pkg/FR-2018-12-21/pdf/2018-27283.pdf. Acesso em: 2 maio 2022.

[193] *"(2) REQUIREMENTS. — A regulation promulgated by the Secretary in carrying out this subtitle shall — (...) (G) exclude— (i) food served in a restaurant or similar retail food establishment; and '(ii) very small food manufacturers".* (ESTADOS UNIDOS. *Public Law 114-216* – July 29, 2016. Disponível em: https://uscode.house.gov/statviewer.htm?volume=130&page=835#. Acesso em: 2 maio 2022).

(v) A AMS elaborou "lista de alimentos de bioengenharia" para identificar as culturas ou os alimentos disponíveis em todo o mundo e para os quais as entidades reguladas devem manter registros.

A lista não é exaustiva, na medida em que a tecnologia continua em constante evolução, sobretudo quanto à criação de novos alimentos modificados. Mesmo se um alimento não está previsto na lista, porém a entidade regulada tem conhecimento de que a comida provém de método de bioengenharia, a entidade regulada deve providenciar a advertência no alimento.[194]

Os critérios adotados pela AMS para determinar a inclusão de alimentos na lista são: (i) os alimentos estão autorizados à produção comercial em algum lugar do mundo; e (ii) os alimentos são reportados como sendo permitidos para serem utilizados na produção comercial de alimentos para consumo humano em algum lugar do mundo.[195] A AMS declarou que considerará a revisão da lista anualmente, solicitando recomendações e considerando informações e contribuições de outras agências.[196]

A lista é composta pelos seguintes alimentos: alfafa, maçã (de variedade "ArticTM"), canola, milho, algodão, berinjela (variedades BARI Bt Begun), mamão (variedades resistentes ao vírus *ringspot*), abacaxi (variedades de polpa rosa), batata, salmão (AquAdvantage®), soja, abóbora (verão) e beterraba.[197]

(vi) De acordo com a Lei Federal nº 114.216, a advertência no rótulo dos alimentos pode ser texto, símbolo ou *link* eletrônico ou digital,[198] à escolha da entidade regulada.

---

194 ESTADOS UNIDOS. USDA. US Department of Agriculture. Agricultural Marketing Service. *National Bioengineered Food Disclosure Standard*. Disponível em: https://www.govinfo.gov/content/pkg/FR-2018-12-21/pdf/2018-27283.pdf. Acesso em: 2 maio 2022.

195 ESTADOS UNIDOS. USDA. US Department of Agriculture. Agricultural Marketing Service. *National Bioengineered Food Disclosure Standard*. Disponível em: https://www.govinfo.gov/content/pkg/FR-2018-12-21/pdf/2018-27283.pdf. Acesso em: 2 maio 2022.

196 DROZEN, Melvin S.; PELONIS, Evangelia C. *USDA AMS National Bioengineered (BE) Food Disclosure Standard Final Rule*. Disponível em: https://www.lexology.com/library/detail.aspx?g=e1b5f826-9147-4d65-865e-3fa6959001b0. Acesso em: 2 maio 2022.

197 ESTADOS UNIDOS. USDA. US Department of Agriculture. Agricultural Marketing Service. *List of Bioengineered Foods*. Disponível em: https://www.ams.usda.gov/rules-regulations/be/bioengineered-foods-list. Acesso em: 2 maio 2022.

198 *"(2) REQUIREMENTS.— A regulation promulgated by the Secretary in carrying out this subtitle shall — [...]"(D) in accordance with subsection (d), require that the form of a food disclosure under this section be a text, symbol, or electronic or digital link, but excluding Internet website Uniform Resource Locators not embedded in the link, with the disclosure option to be selected by the food manufacturer"*. (ESTADOS UNIDOS. *Public Law 114-216* – July 29, 2016.

As entidades reguladas podem utilizar texto para informar a presença de OGM ou de ingrediente OGM no alimento: *"bioengineered food"* ou *"contains a bioengineered food ingredient"*, a depender do caso.[199] A AMS entende que tais textos proporcionam maior flexibilidade entre os entes regulados, transparência ao consumidor e a possibilidade de se reconhecer que alguns alimentos provêm inteiramente de técnica de bioengenharia e que alguns alimentos são misturas de ingredientes OGMs e ingredientes não OGMs.

Além da frase, as entidades podem utilizar os símbolos, a depender do caso:

Fonte: https://www.ams.usda.gov/rules-regulations/be/symbols. Acesso em: 2 maio 2022.

A terceira hipótese é a entidade regulada utilizar link eletrônico ou digital impresso no rótulo do produto, acompanhado da frase: *"Scan here for more food information"*[200] ou linguagem equivalente que reflita a mudança no alimento por método tecnológico, sendo exemplos: *"Scan anywhere on package for more food information"*[201] ou *"Scan icon for more food information"*.[202]

Disponível em: https://uscode.house.gov/statviewer.htm?volume=130&page=835#. Acesso em: 2 maio 2022).

199 *"bioengineered food"* é utilizada para os alimentos cujos ingredientes são todos *"bioengineered food"* ou carecem de registros se são ou não *"bioengineered food"*. *"contains* a *bioengineered food ingredient"* é utilizada para os casos em que parte dos ingredientes é *"bioengineered food"* ou indeterminado e parte não é *"bioengineered food"*. (ESTADOS UNIDOS. USDA. US Department of Agriculture. Agricultural Marketing Service. *National Bioengineered Food Disclosure Standard*. Disponível em: https://www.govinfo.gov/content/pkg/FR-2018-12-21/pdf/2018-27283.pdf. Acesso em: 2 maio 2022).

200 Em tradução livre: *"Escaneie"* aqui para mais informações sobre o alimento.

201 Em tradução livre: *"Escaneie"* em qualquer lugar do pacote para mais informações sobre o alimento.

202 Em tradução livre: *"Escaneie"* o ícone para mais informações sobre o alimento.

A declaração deverá fornecer ao consumidor instruções claras sobre como utilizar um dispositivo eletrônico para "escanear" o pacote de produto para obter informações sobre o conteúdo da bioengenharia no alimento.

A advertência deve também ser acompanhada de um número de telefone para o qual o consumidor possa ligar e receber mais informações sobre a bioengenharia no alimento: "*Call [1-000-000-0000] for more food information*".[203] O número de telefone deve estar disponível durante todos os dias e todas as horas do dia e deve fornecer informações claras sobre as informações de bioengenharia presentes no alimento. Permitem-se informações pré-gravadas.

No caso de a entidade regulada optar por utilizar *link* eletrônico ou digital, a Lei Federal nº 114.216 impõe que a entidade não pode coletar, analisar ou vender informações do consumidor ou de seu dispositivo. Ainda conforme a Lei Federal nº 114.216, se a informação do consumidor/de seu dispositivo necessita ser coletada para preencher requisitos de advertência, as informações devem ser imediatamente excluídas e não utilizadas para qualquer outra finalidade.[204]

Segundo a "Regra Nacional sobre Transparência de Alimentos submetidos a método de Engenharia Genética", o *link* eletrônico ou digital deve levar diretamente para a página que contém as informações do produto e a página não deve possuir marketing e informação promocional (§§ 66.106).

A Lei Federal nº 114.216 impôs à AMS conduzir estudo sobre a viabilidade de se utilizar *link* eletrônico ou digital para advertir sobre a presença de OGM no alimento, notadamente quanto aos desafios dos consumidores de acessar a informação.[205]

Cinco fatores foram observados pela AMS: (i) a disponibilidade de internet sem fio ou redes celulares; (ii) a disponibilidade de telefones fixos em lojas; (iii) os desafios enfrentados pelos pequenos varejistas e varejistas rurais; (iv) os esforços que varejistas e outras entidades realizaram para enfrentar possíveis desafios tecnológicos e de infraestrutura;

---

[203] Em tradução livre: Ligue para [número de telefone] para mais informações sobre o alimento.

[204] *"(3)(A) the electronic or digital link disclosure may not collect, analyze, or sell any personally identifiable information about consumers or the devices of consumers; but "(B) if information described in subparagraph (A) must be collected to carry out the purposes of this subtitle, that information shall be deleted immediately and not used for any other purpose"*. (ESTADOS UNIDOS. *Public Law 114-216* – July 29, 2016. Disponível em: https://uscode.house.gov/statviewer.htm?volume=130&page=835#. Acesso em: 2 maio 2022).

[205] Seção 7 U.S.C. 1639b(c)(1).

e (v) os custos e benefícios de instalar em lojas scanners eletrônicos ou digitais ou outras tecnologias em evolução que fornecem informações de divulgação de bioengenharia, conforme Seção 7 U.S.C. 1639b(c)(3) da Lei Federal nº 114.216.

A AMS concluiu que os consumidores não possuem acesso suficiente para obter advertências/informações/declarações sobre OGMs em alimentos nos meios eletrônicos ou digitais atualmente.

Então, a AMS propõe a mensagem de texto como alternativa à divulgação de advertência digital ou eletrônica. As entidades reguladas que escolhem a opção precisam incluir uma declaração no rótulo que instrua o consumidor sobre como receber a mensagem de texto.

Segundo a Regra Nacional: (i) a entidade não deve cobrar qualquer taxa do consumidor para acessar as informações sobre o alimento via mensagem de texto; (ii) o rótulo do produto deve indicar a frase: "*Text [command word] to [number] for bioengineered food information*";[206] (iii) o número deve enviar uma resposta imediata ao consumidor; (iv) deve ser uma única resposta; (v) a mensagem de texto não pode conter informações promocionais e de marketing; (vi) a entidade não pode coletar, analisar ou vender informações do consumidor ou de seu dispositivo. Se essas informações são necessárias, elas devem ser imediatamente excluídas e não utilizadas para qualquer outra finalidade (§§ 66.108).

(vii) Os pequenos fabricantes de alimentos têm a possibilidade também de fornecer as informações sobre a presença de OGMs nos alimentos via número de telefone, acompanhado de linguagem apropriada para indicar que o número de telefone fornece acesso a informações sobre o alimento; ou via website.[207]

Se o pequeno fabricante de alimentos optar por usar um número de telefone para revelar a presença de um alimento OGM ou que contenha ingredientes alimentícios OGMs, o texto deve acompanhar o número de telefone ("*Call [1-000-000-0000] for more food information*"[208]).

---

206 Em tradução livre: "Envie [palavra de comando] para [número] para informações sobre o alimento biotecnológico".

207 "*(F) in the case of small food manufacturers, provide — [...] (ii) on-package disclosure options, in addition to those available under subparagraph (D), to be selected by the small food manufacturer, that consist of — "(I) a telephone number accompanied by appropriate; language to indicate that the phone number provides access to additional information; and (II) an Internet website maintained by* the small food manufacturer in a manner consistent with subsection (d), as appropriate". (ESTADOS UNIDOS. USDA. US Department of Agriculture. Agricultural Marketing Service. *National Bioengineered Food Disclosure Standard*. Disponível em: https://www.govinfo.gov/content/pkg/FR-2018-12-21/pdf/2018-27283.pdf. Acesso em: 2 maio 2022).

208 Em tradução livre: "Ligue para [número de telefone] para mais informações sobre o alimento".

Novamente, a informação pode ser pré-gravada, deve estar disponível independentemente da hora do dia e deve ser em formato de áudio.

Por outro lado, se o pequeno fabricante optar por usar website da internet, o texto deve apontar o endereço do website no rótulo *"Visit [Uniform Resource Locator of the website] for more food information"*.[209]

(viii) Os alimentos de bioengenharia vendidos em contêineres ou a granel, usados no varejo para apresentar o produto aos consumidores, devem usar uma das opções de divulgação mencionadas acima (texto, símbolo, *link* digital ou eletrônico, mensagem de texto).

A advertência deve aparecer em sinalizações (por exemplo, letreiro, sinal, etiqueta, adesivo ou semelhante) que permitam ao consumidor identificar e compreender facilmente o status do produto.

(ix) A advertência é obrigatória para três categorias de empresas: fabricantes de alimentos, importadores e certas espécies de varejistas.[210]

Se um alimento é embalado antes do recebimento do produto pelo varejista, o fabricante do alimento ou o importador, a depender do caso, é responsável por inserir a advertência sobre OGM.

Por outro lado, se o revendedor de alimento empacotar o produto ou vender a comida em granel e/ou por exposição, o varejista é responsável por garantir que o alimento contenha a advertência.

(x) Quanto à localização da advertência, a AMS entende que é eficaz disponibilizar a advertência na parte de informações do rótulo[211] ou na parte principal do rótulo,[212] porque são nesses dois locais que os consumidores procuram informações adicionais sobre o alimento, se interessados.

A advertência deve aparecer de forma proeminente e visível no rótulo do produto, sendo também de fácil leitura e compreensão pelo consumidor.[213]

---

[209] Em tradução livre: "Visite [endereço do site] para obter mais informações sobre o alimento".

[210] Conforme determina a Seção 66.100 (a).

[211] No entendimento da AMS, a parte de informações do rótulo é aquela na qual se compartilha: informações nutricionais, lista de ingredientes, nome e endereço do fabricante / distribuidor e, se aplicável, país de origem.

[212] No entendimento da AMS, a parte principal do rótulo é aquela que possui declaração de identidade e a declaração de quantidade líquida, além de outras declarações de marketing do alimento.

[213] DROZEN, Melvin S.; PELONIS, Evangelia C. *USDA AMS National Bioengineered (BE) Food Disclosure Standard Final Rule*. Disponível em: https://www.lexology.com/library/detail.aspx?g=e1b5f826-9147-4d65-865e-3fa6959001b0. Acesso em: 2 maio 2022.

3.2.2.2 Críticas

Antes de a Lei Federal nº 114.216 ser editada e publicada,[214] a sociedade americana[215] pressionava o Governo e as Agências Reguladoras sobre a necessidade de rotulagem obrigatória de produtos que contêm OGM. Vide, por exemplo: "[s]e o governo dos Estados Unidos não exigir um rigoroso processo de pré-aprovação, como fazem os europeus, no mínimo, deve exigir que o alimento seja rotulado para que os consumidores possam fazer essa escolha individualmente".[216]

A doutrina é clara sobre a rotulagem de produtos: espera-se que a indústria forneça todas as informações relevantes de maneira voluntária. Ou seja, a rotulagem obrigatória seria apenas utilizada nos casos em que a rotulagem voluntária não surta o efeito desejado, de maneira que o consumidor seria impedido de realizar uma escolha livre e esclarecida[217] por falta de informação.

---

214 Antes de a Lei Federal nº 114.216 ser publicada, alguns Estados dos Estados Unidos já possuíam leis próprias sobre rotulagem de produtos contendo OGMs. Por exemplo: Connecticut, Maine e Vermont. Inclusive, um dos argumentos para editar a Lei Federal nº 114.216 era, justamente, o de uniformizar as regras sobre rotulagem de OGMs. A doutrina sugere que os *stakeholders* da cadeia de fornecimento de alimentos sofreriam, economicamente, se vigorassem diferentes regras nos Estados Unidos, variáveis de acordo com cada Estado. (FRABONI, Jordan James. A federal GMO labeling law: how it creates uniformity and protects consumers. *Berkeley Technology Law Journal*, v. 32, p. 570, 580, 2017).

215 Em pesquisa realizada por Cass R. Sunstein, 86% dos americanos entrevistados eram a favor da rotulagem dos OGMs. O motivo para o alto índice, segundo o autor, seria o de que a sociedade tem a percepção de que os alimentos OGMs fazem mal à saúde e os consumidores teriam o direito de fazer uma escolha consentida entre consumir ou não alimentos com OGMs. (SUNSTEIN, Cass R. On Mandatory Labeling, with Special Reference to Genetically Modified Foods, *University of Pennsylvania Law Review*, v. 165, p. 1076, 2017).

216 Tradução livre de *"If the U.S. government does not require a rigorous pre-approval process as do the Europeans, at the very least it should require the food to be labeled so that consumers can individually make this choice"*. (STRAUSS, Debra M. The International Regulation of Genetically Modified Organisms: Importing Caution into the U.S. Food Supply. *Food and Drug Law Journal*, v. 61, n. 2, p. 91, 2006).

217 O direito de o consumidor ser informado é questionado, inclusive ao justificar a necessidade de rotular e advertir a presença de OGMs em alimentos. O direito de ser informado seria constituído por base ilimitada de aspectos que podem interessar o consumidor, sendo constitucionalmente suspeito. Verifique: *"Fourth, some maintain that GMO foods should be labeled because of a consumer's "right to know." A "right to know", could be invoked to justify labeling about any detail of the production process, from use of chemical fertilizers, to the wage rate and national origin of the workers who planted and harvested the crop, to the labor practices of the manufacturer, to the soil conservation practices of the farmer. It is impossible to list all the things that might matter to everyone. In part because the "right to know" is limitless, it also is constitutionally suspect"*. (BEALES III, J. Howard. Modification and consumer information: modern biotechnology and the regulation of information. *Food and Drug Law Journal*, v. 55, n. 1, p. 105-117, 2000).

Questiona-se, igualmente, a necessidade de rotulagem obrigatória, considerando que algumas marcas já adotam, como *marketing*, a rotulagem não obrigatória de que determinado alimento não é OGM ou que o alimento é orgânico. O problema é determinar um padrão da rotulagem voluntária: só com uma rotulagem padronizada é que o consumidor poderá compreender a informação.

Há quem sustente que a rotulagem voluntária, se devidamente padronizada, já é suficiente para informar o consumidor: este concluiria que o produto ausente de qualquer rotulagem seria OGM. Parece difícil aceitar a ideia, porque os fabricantes não rotular voluntariamente os seus produtos não é padrão. Surge, então, a rotulagem obrigatória.

Há outro aspecto quanto à rotulagem voluntária: ainda que ela fosse padronizada e que todos os fabricantes de alimento a adotassem, isso não quer dizer que o consumidor compreenderia a mensagem que se quer transmitir. Explica-se: há uma parcela de consumidores que, ao analisar um produto que não contém rotulagem, seria indiferente quanto a possuir ou não OGM. Isto é, a ausência de rotulagem não necessariamente transmitiria uma informação ao consumidor. É verdade também que essa situação pode ocorrer com a rotulagem obrigatória.

A rotulagem obrigatória não foge de críticas: a rotulagem pode enganar e alarmar os consumidores, notadamente se for exigida pelo governo.[218] Os consumidores poderiam entender que algo estaria errado com os alimentos OGMs, representando um risco à saúde, podendo restringir as escolhas.[219] O que seria problemático, porque os Estados Unidos defendem, fortemente, que os alimentos produzidos por engenharia genética não são mais arriscados do que os alimentos convencionais.

---

[218] Jane Bambauer, Jonathan Loe e D. Alex Winkelman destacam que a advertência obrigatória nos rótulos pode, na realidade, piorar a situação dos consumidores, causando reações exageradas e prejudiciais. Em algumas situações, nas quais a rotulagem obrigatória supera os seus benefícios, o governo pressionaria os consumidores a tomarem decisões inconsistentes com as suas referências. Essa situação é tida como "educação ruim" e funcionaria como uma forma de regulamentação encoberta e manipuladora para os autores. (BAMBAUER, Jane; LOE, Jonathan; WINKELMAN, D. Alex. A bad education. *University of Illinois Law Review*, v. 2017, n. 1, p. 161, 2017).

[219] *"In a more general sense, over-labeling or special labeling of GM food may give the uninformed consumer the impression that a genetically-engineered product is inherently unsafe. Such labeling can even be in itself unsafe, if really important information, such as the presence of an allergenic food substance, becomes overshadowed. Negative labeling, i.e., ["] contains no GM product, ["] is equally problematic, largely because of the inability to prove a negative. [...] Mandatory labeling of GM products not only fails to inform, it can actually reduce consumer choices.* (BUECHLE, Kurt. The great, global promise of genetically modified organisms: overcoming fear, misconceptions, and the Cartagena protocol on biosafety. *Indiana Journal of Global Legal Studies*, v. 9, n. 1, p. 283-324. Symposium: Sustainable Development, Agriculture, and the Challenge of Genetically Modified Organisms, 2001, p. 314, 316).

Destacamos alguns argumentos dos fornecedores de alimentos OGMs: (i) requisitos de rotulagem enviariam mensagens confusas aos consumidores; (ii) exigir rótulos de OGMs equivaleria a inserir um crânio com ossos cruzados nas embalagens; e (iii) as empresas que não utilizam OGMs em seus produtos que divulguem esse aspecto.[220] Tudo para reforçar que seria desnecessária a rotulagem dos alimentos que contêm OGMs.

O cenário ideal é a rotulagem obrigatória apresentar informações neutras sobre o produto. Em estudo realizado por Joanna K. Sax e Neal Doran, os participantes entenderam que a rotulagem de OGM indicaria que o alimento é menos saudável, menos seguro e menos ecológico comparado a outros alimentos com outras rotulagens.[221] Isso sugeriria que, no caso de OGMs, a rotulagem obrigatória não é neutra como deveria ser.

Em qualquer caso (rotulagem voluntária ou obrigatória), entende-se que existe uma "distância" entre o fornecedor (produtor/fabricante) e o consumidor, o que colocaria obstáculos na comunicação e no estabelecimento de confiança entre as partes. Na relação fornecedor-consumidor, haveria assimetria informacional sobre o produto. A rotulagem, justamente, ajudaria a melhorar a situação e a retomar a confiança entre consumidores e fornecedores.[222]

Algumas rotulagens são designadas para possibilitar ao consumidor se proteger de riscos, envolvendo dinheiro ou saúde. No caso dos Estados Unidos, a AMS destaca que a advertência significa uma espécie de rótulo de *marketing*, não transmitindo informação sobre aspectos de saúde, segurança ou ambientais relacionados aos alimentos que são produzidos a partir da bioengenharia.[223]

Ou seja, pode-se questionar a rotulagem nos Estados Unidos como desvirtuamento da real finalidade desse tipo de rotulagem: proteger o consumidor e proporcionar o exercício de escolha livre e esclarecida.[224] A forma de rotulagem estabelecida pela Lei Federal

---

[220] YANG, Y. Tony; CHEN, Brian. Governing GMOs in the USA: science, law and public health. *Journal of the Science of Food and Agriculture*, v. 96, p. 1851-1855, 2016.

[221] SAX, Joanna K.; DORAN, Neal. Food Labeling and Consumer Associations with Health, Safety, and Environment. *The Journal of Law, Medicine & Ethics*, v. 44, p. 630-638, 2016.

[222] MESSER, K.D.; COSTANIGRO, M.; KAISER, H.M. Labeling food processes: The good, the bad and the ugly. *Applied Economic Perspectives and Policy*, v. 39, p. 407-427, 2017.

[223] ESTADOS UNIDOS. USDA. US Department of Agriculture. Agricultural Marketing Service. *Information for Consumers*. Disponível em: https://www.ams.usda.gov/rules-regulations/be/consumers. Acesso em: 2 maio 2022.

[224] K.D. Messer, M. Costanigro e H.M. Kaiser criticam a inserção de várias informações nos rótulos de alimentos: se a atenção dos consumidores às informações que constam nos

nº 114.216 ofereceria uma oportunidade de saber e não o direito de saber se um produto alimentício contém OGMs.[225]

Além disso, questiona-se que os custos com os rótulos podem ser mais altos do que se é evidente;[226] [227] há custos indiretos. Por exemplo, quando os rótulos de produtos calóricos apresentarem rótulos específicos para o aspecto (calorias), alguns consumidores podem deixar de consumir os alimentos por conta disso, passando a consumir alimentos menos calóricos e menos saborosos. Nesses casos, Cass R. Sunstein utiliza a seguinte frase para mostrar a sua "indignação" com alguns tipos de rotulagens obrigatórias: "*They ruined popcorn!*".[228]

---

rótulos é limitada, informações adicionais podem distrair os consumidores e complicar o processo de escolha. Ainda que determinada informação seja interessante para uma parcela de consumidores, a mesma informação pode complicar a decisão de outra parcela de consumidores. Ao final, se houver muita informação ou se a informação for de difícil compreensão, é racional sustentar que os consumidores ignorarão a informação e continuarão desinformados. (MESSER, K.D.; COSTANIGRO, M.; KAISER, H.M. Labeling food processes: The good, the bad and the ugly. *Applied Economic Perspectives and Policy*, v. 39, p. 407-427, 2017.).

[225] Jordan James Fraboni questiona a possibilidade de informar o consumidor via link digital, apontando que a possibilidade via link digital requer mais esforços do consumidor do que pegar o produto e analisar a sua rotulagem imediatamente. E, vai além: "[s]e saber da presença de produtos da bioengenharia por meio de rotulagem fosse considerado um direito, o Congresso teria o incentivo para tornar o acesso o mais fácil possível" (tradução livre). (FRABONI, Jordan James. A federal GMO labeling law: how it creates uniformity and protects consumers. *Berkeley Technology Law Journal*, v. 32, p. 583, 2017.).

[226] John Bovaya e Julian M. Alstonb descatam, entre os custos diretos, o repasse ao consumidor do custo com a rotulagem dos produtos que contém OGMs e retorno mais baixo aos produtores desses alimentos: *"Thus, (...), mandatory labeling imposes a cost on the food industry, which will be passed through to consumers in the form of higher food prices and back to agricultural producers in terms of lower returns for their products, without providing tangible benefits (instead, providing a public disservice by falsely implying that GE foods are unsafe)"*. (BOVAYA, John; ALSTONB, Julian M. GMO food labels in the United States: Economic implications of the new law. *Food Policy*, v. 78, p. 14-25, 2018.).

[227] Outro aspecto é a preocupação do setor de alimentos orgânicos. Essa indústria, apesar de ter apoiado a rotulagem obrigatória de alimentos que contém OGMs, estaria preocupada com a necessidade de deixar claro ao consumidor a diferença entre alimentos que não contêm OGMs e alimentos orgânicos. Neste sentido: *"Although many organic food companies supported the general idea of mandatory labeling, now that the policy has passed, organic producers have expressed concern that non-GM verification may be perceived as a substitute for the more expensive and encompassing organic certification. For example, California Certified Organic Farmers (CCOF) initiated a campaign titled "Organic is Non-GMO and More" to highlight the differences in the two claims, and the Organic Trade Association (OTA) emphasizes that "Organic = Non-GMO... and so much more!!"*. (MCFADDEN, Brandon R.; LUSK, Jayson L. Effects of the National Bioengineered Food Disclosure Standard: willingness to pay for labels that communicate the presence or absence of genetic modification. *Applied Economic Perspectives and Policy*, v. 40, p. 259-275, 2018).

[228] SUNSTEIN, Cass R. They Ruined Popcorn: On the Costs and Benefits of Mandatory Labels. *Harvard Public Law Working Paper nº 18-06*. Disponível em: https://ssrn.com/abstract=3091789. Acesso em: 2 maio 2022.

Para Cass R. Sunstein, a melhor maneira de se determinar a rotulagem obrigatória é pela análise *"willingness-to-pay"*, por meio da qual se avaliaria o quanto o consumidor teria a ganhar com a rotulagem. Levaria-se em consideração também o quanto o consumidor estaria disposto a pagar a mais por informação.[229] O problema é o consumidor saber o significado da informação. Isto é: "[q]uanto você estaria disposto a pagar por informações sobre a presença da substância química XYZ em sua comida favorita, quando você sabe pouco ou nada sobre a substância química XYZ ou seus efeitos?".[230]

Inclusive, Cass R. Sunstein propõe implementar uma espécie de tributo corretivo antes de se determinar a rotulagem obrigatória:

> Na medida em que se acredita que os alimentos transgênicos representam riscos ao meio ambiente, uma falha de mercado parece estar envolvida. É verdade, é claro, que a resposta preferida a tais riscos é algum tipo de tributo corretivo, não de divulgação. Mas se um imposto não estiver disponível, por razões políticas ou outras, a divulgação pode parecer um segundo melhor razoável (tradução livre).[231]

Em se determinando a rotulagem obrigatória, Cass R. Sunstein defende que a advertência "Contém X" é mais efetiva do que "Não contém X",[232] porque é mais evidente e chama mais a atenção do

---

[229] SUNSTEIN, Cass R. They Ruined Popcorn: On the Costs and Benefits of Mandatory Labels. *Harvard Public Law Working Paper nº 18-06*. Disponível em: https://ssrn.com/abstract=3091789. Acesso em: 2 maio 2022.

[230] Tradução livre de *"How much would you be willing to pay for information about the presence of chemical XYZ in your favorite food, when you know little or nothing about chemical XYZ or its effects?"*. (SUNSTEIN, Cass R. They Ruined Popcorn: On the Costs and Benefits of Mandatory Labels. *Harvard Public Law Working Paper nº 18-06*. Disponível em: https://ssrn.com/abstract=3091789. Acesso em: 2 maio 2022).

[231] SUNSTEIN, Cass R. They Ruined Popcorn: On the Costs and Benefits of Mandatory Labels. *Harvard Public Law Working Paper nº 18-06*. Disponível em: https://ssrn.com/abstract=3091789. Acesso em: 2 maio 2022.

[232] John M. Crespi e Stéphan Marette destacam que a escolha entre "Contém X" e "Não Contém X", por um governo, é frequentemente questionada em disputas comerciais, apresentando os argumentos dos Estados Unidos e União Europeia: *"The reason why a government might choose to use one or the other mandatory labels is often raised during trade disputes as a form of non-tariff trade barrier. The US, for example, has accused the EU of using the "Does Contain" requirement to create anxiety over US products and protect EU producers who are less likely to use GMO inputs [...]. Thus, the US argues, the "Does Contain" regulation is a non-tariff trade barrier in violation of WTO agreements. Along with the effect on consumer choices from the label itself, the argument goes, the choice of the "Does Contain" label raises the prices of US products that are more likely to contain the biotechnology input"*. (CRESPI, John M.; MARETTE, Stéphan. "Does Contain" vs. "Does Not Contain": Does it matter which GMO label is used? *European Journal of Law and Economics*, v. 16, p. 327-344, 2003. p. 329.)

consumidor. O autor aponta que, por descuido, o consumidor pode não observar a advertência "Não contém X".[233] Por outro lado, o consumidor pode interpretar que há algo de errado com X, ao se adotar "Contém X".

Há que se observar também que existe o risco de o consumidor, ao ser informado sobre determinado alimento, deixe de consumi-lo justamente pela informação transmitida na rotulagem. Por exemplo: há o risco de o consumidor deixar de consumir o Alimento X, porque o Alimento X possui a advertência de que ele contém OGM. O consumidor pode optar por substituir o Alimento X pelo Alimento Y (que corresponde à mesma categoria/espécie de produto), porque o Alimento Y não contém OGM, ainda que o Alimento X seja mais saboroso que o Alimento Y.

Logicamente, é um risco comum do mercado que pode ou não estar atrelado à rotulagem obrigatória – a rotulagem obrigatória pode, apenas, incentivar mais ainda a troca de um produto por outro. Além disso, é impossível ou difícil o governo e as agências reguladoras preverem tal comportamento – é extremamente difícil fazer qualquer tipo de projeção quanto à reação dos consumidores a uma rotulagem (voluntária ou obrigatória).

Há, ainda, críticas ao fato de fornecedores optarem por utilizar os denominados *QR Codes* (*Quick Response Code* – QR Code): o consumidor escanearia código em imagem e acessaria um website que conteria as informações do produto, incluindo a presença de ingredientes OGMs.

Para os defensores, seria uma maneira de fornecer a informação ao consumidor e, ao mesmo tempo, promover e aprimorar o "valor" do produto e da marca, via novos sistemas de comunicação.[234] Os opositores alegam que escanear um *QR Code* para acessar informações sobre OGMs seria uma barreira para o consumidor obter informações que seriam seu direito. Alegam também que, (i) em vez de ser transparente, utilizar a tecnologia do *QR Code* permitiria às empresas "esconder" a informação de que o produto contém ingredientes OGMs; (ii) os consumidores prefeririam as informações claras na embalagem dos

---

[233] SUNSTEIN, Cass R. On Mandatory Labeling, with Special Reference to Genetically Modified Foods, *University of Pennsylvania Law Review*, v. 165, p. 1043-1095, 2017.

[234] BACARELLA, S.; ALTAMORE, L.; VALDESI, V.; CHIRONI, M. Ingrassia. Importance of food labeling as a means of information and traceability according to consumers. *Advances in Horticultural Science*, v. 29, n. 2/3, p. 145-146, 2015.

produtos;[235] [236] (iii) utilizar *QR Codes* seria medida discriminatória para os menos afortunados, idosos, população rural e minorias, porque eles são menos propensos a possuir *smartphones* capazes de escanear o código; e (iv) os indivíduos não estariam familiarizados com os códigos e eles não saberiam escanear para obter mais informações sobre o produto.

A pesquisa conduzida por Meghnaa Tallapragada e William K. Hallman[237] demonstrou que: (i) os americanos continuam a possuir baixo nível de consciência e conhecimento sobre OGMs; (ii) os participantes parecem estar divididos entre os OGMs serem benéficos ou maléficos, mas grande parte do público parece ser cético quanto à segurança dos alimentos OGMs; (iii) quanto mais o indivíduo é a favor da rotulagem obrigatória de OGM, maior é a probabilidade de ele utilizar o *QR Code* para verificar ingredientes OGMs; (iv) por outro lado, três de cada dez indivíduos fortemente aprovam a rotulagem obrigatória e improvavelmente vão scanear *QR Codes* para se informar sobre a presença de ingredientes OGMs; (v) os indivíduos que responderam que muito provável ou pouco provável escaneariam *QR Codes* para se informar sobre a presença de ingrediente OGM também responderam que não utilizaram *QR Codes* ou similares nos 12 meses anteriores à pesquisa; (vi) informar consumidores via *QR Codes* representa uma oportunidade para disponibilizar, detalhadamente, informações para consumidores que estão interessados/motivados sobre o assunto; (vii) as pessoas que declararam que utilizariam o *QR Code* para se informar sobre a presença de OGMs são as pessoas que acreditam que os OGMs são um risco para a sociedade e que são menos propensos a consumir OGMs. O dado sugeriria que os consumidores estão mais propensos a obter informação para evitar os OGMs, em vez de "melhorar" o conhecimento sobre o assunto.

---

[235] Meghnaa Tallapragada e William K. Hallman comentam estudo que demonstrou que 88% dos participantes se mostraram a favor de informações impressas no rótulo do produto, visíveis a olho nu. (TALLAPRAGADA, Meghnaa; HALLMAN, William K. Implementing the National Bioengineered Food Disclosure Standard: Will Consumers Use QR Codes to Check for Genetically Modified (GM) Ingredientes in Food Products? *AgBioForum*, v. 21, n. 1, p. 44-60, 2018. p. 47).

[236] Maria DeGiovanni observa que admitir divulgar a informação via *QR Code* não permitiria ao consumidor determinar se um produto contém ou não OGM, por meio de breve inspeção de sua rotulagem. (DEGIOVANNI, Maria. The Future of GMO Labeling: How a New Federal Labeling Scheme Will Alter Public Discourse. *Washington University Law Review*, v. 95, n. 3, p. 705-726, 2017. p. 715).

[237] TALLAPRAGADA, Meghnaa; HALLMAN, William K. Implementing the National Bioengineered Food Disclosure Standard: Will Consumers Use QR Codes to Check for Genetically Modified (GM) Ingredientes in Food Products? *AgBioForum*, v. 21, n. 1, p. 44-60, 2018.

Vale, ainda, trazer a crítica: os fabricantes de alimentos controlariam/escolheriam qual o método de rotulagem que eles adotariam. Isso quer dizer que produtos comparáveis, de diferentes fabricantes, podem possuir rotulagem de maneiras distintas. Ou, até mesmo, diferentes produtos, de um mesmo fabricante, podem apresentar rotulagens diferentes.[238]

3.3 Experiência nacional

3.3.1 Regulação

Segundo o art. 40 da Lei nº 11.105/2005, "[o]s alimentos e ingredientes alimentares destinados ao consumo humano ou animal que contenham ou sejam produzidos a partir de OGM ou derivados deverão conter informação nesse sentido em seus rótulos, conforme regulamento".[239]

A Lei é regulamentada pelo Decreto nº 4.680/2003, que rege o direito à informação, assegurado pelo CDC, no que diz respeito aos alimentos e ingredientes alimentares para o consumo humano ou animal que contenham ou sejam produzidos a partir de OGMs.

O Decreto nº 4.680/2003 impõe a rotulagem obrigatória dos produtos OGMs: o consumidor deve ser informado da natureza transgênica de alimento que contenha ou seja produzido a partir de OGMs, com presença acima do limite de 1% do produto, no comércio de alimentos e ingredientes alimentares para o consumo humano ou animal.

O rótulo da embalagem ou do recipiente em que os alimentos/ingredientes alimentares estão contidos deverá constar, em destaque, no painel principal: (i) o símbolo definido pela Portaria nº 2.658/2003 do Ministério da Justiça;[240] e (ii) a depender do caso, uma das expressões:

---

[238] FRABONI, Jordan James. A federal GMO labeling law: how it creates uniformity and protects consumers. *Berkeley Technology Law Journal*, v. 32, p. 576, 2017.

[239] BRASIL. *Lei nº 11.105, de 24 de março de 2005*. Regulamenta os incisos II, IV e V do § 1º do art. 225 da Constituição Federal, estabelece normas de segurança e mecanismos de fiscalização de atividades que envolvam organismos geneticamente modificados – OGM e seus derivados, cria o Conselho Nacional de Biossegurança – CNBS, reestrutura a Comissão Técnica Nacional de Biossegurança – CTNBio, dispõe sobre a Política Nacional de Biossegurança – PNB, revoga a Lei nº 8.974, de 5 de janeiro de 1995, e a Medida Provisória nº 2.191-9, de 23 de agosto de 2001, e os arts. 5º, 6º, 7º, 8º, 9º, 10 e 16 da Lei nº 10.814, de 15 de dezembro de 2003, e dá outras providências. Disponível em: http://www.planalto.gov.br/ccivil_03/_ato20042006/2005/lei/l11105.htm#:~:text=1%C2%BA%20Esta%20Lei%20estabelece%20normas,o%20descarte%20de%20organismos%20geneticamente. Acesso em: 2 maio 2022.

[240] BRASIL. *Portaria nº 2.658, de 22 de dezembro de 2003*. Define o símbolo de que trata o art. 2º, § 1º, do Decreto nº 4.680, de 24 de abril de 2003, na forma do anexo à presente portaria.

"(nome do produto) transgênico", "contém (nome do ingrediente ou ingredientes) transgênico(s)" ou "produto produzido a partir de (nome do produto) transgênico". Já no local para identificar os ingredientes, o consumidor deve ser informado sobre a espécie doadora do gene (art. 2º, §2º).

Além disso, o Decreto nº 4.680/2003 determina que:

> Art. 3º Os alimentos e ingredientes produzidos a partir de animais alimentados com ração contendo ingredientes transgênicos deverão trazer no painel principal, em tamanho e destaque previstos no art. 2º, a seguinte expressão: "(nome do animal) alimentado com ração contendo ingrediente transgênico" ou "(nome do ingrediente) produzido a partir de animal alimentado com ração contendo ingrediente transgênico.
>
> Art. 4º Aos alimentos e ingredientes alimentares que não contenham nem sejam produzidos a partir de organismos geneticamente modificados, será facultada a rotulagem "(nome do produto ou ingrediente) livre de transgênicos", desde que tenham similares transgênicos no mercado brasileiro.[241]

O símbolo imposto pela Portaria nº 2.658/2003 do Ministério da Justiça é um triângulo, de cor amarela, com a letra "T" (de transgênicos), de cor preta em seu interior:

Fonte: BRASIL. *Portaria nº 2.658, de 22 de dezembro de 2003*. Define o símbolo de que trata o art. 2º, § 1º, do Decreto nº 4.680, de 24 de abril de 2003, na forma do anexo à presente portaria. Disponível em: https://pesquisa.in.gov.br/imprensa/jsp/visualiza/index.jsp?data=26/12/2003&jornal=1&pagina=13&totalArquivos=72. Acesso em: 2 maio 2022.

Disponível em: https://pesquisa.in.gov.br/imprensa/jsp/visualiza/index.jsp?data=26/12/2003&jornal=1&pagina=13&totalArquivos=72. Acesso em: 2 maio 2022.

241 BRASIL. *Decreto nº 4.680, de 24 de abril de 2003*. Regulamenta o direito à informação, assegurado pela Lei nº 8.078, de 11 de setembro de 1990, quanto aos alimentos e ingredientes alimentares destinados ao consumo humano ou animal que contenham ou sejam produzidos a partir de organismos geneticamente modificados, sem prejuízo do cumprimento das demais normas aplicáveis. Disponível em: http://www.planalto.gov.br/ccivil_03/decreto/2003/d4680.htm. Acesso em: 2 maio 2022.

Quanto às informações prestadas pelos estabelecimentos que comercializam produtos a granel, a Instrução Normativa Interministerial nº 1/2004 determina que as seguintes frases devem ser indicadas no expositor ou no local imediatamente a ele contíguo: "(nome do produto) transgênico", "contém (nome do ingrediente ou ingredientes) transgênico(s)" ou "produto produzido a partir de (nome do produto) transgênico", em conjunto com o símbolo definido pela Portaria nº 2.658/2003. O nome científico da espécie doadora deve ser indicado no expositor ou no local imediatamente contíguo a ele, sendo facultativo o acréscimo do nome comum.

3.3.2 Críticas

A doutrina enfatiza que a informação ao consumidor sobre presença de OGMs em alimentos não é liberdade, mas forma de prevenir, precaver, "tratar igualmente quem sabe e quem gostaria de saber na sociedade de risco de consumo".[242] Além disso, a informação respeita o próprio direito à informação, o direito de livre escolha, a opção e independência do consumidor em querer ou não consumir o alimento.

Um dos aspectos questionados é a falta de conhecimento da sociedade brasileira do que seriam as palavras "OGMs" e "transgênicos" e o medo que elas acarretariam. Ainda, argumenta-se que a obrigatoriedade da rotulagem de produtos que contêm OGMs traria uma insegurança geral, porque, afinal, se a rotulagem é obrigatória, então o produto seria perigoso.

A maneira como a informação é transmitida pode ter impacto significativo na reação dos consumidores. O símbolo imposto pelo Ministério da Justiça é alvo de críticas: o símbolo é muito agressivo, remetendo, inclusive, a substância venenosa e/ou radioativa. O consumidor desinformado teria a impressão de que produtos que contêm OGMs seriam inseguros ou extremamente prejudiciais à sua saúde e, portanto, a rotulagem especial poderia também restringir as suas escolhas.[243]

---

[242] MARQUES, Claudia Lima. Apresentação. *In:* BARBOSA, Fernanda Nunes. *Informação*: direito e dever nas relações de consumo. São Paulo: Editora Revista dos Tribunais, 2008. p. 20-21.

[243] "In a more general sense, over-labeling or special labeling of GM food may give the uninformed consumer the impression that a genetically-engineered product is inherently unsafe. Such labeling can even be in itself unsafe, if really important information, such as the presence of an allergenic food substance, becomes overshadowed. [...] Mandatory labeling of GM products not only fails to inform, it can actually reduce consumer choices" (BUECHLE, Kurt. The great, global promise of genetically modified organisms:

Também, que o triângulo é conhecido como sinônimo de perigo e o amarelo daria sentido de atenção ou cuidado.

Diante de inúmeras críticas que recebe a legislação brasileira, está em trâmite o Projeto de Lei nº 34, de 2015 ("Projeto de Lei"),[244 245 246] de autoria do Deputado Federal Luis Carlos Heinze (Partido Progressistas/Rio Grande do Sul), para discutir a maneira de como informar o consumidor sobre a presença de OGMs em alimentos e ingredientes alimentares destinados ao consumo humano ou animal.

O Projeto de Lei questiona o símbolo imposto pela Portaria nº 2.658/2003 do Ministério da Justiça: a apresentação gráfica (formato e cores) do símbolo seria utilizada em placas de advertência, atenção, existência de risco, supostamente afixadas em locais de perigo, radiação, eletricidade, explosão. Desse modo, o símbolo vincularia o alimento a perigo, nocividade, alerta e cuidado, afetando a imagem da qualidade dos alimentos. A atual representação gráfica seria contrária aos princípios da proporcionalidade e razoabilidade previstos no CDC, bem como não seria considerada informação útil e clara ao consumidor.

Diante de tudo isso, propõe-se afastar a necessidade de inserir o símbolo na rotulagem de produtos com OGMs e de indicar a espécie doadora do gene (que igualmente seria de difícil compreensão, por envolver nomes científicos).

Há duras críticas ao Projeto de Lei: ele violaria o CDC, no que tange ao direito à informação, e legalizaria a "ausência de boa-fé, transparência e confiança",[247] permitindo "a exposição do consumidor

---

overcoming fear, misconceptions, and the Cartagena protocol on biosafety. *Indiana Journal of Global Legal Studies*, v. 9, n. 1, p. 283-324. Symposium: Sustainable Development, Agriculture, and the Challenge of Genetically Modified Organisms, 2001, p. 314, 316).

[244] BRASIL. Câmara dos Deputados. *Projeto de Lei nº 4.148/2008*. Altera a Lei nº 11.105, de 24 de março de 2005. Estabelece que os rótulos dos alimentos destinados ao consumo humano informem ao consumidor a natureza transgênica do alimento. Disponível em: https://www.camara.leg.br/proposicoesWeb/fichadetramitacao?idProposicao=412728. Acesso em: 2 maio 2022.

[245] BRASIL. Senado Federal. *Projeto de Lei da Câmara nº 34, de 2015*. Altera a Lei nº 11.105, de 24 de março de 2005. Altera a Lei de Biossegurança para liberar os produtores de alimentos de informar ao consumidor sobre a presença de componentes transgênicos quando esta se der em porcentagem inferior a 1% da composição total do produto alimentício. Disponível em: https://www25.senado.leg.br/web/atividade/materias/-/materia/120996. Acesso em: 2 maio 2022.

[246] O Projeto de Lei está no Senado Federal, aguardando inclusão em Ordem do Dia do requerimento do Senador Izalci Lucas, que solicita audiência da Comissão de Assuntos Econômicos, conforme andamento processual disponível no website do Senado Federal. Acesso em: 2 maio 2022.

[247] EFING, Antônio Carlos; GONÇALVES, Bruna Balbi. O direito fundamental à informação na sociedade de consumo e a rotulagem de transgênicos: uma análise do Projeto de Lei

a riscos não informados e sobre os quais [nem] sequer há constatações científicas",[248] bem como penalizaria agricultores e empresas que optam por produzir alimentos livres de ingredientes transgênicos.

Além de afrontar o interesse público, ao contrariar o CDC, afrontaria também o Protocolo de Cartagena sobre Biossegurança e decisões judiciais que reconhecem e exigem informação nos rótulos dos alimentos, mesmo que abaixo de 1% de ingredientes transgênicos.[249]

Demais críticas[250] podem ser sintetizadas: (i) o Projeto de Lei representa retrocesso em matéria ambiental e social; (ii) o Projeto de Lei afronta o art. 170 da CF/1988; (iii) o Projeto de Lei atenta ao direito da livre concorrência e da livre iniciativa, porque onera irrazoavelmente os produtores agrícolas e as empresas alimentícias, optantes por produzir alimentos não transgênicos; (iv) o Projeto de Lei contraria o direito à livre escolha do consumidor; (v) o Projeto de Lei contraria o princípio da precaução, porque a ausência de consenso da classe científica sobre a segurança desse tipo de alimento embasa a inserção do símbolo "T"; e (vi) o Projeto de Lei descumpre compromissos internacionais assumidos pelo Brasil, como o Protocolo de Cartagena sobre Biossegurança. "O retrocesso na garantia de informação ao consumidor está em descompasso com a tendência mundial de acesso à informação".[251]

Não é só apenas o símbolo que é alvo de críticas. A rotulagem de alimentos OGMs deveria ser composta por uma série de informações: (i) símbolo, (ii) a rotulagem deve esclarecer a origem e as características dos genes que foram inseridos no alimento ou a partir de quais genes o alimento foi cultivado ou produzido, não se limitando a apenas advertir

---

nº 4.148/2008. *Revista do Programa de Pós-Graduação em Direito da UFC*, v. 37.2, p. 81, jul./dez., 2017.

[248] EFING, Antônio Carlos; GONÇALVES, Bruna Balbi. O direito fundamental à informação na sociedade de consumo e a rotulagem de transgênicos: uma análise do Projeto de Lei nº 4.148/2008. *Revista do Programa de Pós-Graduação em Direito da UFC*, v. 37.2, p. 81, jul./dez., 2017.

[249] ZANINI, Leonardo Estevam de Assis. Os direitos do consumidor e os organismos geneticamente modificados. *In:* LOPEZ, Teresa Ancona; LEMOS, Patrícia Faga Iglecias; RODRIGUES JUNIOR, Otavio Luiz. *Sociedade de risco e direito privado*: desafios normativos, consumeristas e ambientais. São Paulo: Atlas, 2013. p. 314.

[250] MARQUES, Claudia Lima; BERGSTEIN, Laís Gomes; BASSANI, Matheus Linck. A necessária manutenção do direito à informação dos consumidores sobre produtos transgênicos: uma crítica ao Projeto de Lei 34/2015 (4148/2008). *Revista de Direito Ambiental*, v. 91, p. 87-104, jul./set., 2018.

[251] MARQUES, Claudia Lima; BERGSTEIN, Laís Gomes; BASSANI, Matheus Linck. A necessária manutenção do direito à informação dos consumidores sobre produtos transgênicos: uma crítica ao Projeto de Lei 34/2015 (4148/2008). *Revista de Direito Ambiental*, v. 91, p. 87-104, jul./set., 2018.

que o alimento contém OGM ou foi produzido a partir de OGM, para evitar doenças ou reações alérgicas do consumidor.[252] Adicionalmente, defende-se a inclusão na rotulagem dos riscos à saúde e à segurança do consumidor, com informações sobre as respectivas avaliações.[253]

Deixar de passar um dado tido como essencial ao consumidor pode ser entendido como enganosidade por omissão,

> sendo que a omissão influencia diretamente a escolha do consumidor, uma vez que determinando para a realização do contrato, gerando erro em sua formação do contrato de consumo, como na aquisição de alimentos geneticamente modificados.[254]

Ainda, há discussões envolvendo a quantificação do percentual que determina ou não a rotulagem do alimento.[255] O Decreto

---

[252] MOREIRA, Edgard. Alimentos transgênicos e proteção do consumidor. *In:* SANTOS, Maria Celeste Cordeiro Leite. *Biodireito*: ciência da vida, os novos desafios. São Paulo: Editora Revista dos Tribunais Ltda., 2001. p. 240.

[253] Edgard Moreira assim defende a informação essencial de OGMs: "Informação essencial que deve estar presente na rotulagem e em destaque, refere-se aos riscos que o alimento, contendo o gene indicado, possa apresentar à saúde e segurança dos consumidores, indicando os efeitos que podem se verificar e as espécies de pessoas que não devem utilizá-lo. Somente com a informação acerca dos possíveis riscos à saúde, desde que não possuam alto grau de nocividade ou de periculosidade, é que os alimentos transgênicos ou que contenham organismos geneticamente modificados poderão ser colocados no mercado de consumo". (MOREIRA, Edgard. Alimentos transgênicos e proteção do consumidor. *In*: SANTOS, Maria Celeste Cordeiro Leite. *Biodireito*: ciência da vida, os novos desafios. São Paulo: Editora Revista dos Tribunais Ltda., 2001. p. 240).

[254] NORONHA, Daphne Soares de; VIANA, Rui Geraldo Camargo. Alimentos geneticamente modificados e rotulagem: direitos do consumidor e a proteção da saúde pública. *In:* SCALQUETTE, Ana Cláudia Silva; CAMILLO, Carlos Eduardo Nicoletti (Coord.). *Direito e medicina*: novas fronteiras da ciência jurídica. São Paulo: Editora Atlas, 2015. p. 193.
Além disso, os autores destacam que a informação dúbia ou imprecisa e o excesso de informação também podem influenciar e levar a erro o consumidor. (NORONHA, Daphne Soares de; VIANA, Rui Geraldo Camargo. Alimentos geneticamente modificados e rotulagem: direitos do consumidor e a proteção da saúde pública. *In:* SCALQUETTE, Ana Cláudia Silva; CAMILLO, Carlos Eduardo Nicoletti (Coord). *Direito e medicina*: novas fronteiras da ciência jurídica. São Paulo: Editora Atlas, 2015. p. 194).

[255] Ana Elizabeth Lapa Wanderley Cavalcanti destaca que a fixação do percentual de 1% foi realizada de forma arbitrária, sem razão científica. (CAVALCANTI, Ana Elizabeth Lapa Wanderley. *O impacto da rotulagem dos alimentos transgênicos nos direitos da personalidade e na sadia qualidade de vida*. 2006. 350 p. Tese (Doutorado em Direito) – Pontifícia Universidade Católica de São Paulo, São Paulo, 2006. p. 279).
Já, Nelson Nery Junior entende que o "maior ou menor percentual de tolerância varia de acordo com a maior ou menor rigidez na interpretação dos dados científicos a respeito dos alimentos". (NERY JUNIOR, Nelson. Rotulagem dos Alimentos Geneticamente Modificados. *In:* FUKUMA, Patrícia (Coord.). *Biotecnologia no Brasil*: uma abordagem jurídica. São Paulo: Associação Brasileira das Indústrias da Alimentação (ABIA), 2002. p. 226).
Por sua vez, Roberto Freitas Filho é claro: "[s]egundo informações que obtivemos dos técnicos dos Ministérios da Fazenda e da Agricultura, Pecuária e Abastecimento, no âmbito

nº 4.680/2003 não regulamentaria o direito à informação como determina o CDC,

> na medida em que apenas obriga o fornecedor a informar da existência de organismos geneticamente modificados (e mesmo quanto a esses somente quando ultrapassar o percentual de 1%), mas não de qual o alcance em termos de possíveis malefícios desses produtos à saúde de quem os consome.[256]

A grande maioria dos produtos não possui total de OGMs em 1%, mas só de um ou alguns ingredientes. Esse aspecto provocaria a falsa impressão de que o consumidor não estaria consumindo produto que contém OGM, o que acarretaria um desrespeito ao direito de personalidade.[257]

Assim, o correto seria a rotulagem obrigatória de alimentos OGMs, inclusive transgênicos independentemente do percentual de transgenia, "pois somente assim a escolha do consumidor irá refletir precisamente sua vontade, o que nos leva a concluir que não deveria existir o patamar de 1%, previsto no Decreto nº 4.680/2003".[258]

Por outro lado, defende-se que não haveria conflito entre o CDC e o Decreto, porque o Código é regra geral e o Decreto seria norma específica, que regulamenta o disposto no CDC. Para sustentar a harmonia entre o Decreto nº 4.680/2003 e o CDC, são apresentados os seguintes argumentos:

---

dos trabalhos da Comissão que preparou o texto que serviu de base ao Dec. 3.871, de 18.07.2001, sabemos que mesmo à época que vigorou o decreto já havia tecnologia disponível para a detecção de presença de alimentos transgênicos em não transgênico com precisão de 0,1% de um determinado valor total e, dessa forma, entendemos que esse deva ser o máximo permitido de presença não intencional". E, continua explicitando que os custos com a detecção da porcentagem da presença dos OGMs no alimento serão os mesmos, independentemente dos percentuais tolerados. (FREITAS FILHO, Roberto. Alimentos transgênicos, risco do consumidor e ética de responsabilidade. *Revista de Direito do Consumidor*, v. 89, p. 165-202, set./out., 2013).

[256] BARBOSA, Fernanda Nunes. *Informação*: direito e dever nas relações de consumo. São Paulo: Editora Revista dos Tribunais, 2008. p. 131.

[257] CAVALCANTI, Ana Elizabeth Lapa Wanderley. *O impacto da rotulagem dos alimentos transgênicos nos direitos da personalidade e na sadia qualidade de vida*. 2006. 350 p. Tese (Doutorado em Direito) - Pontifícia Universidade Católica de São Paulo, São Paulo, 2006. p. 334.

[258] ZANINI, Leonardo Estevam de Assis. Os direitos do consumidor e os organismos geneticamente modificados. *In:* LOPEZ, Teresa Ancona; LEMOS, Patrícia Faga Iglecias; RODRIGUES JUNIOR, Otavio Luiz. *Sociedade de risco e direito privado*: desafios normativos, consumeristas e ambientais. São Paulo: Atlas, 2013. p. 314.

(i) Seria demasiado custoso e materialmente impossível que a composição de determinado alimento contenha 100% de grau de pureza;[259]

(ii) Seriam aplicáveis os princípios da razoabilidade e da proporcionalidade porque, como há tolerância para a existência de elementos não intencionais em alimentos, é razoável e proporcional fixar grau de tolerância para a presença de OGMs;[260]

(iii) Ao estabelecer o limite de tolerância para a presença de OGM para fins de dispensa de rotulagem, a norma atenderia ao princípio da compatibilização dos interesses do consumidor e o desenvolvimento econômico e tecnológico do país previsto como princípio da PNRC (art. 4º, III, do CDC);[261] e

(iv) A rotulagem ilimitada não protegeria o consumidor, mas tornaria mais difícil o acesso ao mercado de consumo de alimentos para os brasileiros menos afortunados.[262]

O Instituto Brasileiro de Defesa do Consumidor (IDEC) e o Ministério Público Federal (MPF) propuseram ação civil pública contra a União para que esta se abstenha de autorizar/permitir o comércio de qualquer alimento que contenha OGMs, "sem a expressa referência deste dado em sua rotulagem, independentemente do percentual e de qualquer outra condicionante, devendo-se assegurar que todo e qualquer produto geneticamente modificado ou contendo ingrediente geneticamente modificado seja devidamente informado".[263]

A ação civil pública foi julgada procedente, e o TRF1 manteve a sentença, porque prevaleceria o princípio da plena informação ao consumidor,[264] não podendo este ser mitigado por qualquer percentual.[265]

---

[259] NERY JUNIOR, Nelson. Rotulagem dos Alimentos Geneticamente Modificados. *In:* FUKUMA, Patrícia (Coord.). *Biotecnologia no Brasil*: uma abordagem jurídica. São Paulo: Associação Brasileira das Indústrias da Alimentação (ABIA), 2002. p. 220.

[260] NERY JUNIOR, Nelson. Rotulagem dos Alimentos Geneticamente Modificados. *In:* FUKUMA, Patrícia (Coord.). *Biotecnologia no Brasil*: uma abordagem jurídica. São Paulo: Associação Brasileira das Indústrias da Alimentação (ABIA), 2002. p. 226.

[261] COELHO, Fábio Ulhoa. Parecer. *In:* FUKUMA, Patrícia (Coord.). *Biotecnologia no Brasil*: uma abordagem jurídica. São Paulo: Associação Brasileira das Indústrias da Alimentação (ABIA), 2002. p. 33.

[262] COELHO, Fábio Ulhoa. Parecer. *In:* FUKUMA, Patrícia (Coord.). *Biotecnologia no Brasil*: uma abordagem jurídica. São Paulo: Associação Brasileira das Indústrias da Alimentação (ABIA), 2002. p. 34.

[263] Ação Civil Pública nº 2001.34.00.022280-6/DF.

[264] Otavio Luiz Rodrigues Junior questiona a adoção do princípio da informação total: "[...] pode-se chegar ao extremo de condenar os fornecedores por se rastrear a presença de OGM nos alimentos, mesmo quando isso se dê por causas inevitáveis ou em frações insignificantes, cuja identificação se tornará economicamente inviável". (RODRIGUES JUNIOR, Otavio Luiz. Dilemas na regulação legal brasileira da transgenia. *Revista Consultor Jurídico*. Disponível em: https://www.conjur.com.br/2012-set-19/direito-comparado-dilemas-regulacao-legal-brasileira-transgenia. Acesso em: 2 maio 2022).

[265] O processo foi remetido ao STJ e aguarda análise dos recursos especiais interpostos pela União e pela Associação Brasileira das Indústrias de Alimento (ABIA), conforme

Outro processo que discute o tema é a ação civil pública ajuizada também pelo MPF contra a Bunge Alimentos S/A e contra a União.[266] A ação foi julgada parcialmente procedente para determinar (i) à Bunge Alimentos S/A que rotule todos os produtos que contenham ou sejam produzidos a partir de OGMs, apresentando informação acerca da sua existência, independentemente de percentual; e (ii) à União que exija que, na comercialização de alimentos e ingredientes alimentares destinados ao consumo humano/animal que contenham ou sejam produzidos a partir de OGMs, conste informação clara ao consumidor, no rótulo/embalagem do alimento, acerca da existência de OGM, independentemente de percentual. A sentença foi mantida pelo TRF1, destacando que: (i) a Lei nº 11.105/2005 não estabeleceu percentual mínimo, de maneira que não há que se falar em percentual mínimo para rotular produtos que contenham OGMs; (ii) o consumidor deve ter o seu direito de escolha garantido; (iii) alimentos transgênicos e seus derivados devem ser rotulados, sem restrição de percentual de detecção – ou seja, os produtos com percentagem abaixo de 1% de OGM devem ser identificados como de origem OGM, assegurando ao consumidor a liberdade de escolha e o direito à informação; e (iv) manteve a declaração de ilegalidade do art. 2º do Decreto nº 4.680/2003 em face da Lei nº 11.105/2005, porque retira do consumidor a liberdade de escolha e é contrário à norma hierarquicamente superior.[267]

Há críticas à rotulagem especial sob o âmbito econômico:[268] a indústria passaria a ter que desempenhar testes técnicos que determinam a presença e a quantidade de OGM no alimento e tais custos seriam repassados ao consumidor. Assim, não estaria em jogo a segurança do produto com a rotulagem obrigatória, porque o alimento já teria sido aprovado pelo órgão competente, mas apenas o direito de alguns consumidores optarem por não consumir determinado produto.

Em complemento: argumenta-se que o interesse de uma elite gastronômica seria custeado pela massa de consumidores que, em sua grande maioria, adquirem o alimento para apenas "matar a fome" e não estão "preocupados" com a presença ou não de OGM no alimento.

---

andamento processual disponível no website do STJ (REsp nº 1.788.075/DF). Acesso em: 2 maio 2022.

[266] Ação Civil Pública nº 0000471-35.2007.4.01.4000 (2007.40.00.000471-6/PI).

[267] O processo aguarda remessa aos Tribunais Superiores para análise de recursos especiais e extraordinários interpostos pelas partes, conforme andamento processual disponível no website do TRF1. Acesso em: 2 maio 2022.

[268] Por exemplo, COELHO, Fábio Ulhoa. Parecer. *In:* FUKUMA, Patrícia (Coord.). *Biotecnologia no Brasil*: uma abordagem jurídica. São Paulo: Associação Brasileira das Indústrias da Alimentação (ABIA), 2002. p. 1-34.

Diante disso, argumenta-se que os consumidores interessados em adquirir alimentos livres de OGMs devem pagar um preço *premium*, distinto do preço pago pelo alimento convencional.

O argumento não é pacífico: rebate-se com o fato de que os custos do setor produtivo não podem suplantar o exercício do direito da liberdade de escolha dos consumidores. "É certo que há e haverá custos para a produção e é certo também que os alimentos transgênicos serão produzidos e comercializados com o objetivo de lucro".[269]

Há outras críticas:

(i) Identificar as plantas transgênicas seria necessário por postura técnica ou legal e, principalmente, por uma questão de precaução "em relação ao desconhecido, que só será aprimorada com o avanço da tecnologia em seus imprevisíveis desdobramentos, além da própria evolução do sistema agroindustrial brasileiro [...]".[270]

(ii) A rotulagem especial seria resposta imediata e de caráter temporário, uma vez que ela só atesta a presença ou não de OGMs em determinado produto. Não há, no rótulo, mais informações, como os potenciais danos que podem vir a ser causados à saúde da população, como alergias,[271] por exemplo.

Assim, parte da doutrina entende que não estaria respeitado o direito à informação para o fornecedor informar apenas se o alimento contém OGM/transgênico e qual o elemento constante – essa advertência não bastaria para garantir a informação clara, adequada e precisa.[272]

Essa corrente doutrinária entende que, para que o direito à informação fosse devidamente observado, seria necessário que o consumidor tivesse pleno conhecimento dos potenciais benefícios e riscos que possam causar à saúde, bem como origem, natureza, qualidade do produto. E, vai além, caberia ao Estado cumprir o seu papel de informar e educar o indivíduo, bem como incentivar a pesquisa sobre os riscos dos OGMs sobre o meio ambiente, a saúde e a segurança do consumidor.

---

269 FREITAS FILHO, Roberto. Alimentos transgênicos, risco do consumidor e ética de responsabilidade. *Revista de Direito do Consumidor*, v. 89, p. 165-202, set./out., 2013.

270 VIEIRA, Adriana Carvalho Pinto; VIEIRA JUNIOR, Pedro Abel. *Direito dos consumidores e produtos transgênicos*. Curitiba: Juruá, 2008. p. 128.

271 BÜHLER, Gisele Borghi. Relação de consumo. *Revista de Direitos Difusos*, v. 7, p. 857-869, jun., 2001.

272 EFING, Antônio Carlos; BAGGIO, Andreza Cristina; MANCIA, Karin Cristina Borio. A informação e a segurança no consumo de alimentos transgênicos. *Doutrinas Essenciais de Responsabilidade Civil*, v. 5, p. 973-995, out. 2011.

(iii) Os consumidores devem também ser informados quanto à transgenia dos alimentos fornecidos em restaurantes e lanchonetes (origem, composição e características), constando no cardápio ou em outros meios (murais, quadros de avisos, etc.).[273]

(iv) No que diz respeito ao comércio internacional, haveria a necessidade de existir consenso sobre as regras quanto à rotulagem de produtos com OGMs no plano internacional.[274]

No caso de não cumprimento do dever de informar sobre os OGMs, entende-se por defeito de informação. Há quem defenda se tratar de propaganda enganosa e ação comissiva de informar o inverídico,[275] bem como vício de qualidade.[276]

Por fim, o modelo brasileiro não é suficiente, precisando existir um controle administrativo pesado e poderoso:[277]

> O exemplo brasileiro demonstra que as decisões de interdição judiciárias esparsas, as normas administrativas e a normalização abstrata de um direito à informação dos consumidores não são suficientes. É preciso fazer um controle administrativo pesado e poderoso. É preciso uma sociedade

---

[273] MOREIRA, Edgard. Alimentos transgênicos e proteção do consumidor. *In:* SANTOS, Maria Celeste Cordeiro Leite. *Biodireito*: ciência da vida, os novos desafios. São Paulo: Editora Revista dos Tribunais Ltda., 2001. p. 241.

[274] Por exemplo: FREITAS FILHO, Roberto. Alimentos transgênicos, risco do consumidor e ética de responsabilidade. *Revista de Direito do Consumidor*, v. 89, p. 165-202, set./out., 2013; e VIANA, Flávia Batista. Transgênicos: alguns aspectos. *Doutrinas Essenciais de Direito do Consumidor*, v. 3, p. 1291-1317, abr., 2011.

[275] "A importância da rotulagem dos alimentos transgênicos é tão grande que a falta de informação acerca das características genéticas destes alimentos pode ser considerada como propaganda enganosa tanto quanto uma ação comissiva de informar o inverídico, tal qual exposto no item anterior". (BÜHLER, Gisele Borghi. Relação de consumo. *Revista de Direitos Difusos*, v. 7, p. 857-869, jun., 2001).

[276] "[...] considera-se vício de qualidade o descompasso entre as informações constantes de publicidade, embalagem, rotulagem ou recipiente e a realidade de fornecimento [...]". (VIEIRA, Adriana Carvalho Pinto; VIEIRA JUNIOR, Pedro Abel. *Direito dos consumidores e produtos transgênicos*. Curitiba: Juruá, 2008. p. 109).

[277] Entre 2010 e 2015, houve grande movimentação de autoridades, notadamente órgãos de defesa dos consumidores (PROCONs) e Secretaria Nacional do Consumidor (SENACON) do Ministério da Justiça, em fiscalizar produtos que não indicaram a presença de OGMs nos rótulos. Algumas empresas que foram apenadas, com multas que variaram de R$ 270 mil a R$ 1 milhão: J. Macedo S.A, Dr. Oetker Brasil Ltda., Nestlé Brasil Ltda., Pepsico do Brasil Ltda., Adria Alimentos do Brasil Ltda. e Bimbo do Brasil Ltda. A partir de novos documentos emitidos pelo MAPA, em abril de 2020, constata-se a possibilidade de o MAPA vir a adotar uma postura mais rígida para com a fiscalização de rótulos de produtos que contenham OGMs no âmbito de sua atuação. Por meio do Ofício-Circular nº 3/2020, o MAPA deixa claro o seu posicionamento: produtos que contenham OGMs devem ser rotulados, independentemente do percentual de OGMs que contêm.

civil, com associações de defesa do consumidor e um Ministério Público ativo, mas, sobretudo, é preciso desenvolver os instrumentos jurídicos eficazes, para a repressão das fraudes em matéria de informação aos consumidores. O direito à informação dos consumidores não deve encontrar nenhum limite a não ser a determinação científica da presença de OGM, nem de 1%, pois viola fortemente o direito à informação que é total e deve ser definido pela ciência e sua capacidade de detectar o OGM no alimento. Há muitos colorantes e ingredientes que têm uma porcentagem inferior e que são mencionados no rótulo. Se realmente os transgênicos não causam danos à saúde pública, então não há nenhuma razão de não informar os consumidores. A informação sobre os transgênicos é uma informação necessária à saúde e à dignidade humana. A lei brasileira deve ser aperfeiçoada e o governo deve começar um controle eficaz, com pesadas sanções administrativas (e mesmo penais) em caso de violação das regras.[278]

3.4 Comparativo entre experiência estrangeira e nacional

Primeiro, cumpre esclarecer que a divergência internacional – no caso, União Europeia (UE), Estados Unidos e Brasil – sobre a necessidade de rotulagem ou não dos alimentos geneticamente modificados teria base fundamentalmente comercial. As posições seriam tomadas de acordo com os interesses relativos à comercialização desse tipo de produto por cada um dos países.[279]

Comparamos a regulação brasileira e a estrangeira:

(i) Os ordenamentos dos três locais analisados (UE, Estados Unidos e Brasil) entendem que a rotulagem é requisito necessário para a escolha livre e informada do consumidor em consumir ou não um produto que contenha OGM.

(ii) A CE impõe que a rotulagem contenha frase, ao passo que os Estados Unidos impõem símbolo e/ou frase sobre a presença de OGMs nos alimentos.

(iii) Já no Brasil, o sistema adotado é misto: há a obrigatoriedade de pôr frase e símbolo nos rótulos dos produtos.

(iv) O símbolo de OGM utilizado nos Estados Unidos é mais suave do que o utilizado no Brasil que, geralmente, é associado a algo perigoso/venenoso.

---

[278] MARQUES, Cláudia Lima. Organismos Geneticamente Modificados, Informação e Risco da "Novel Food": O Direito do Consumidor Desarticulado? *Revista Cadernos do Programa de Pós-Graduação em Direito/UFRGS*, v. 3, n. 6, p. 123, 2005.

[279] FREITAS FILHO, Roberto. Alimentos transgênicos, risco do consumidor e ética de responsabilidade. *Revista de Direito do Consumidor*, v. 89, p. 165-202, set./out., 2013.

(v) Regulações estadunidense e europeia impõem a rotulagem aos produtos que contêm OGM como regra geral.

A exceção (em casos acidental ou tecnicamente inviável) é que demonstra o posicionamento das localidades: (i) os Estados Unidos estabeleceram o limite de 5% para cada ingrediente; e (ii) a CE estabeleceu o limite de 0,9% dos ingredientes que compõem o alimento ou o próprio produto.

Ou seja, a regulação transmite o posicionamento rigoroso da CE quanto aos OGMs e o posicionamento favorável dos Estados Unidos aos OGMs.

O Brasil adotou um posicionamento intermediário. A regra é a métrica do percentual de 1% do produto, independentemente se for proposital, acidental ou tecnicamente inviável.

(vi) O Brasil é o único das localidades investigadas que determina: (a) a inserção de advertência nos alimentos e ingredientes produzidos a partir de animais alimentados com ração contendo ingredientes transgênicos (a legislação estadunidense é clara e expressa ao não considerar esses alimentos como OGMs); e (b) a informação do consumidor sobre a espécie doadora do gene no local de identificação dos ingredientes.

(vii) A legislação dos Estados Unidos apresenta também características únicas: considera o tamanho e tipo do estabelecimento para estipular suas regras e adota diversas formas para compartilhar a informação com o consumidor, inclusive adotando vias tecnológicas, o que faz ressaltar que a legislação estaria em consonância com o desenvolvimento tecnológico de seu tempo.

Quanto a incorporar a experiência estrangeira na legislação brasileira, tem-se que:

(i) O Brasil cumpre com o requisito de informar o consumidor quanto à presença de OGMs nos produtos que os possui ou que são elaborados a partir de OGMs, inclusive sobre alimentos e ingredientes produzidos a partir de animais alimentados com ração contendo ingredientes transgênicos.

(ii) Quanto ao requisito de obrigatoriedade da informação, o Brasil adotou a métrica de percentual relativamente pequeno.

(iii) No que diz respeito ao símbolo adotado pelo Brasil, concluímos que ele seria extremamente chamativo, com potencial desvirtuamento de sua finalidade. Por outro lado, o símbolo dos Estados Unidos é mais suave, não "assustando" o consumidor.

Em razão de ser muito chamativo, o símbolo de alimentos OGMs do Brasil é bastante criticado, remetendo a substância perigosa, venenosa, aspecto que (i) desvirtuaria a sua finalidade, que seria apenas de informar o consumidor sobre a composição do produto; (ii) pode afetar a comercialização dos produtos que contêm OGM; e (iii) faria o consumidor entender que o Governo não aprovaria esse tipo de produto.

(iv) A doutrina estrangeira defende que a advertência "Contém OGM" seria mais eficiente do que a advertência "Não contém OGM". No Brasil, as expressões para designar a presença de OGM são afirmativas, de maneira que está em consonância com a posição estrangeira.

(v) Deve-se considerar também a evolução da legislação dos Estados Unidos, sobretudo com relação às formas pelas quais os consumidores são informados, como via *link* digital ou eletrônico e telefone. A princípio, considerando a desigualdade da população brasileira, adotar um *link* digital ou eletrônico constituiria obstáculo ao consumidor.

Diante disso, sobre informar o consumidor quanto à presença de OGMs em alimentos, a legislação brasileira está em consonância com a experiência estrangeira. Aparentemente, a questão que pode ser discutida diz respeito à forma do símbolo aposto nas rotulagens dos produtos, sobre adicionar algumas características dos OGMs que compõem o alimento e a evolução de formas em como compartilhar a informação com os consumidores, considerando logicamente as características da população brasileira.

É indiscutível que a informação não atingirá todos os consumidores brasileiros e que, portanto, a livre escolha do consumidor não restará garantida e/ou realizada em todas as situações. Em outras palavras, não se deve procurar uma "fórmula de rotulagem" que atingirá todos os consumidores, possibilitando a livre escolha, porque ela não existe. Contudo, pode-se defender que a rotulagem especial deve apresentar algumas características que, no momento, são ausentes e que auxiliariam e permitiriam a livre escolha do consumidor. Sob a nossa perspectiva: (i) a rotulagem especial deve ser obrigatória, tal como é; (ii) a rotulagem especial deve independer de percentual (isto é, havendo OGMs no alimento, isso deve ser informado ao consumidor, não importando o quanto de OGMs o alimento contém); (iii) o símbolo deve ser alterado, passando para símbolo que chame a atenção do consumidor, mas que seja mais sútil, menos alarmoso; (iv) esclarecer origem, características do gene inserido no alimento, para evitar doenças ou reações alérgicas do consumidor; e (v) apontar os riscos à saúde e à segurança ao consumidor, como alergias e/ou intolerâncias alimentares. No momento, não se deve procurar adotar medidas tecnológicas para informar, como *links* e/ou *QR Codes*. A maneira tradicional (informar na rotulagem) é a ideal. Adicionalmente, defendemos que o Estado deve educar e informar os indivíduos e incentivar a pesquisa com OGMs, em especial sobre seus riscos à saúde e ao meio ambiente, bem como à segurança no consumo, como será discutido adiante. Promover políticas públicas para que empresas/cientistas continuem a estudar o OGM também é indispensável.

Por fim, há a preocupação com a diferença existente entre os padrões de regulação, porque pode dar origem à criação de barreiras ao comércio e maior confusão entre os consumidores. Conclui-se: "[a]mbas as circunstâncias, a falta de harmonização das regulações e a aceitação ou não por parte do consumidor constituem-se fatores essenciais dos quais dependerá o comércio global de alimentos transgênicos em um futuro próximo".[280]

[280] LAPEÑA, Isabel. Da rotulagem de produtos transgênicos. *In:* VARELLA, Marcelo Dias; BARROS-PLATIAU, Ana Flávia (Org.). *Organismos Geneticamente Modificados*. Belo Horizonte: Del Rey, 2005. p. 168.

DESAFIOS DOS ORGANISMOS GENETICAMENTE MODIFICADOS AOS DIREITOS FUNDAMENTAIS E AOS DIREITOS DA PERSONALIDADE

4.1 Necessidade de aprimorar o conhecimento e a participação da sociedade em matéria de OGMs

Sabe-se que há a necessidade de aprimorar o conhecimento da sociedade sobre OGMs, porque ele é baixo.[281] [282] Vide, por exemplo, os dados de pesquisa realizada pelo *Food Policy Institute at Rutgers University*,[283] em 2004: (i) 48% dos entrevistados tinham conhecimento de que OGMs estavam disponíveis nos supermercados; (ii) apenas 31% dos entrevistados acreditava que tinha consumido um produto OGM;

[281] As opiniões sobre os OGMs variam de acordo com o país, grupo social e com a idade. (BONNY, Sylvie. Por que a maioria dos europeus se opõe aos organismos geneticamente modificados? Fatores desta rejeição na França e na Europa. *In:* VARELLA, Marcelo Dias; BARROS-PLATIAU, Ana Flávia (Org.). *Organismos Geneticamente Modificados*. Belo Horizonte: Del Rey, 2005. p. 213, 221).

[282] A situação dos consumidores brasileiros é precária, por conta da falta de informação clara e precisa, da educação fundamental e da má distribuição de renda. E, "[...] a sociedade brasileira ainda não foi ouvida como deveria, ou seja, com ampla informação sobre o processo e significado da aplicação das técnicas da biotecnologia moderna no campo da alimentação, para que seja possível direcionar os interesses a respeito desse assunto". (CAVALCANTI, Ana Elizabeth Lapa Wanderley. *O impacto da rotulagem dos alimentos transgênicos nos direitos da personalidade e na sadia qualidade de vida*. 2006. 350 p. Tese (Doutorado em Direito) – Pontifícia Universidade Católica de São Paulo, São Paulo, 2006. p. 21-22).

[283] GATTO, Kelsey A.; WUNDERLICH, Shahla. Consumer Perception of Genetically Modified Organisms and Sources of Information. *Advances in Nutrition*, v. 6, p. 843, nov. 2015.

(iii) 48% dos entrevistados declararam ter pouco conhecimento sobre OGMs, sendo que, entre esses, (a) 30% declararam que sabiam uma quantidade justa de informações sobre OGMs; (b) 16% declararam que não sabiam nada sobre OGM; e (c) apenas 5% declararam que realmente tinham conhecimento sobre OGMs.

Em nova pesquisa da *Rutgers University*,[284] em 2013, (i) 43% dos entrevistados sabiam que OGMs eram vendidos em supermercados; (ii) 26% acreditavam que provavelmente já tinham consumido alimento OGM; (iii) 54% dos participantes informaram que possuíam pouco ou nenhum conhecimento sobre a matéria; e (iv) 25% dos entrevistados admitiu que nunca tinham ouvido falar dos OGMs.

No que diz respeito às fontes de informações sobre OGMs, estudos destacam que as mídias são utilizadas como principal método de comunicação. A mídia pode ser um veículo bom para atingir um número grande de pessoas, porém, a precisão da mensagem final pode ser insuficiente.[285] Em uma pesquisa mais acurada, (i) 73% dos entrevistados declararam que obtiveram informações sobre alimentos OGMs por meio da internet; (ii) 63,6%, por meio da televisão; (iii) 54,5%, de pessoas próximas (amigos e familiares); (iv) 36,4%, por meio do rádio; (v) 22,7%, a partir de jornais e revistas e, apenas, (vi) 13,6% obtiveram a partir de estudos científicos.[286]

Ainda que os Estados Unidos sejam grandes defensores dos OGMs, os consumidores ainda não possuem uma boa percepção sobre os OGMs naquele país. Para combater a situação e a ausência de informação pelo consumidor, o *U.S. Food and Drug Administration*, a *U.S. Environmental Protection Agency* e o *U.S. Department of Agriculture* lançaram a iniciativa *"Feed Your Mind"*[287] para o consumidor aprimorar o seu conhecimento, especialmente a respeito do que são os OGMs, como são produzidos, como afetam a saúde dos consumidores, qual é a importância para os Estados Unidos e para o mundo. Como a iniciativa foi lançada em março de 2020, ainda é cedo para atestar a sua eficácia. Contudo, parece ser um bom exemplo de plataforma para educar os consumidores.

---

[284] GATTO, Kelsey A.; WUNDERLICH, Shahla. Consumer Perception of Genetically Modified Organisms and Sources of Information. *Advances in Nutrition*, v. 6, p. 843-845, nov. 2015.

[285] GATTO, Kelsey A.; WUNDERLICH, Shahla. Consumer Perception of Genetically Modified Organisms and Sources of Information. *Advances in Nutrition*, v. 6, p. 845, nov. 2015.

[286] GATTO, Kelsey A.; WUNDERLICH, Shahla. Consumer Perception of Genetically Modified Organisms and Sources of Information. *Advances in Nutrition*, v. 6, p. 845, nov. 2015.

[287] Para mais informações: https://www.fda.gov/food/consumers/agricultural-biotechnology.

Outro exemplo de plataforma on-line é a "*GMO Answers*",[288] que busca auxiliar na compreensão das informações sobre os OGMs em alimentos e na agricultura. "*GMO Answers*" é composta por especialistas, divididos em independentes, integrantes de companhias de biotecnologia, de terceiras partes (como organizações) e embaixadores. A "*GMO Answers*" parece também ser um bom exemplo de iniciativa. Porém, suas publicações e manifestos devem ser vistos com parcimônia, ainda que se tenha adotado princípios que sustentam a sua neutralidade,[289] considerando que há a participação de empresas de biotecnologia na iniciativa, inclusive com financiamento.[290]

No Brasil, foi conduzida pesquisa sobre a percepção da sociedade em relação aos OGMs pelo CIB e pelo CONECTA, empresa do Grupo IBOPE.[291] Os dados devem ser avaliados com cuidado, considerando a metodologia empregada: (i) a pesquisa foi conduzida por meio de questionário on-line, via cadastramento voluntário; (ii) a maioria dos participantes da pesquisa, 48%, era do Sudeste; e (iii) poucas pessoas foram ouvidas, apenas 2.011.

Sabe-se que uma parte considerável da população brasileira não tem acesso à internet e que a parte que possui acesso já apresenta grau de conhecimento e alfabetização, ao menos, considerável se comparado com o resto da população. Além disso, a região Sudeste apresenta um grau de desenvolvimento maior que outras regiões do país. A quantidade de pessoas que participaram da pesquisa (2.011), se comparada com a população brasileira (mais do 214 milhões[292]), é ínfima.

---

[288] Para mais informações: https://gmoanswers.com/.

[289] A iniciativa adotou cinco princípios: (i) respeitar as pessoas e o seu direito de escolha; (ii) receber e responder perguntas sobre tópicos relacionados aos OGMs; (iii) tornar informações, pesquisas e dados sobre OGMs de fácil acesso; (iv) apoiar os agricultores no cultivo das plantações de forma mais eficiente; e (v) respeitar o direito dos agricultores em escolher as sementes que são melhores para suas fazendas, negócios e comunidades, incluindo opções não transgênicas.

[290] A plataforma é financiada por membros da *CropLife International*, que é uma associação internacional que promove a tecnologia na agricultura, como pesticidas e plantas biotecnológicas. A *CropLife International* é composta por companhias (como BASF, Bayer, Corteva e Syngenta) e associações.

[291] CIB. Conselho de Informações sobre Biotecnologia; CONECTA. *Estudo de percepção sobre transgênicos na produção de alimentos*, 2016. Disponível em: https://d335luupugsy2.cloudfront.net/cms/files/50569/15274496772016.01.19.Ibope.Volume_Final_v6.pdf. Acesso em: 2 maio 2022.

[292] Segundo projeção da população realizada pelo IBGE. Instituto Brasileiro de Geografia e Estatística. *População – Projeção da população do Brasil e das Unidades da Federação*. Disponível em: https://www.ibge.gov.br/apps//populacao/projecao/. Acesso em: 2 maio 2022.

Alguns aspectos da pesquisa se destacam:

(i) Os principais veículos de informação sobre as fontes de informação no quesito "interesse e percepção sobre os impactos da ciência" foram, respectivamente: (a) internet, com 79%; (b) televisão com 62%; (c) documentários científicos, com 58%; (d) revistas sobre curiosidades científicas, com 35%; (e) artigos em jornais, com 34%; e (f) revistas científicas, com 18%. Uma pequena parcela dos participantes da pesquisa (4%) respondeu que não se informa a respeito de temas relacionados à ciência.

O quesito não foi especificamente sobre as fontes de informação de OGMs, mas sobre temas relacionados à ciência em geral.[293] Porém, demonstra que os principais meios para se obter informações ainda são meios não científicos (internet e televisão representam um percentual considerável). Ainda assim, os meios de científicos são procurados.

(ii) Ao serem questionados sobre o conceito de alimento transgênico, 80% dos participantes associaram a tecnologia à afirmativa de que são alimentos que receberam alguma modificação.

Porém, nenhum dos participantes soube enumerar, com exatidão, as culturas de OGMs disponíveis no Brasil.

Isso demonstra que haveria um déficit quanto às informações sobre a agricultura do país, ainda que a agricultura desempenhe um grande papel na economia.

(iii) Os participantes atribuíram aos OGMs características negativas, notadamente relacionadas à sua segurança: (a) 44% dos participantes afirmaram que eles são pouco testados; (b) para 33%, os OGMs fazem mal; e (c) para 29%, causam reações alérgicas.

Ou seja, a percepção sobre os OGMs é negativa.

(iv) Quanto ao consumo de OGMs, os participantes foram questionados se sabiam que já teriam consumido OGMs. Setenta e três por cento dos participantes responderam que já tinham consumido, enquanto 23% responderam que não sabiam e 4%, que não tinham consumido.

Aos participantes que responderam "não" ou "não sei", foi realizada pergunta extra, quanto à possibilidade de consumir. As respostas

---

[293] A pergunta aos participantes foi: "Como você se informa a respeito dos temas relacionados à ciência?". Os participantes poderiam selecionar mais de uma opção – outro aspecto a ser considerado na avaliação da pesquisa.

foram: 13% responderam que "com certeza consumiriam"; 46%m que "provavelmente consumiriam"; 12%, que "provavelmente não consumiriam"; 6%, "com certeza não consumiriam" e 23%, "não sabem". Ou seja, 59% dos participantes se mostraram abertos a experimentar alimentos com OGMs.

(v) O último aspecto questionado contém informação interessante: há um distanciamento do público com relação à ciência básica e suas interfaces com o cotidiano. Apenas 17% dos participantes responderam saber que também ingerem Ácido Desoxirribonucleico (DNA) ao se alimentarem de carnes, frutas, verduras e legumes. E 73% dos entrevistados demonstram preocupação em ingerir DNA.

Na conclusão da pesquisa, o CIB e a CONECTA são categóricos: "[d]e um modo geral, é possível dizer que os resultados desse levantamento mostram que ainda há muito a ser comunicado sobre tecnologia na agricultura e sobre transgênicos no Brasil".[294]

Os dados comprovam, ao menos, dois fatos: (i) o conhecimento da população sobre OGMs é baixo, de maneira que impor uma rotulagem obrigatória pode não atingir a sua finalidade, porque os consumidores não sabem o significado de OGM; e (ii) a percepção do consumidor é a de que a informação sobre o OGM em si é fundamental para o exercício da sua liberdade de escolha.[295]

Especificamente no âmbito dos OGMs, o Protocolo de Cartagena sobre Biossegurança da Convenção sobre Diversidade Biológica (Decreto nº 5.705/2006) dedica o art. 23 para a conscientização e a participação pública. Em síntese, determina que: (i) cabe às partes promover e facilitar a conscientização, a educação e a participação pública em temas sobre os OGMs, levando em conta os riscos para a saúde humana; e (ii) cabe às partes consultar a sociedade durante o processo de tomada de decisão sobre os OGMs e tornar público o resultado das decisões.

Há, ainda, a Emenda à Convenção sobre Acesso à Informação, Participação Pública na Tomada de Decisões e Acesso à Justiça em Questões Ambientais[296] que inseriu disposições relacionadas aos OGMs na

[294] CIB. Conselho de Informações sobre Biotecnologia; CONECTA. *Estudo de percepção sobre transgênicos na produção de alimentos*, 2016. Disponível em: https://d335luupugsy2.cloudfront.net/cms/files/50569/15274496772016.01.19.Ibope.Volume_Final_v6.pdf. Acesso em: 2 maio 2022.

[295] FREITAS FILHO, Roberto. Alimentos transgênicos, risco do consumidor e ética de responsabilidade. *Revista de Direito do Consumidor*, v. 89, p. 165-202, set./out., 2013.

[296] ORGANIZAÇÃO DAS NAÇÕES UNIDAS. *Convention on access to information, public participation in decision-making and access to justice in environmental matters.*

Convenção sobre Acesso à Informação, Participação Pública na Tomada de Decisões e Acesso à Justiça em Questões Ambientais (Convenção de Aarhus).[297] [298] As disposições podem ser resumidas na disponibilização de informação e participação do público prévias em decisões de liberação no ambiente e na comercialização de OGMs.

Para discutir a conscientização pública, o acesso à informação e a participação pública em questões envolvendo OGMs no âmbito do Protocolo de Cartagena e Convenção de Aarhus, em dezembro de 2019, foi realizada uma convenção pelo Conselho Econômico e Social da Organização das Nações Unidas (ONU).[299] Alguns obstáculos foram levantados, como:

(i) Compartilhar a informação de forma proativa, assim que se tornar disponível, e de forma que os dados sejam facilmente compreendidos.

AARHUS, DENMARK, 25 june 1998. Disponível em: https://treaties.un.org/doc/Treaties/2005/05/20050527%2008-35%20AM/Ch_XXVII_13_bp.pdf. Acesso em: 2 maio 2022.

[297] A Convenção sobre Acesso à Informação, Participação Pública na Tomada de Decisões e Acesso à Justiça em Questões Ambientais, conhecida como Convenção de Aarhus, confere ao público direitos amplos e concretos de participar na tomada de decisões e acesso à informação e justiça em relação ao meio ambiente. A Convenção de Aarhus se divide em três pilares: (i) acesso à informação ambiental: seria o direito de receber informação ambiental em posse do poder público; (ii) participação pública na tomada de decisões ambientais: seria o direito de participar na tomada de decisões ambientais. Autoridades devem adotar medidas para viabilizar a participação do público e de organizações ambientais não governamentais em, por exemplo, propostas de projetos / planos que afetem o meio ambiente, sendo que os comentários devem ser levados em consideração na tomada de decisões. As razões devem ser compartilhadas com o público; e (iii) acesso à justiça: seria o direito de contestar decisões que teriam sido tomadas sem observância do acesso à informação e da participação pública na tomada de decisões. (ORGANIZAÇÃO DAS NAÇÕES UNIDAS. *Convention on access to information, public participation in decision-making and access to justice in environmental matters*. AARHUS, DENMARK, 25 june 1998. Disponível em: https://treaties.un.org/doc/Treaties/2005/05/20050527%2008-35%20AM/Ch_XXVII_13_bp.pdf. Acesso em: 2 maio 2022).

[298] Em 2018, países da América Latina e do Caribe, inclusive o Brasil, pactuaram o Acordo Regional sobre Acesso à Informação, Participação Pública e Acesso à Justiça em Assuntos Ambientais na América Latina e no Caribe. O Acordo Regional é similar à Convenção de Aarhus, visando garantir o direito das pessoas ao acesso à informação, oportuna e adequadamente; a participar, significativamente, nas decisões que afetam vidas e ambiente; e a ter acesso *à justiça quando os referidos direitos forem violados. (ORGANIZAÇÃO DAS NAÇÕES UNIDAS. Regional agreement on access to information, public participation and justice in environmental matters in Latin America and the Caribbean*, 2018. Disponível em: https://treaties.un.org/doc/Treaties/2018/03/20180312%2003-04%20PM/CTC-XXVII-18.pdf. Acesso em: 2 maio 2022).

[299] ORGANIZAÇÃO DAS NAÇÕES UNIDAS. *Economic Commission for Europe Meeting of the Parties to the Convention on Access to Information, Public Participation in Decision-making and Access to Justice in Environmental Matters*, july. 2020. Disponível em: https://www.unece.org/fileadmin/DAM/env/pp/wgp/WGP_24/ODS/ECE_MP.PP_WG.1_2020_6_E.pdf. Acesso em: 2 maio 2022.

(ii) Promover o intercâmbio de informações entre autoridades, empresas, *stakeholders* e organizações sociais.

(iii) Fornecer informações previamente a processos de tomadas de decisões sobre OGMs.

(iv) Fornecer o acesso a informações corretas e completas, garantindo que as informações públicas possam ser reutilizadas e compartilhadas. Ao mesmo tempo, as informações devem ser simples, o que seria um desafio, porque os dados sobre OGMs possuem termos muito técnicos e científicos.

Além disso, a informação deve ser disponibilizada em diferentes formatos, científicos e não científicos, via websites e outras fontes com dados brutos e representações visuais.

(v) Autoridades públicas devem (a) desenvolver estratégias de comunicação para diferentes grupos-alvo e meios de comunicação (por exemplo, jornais, redes sociais, televisão, cartazes em locais públicos, adesivos e materiais de imprensa); e (b) promover o uso de diferentes plataformas para trocar informações, ferramentas e métodos de comunicação interativos para aumentar a conscientização sobre OGMs.

Nesse aspecto, haveria dificuldades extras como altos custos e consciência limitada de jornalistas.

Uma saída seria, previamente à adoção de atividade de comunicação, realizar pesquisa para identificar as necessidades do público.

(vi) A implementação de processos eficazes de participação pública pode ser insuficiente e lenta. A participação pública pode ser difícil de realizar sem que haja a rotulagem de produtos OGMs.

Há a necessidade de envolvimento dos mais diversos grupos populacionais (do urbano ao rural), com diferentes níveis de escolaridades, idades e profissões.

Uma melhor participação pública requer treinamento de jornalistas e de comunidades locais para terem conhecimento sobre o assunto, bem como treinamento das próprias autoridades sobre a participação pública em questões envolvendo OGMs.

(vii) A tomada de decisão em questões relacionadas a OGMs precisa levar em consideração o conhecimento técnico-científico, valores humanos, princípios éticos e preocupações religiosas e considerar o direito à autodeterminação dos indivíduos.

De maneira simplória e resumida, os obstáculos e desafios relacionados aos OGMs são: (i) falta de conhecimento da população e da mídia sobre o tema; (ii) dificuldade em acessar informação sobre OGMs; (iii) ausência de efetiva participação da sociedade em processos decisórios; e (iv) lobby das empresas donas de produtos OGMs.[300] A solução seria promover e facilitar a educação, a informação/conscientização e a participação pública na tomada de decisões sobre OGMs. A implementação é complexa e difícil.

4.1.1 Educação

A falta de conhecimento/educação é que pode impedir uma escolha livre e informada do consumidor quanto a consumir ou não um alimento OGM. É necessário educar os consumidores.[301] A educação seria a principal arma para criar uma consciência social adequada. Nesse sentido, a introdução de qualquer programa de rotulagem deve ser acompanhada de programa de educação.[302]

A melhora da informação e da educação dos consumidores é um dos objetivos do Programa Plurianual <<Consumidores>> da UE,[303] para

---

[300] Há o descompasso normativo envolvendo OGMs como outra dificuldade: "(...) em matéria de OGM's, alguns países ainda não têm regulamentações; outros têm legislação que se refere aos riscos para saúde; outros preocupam-se com a saúde e meio ambiente; outros, com controle, regulamentação, etiquetagem. Ou seja, há um descompasso normativo entre os países. Ocorre que a globalização, associada ao comércio internacional, aumenta o risco de propagar riscos sanitários em nível mundial". (NEVES, Helena Telino. O que comemos?! Aspectos jurídicos sobre segurança alimentar na produção de animais geneticamente modificados para consumo humano. *In:* NEVES, Helena Telino (Coord.). *Direito à alimentação e segurança alimentar*. Curitiba: Juriá, 2017. p. 161).

[301] *"Surveys show that large percentages of consumers are unaware of GMO or do not fully understand GM products, their traits, and their effects, and they themselves are dissatisfied with their self-rated knowledge, indicating a desire and a need for widespread consumer education."* (GATTO, Kelsey A.; WUNDERLICH, Shahla. Consumer Perception of Genetically Modified Organisms and Sources of Information. *Advances in Nutrition*, v. 6, p. 849, nov. 2015).

[302] EINSIEDEL, Edna. Consumers and GM Food Labels: Providing Information or Sowing Confusion? *The Journal of Agrotechnology Management & Economics*, v. 3, n. 4, 2000. Disponível em: www.agbioforum.org/v3n4/v3n4a09-einsiedel.htm. Acesso em: 2 maio 2022.

[303] Regulamento (UE) nº 254/2014: "Art. 3º - Objetivos específicos e indicadores - 1. O objetivo geral referido no art. 2º deve ser realizado através dos seguintes objetivos específicos: [...] b) Objetivo II – Informação e educação dos consumidores e apoio às organizações dos consumidores: melhorar a educação e a informação dos consumidores e sensibilizá-los para os seus direitos, criar a base de dados para a política dos consumidores e prestar apoio às suas organizações, tendo designadamente em conta as necessidades específicas dos consumidores vulneráveis [...]. Art. 4º - Ações elegíveis - Os objetivos específicos referidos no art. 3º devem ser atingidos por meio das ações elegíveis descritas na lista seguinte: [...] b) No âmbito do objetivo II – Informação e educação dos consumidores e apoio às organizações dos consumidores: [...] 6) Maior transparência dos mercados de consumo e da informação aos consumidores, a fim de garantir que estes disponham de dados comparáveis, fiáveis e de fácil acesso, inclusive nos casos transfronteiriços, que lhes permitam comparar não só

o período de 01.01.2014 a 31.12.2020. O Anexo I do Regulamento (UE) nº 254/2014 contém as ações que podem ser adotadas para melhorar a informação e a educação dos consumidores:

> Objetivo II - melhorar a educação e a informação dos consumidores e sensibilizá-los para os seus direitos, criar uma base de dados que informe a política dos consumidores e prestar apoio às suas organizações, tendo também em conta as necessidades específicas dos consumidores vulneráveis
> Informação e educação dos consumidores e apoio às suas organizações:
> [...]
> 6. Maior transparência dos mercados de consumo e da informação aos consumidores, a fim de garantir que estes disponham de dados comparáveis, fiáveis e de fácil acesso, inclusive nos casos transfronteiriços, que lhes permitam comparar não só preços, mas também a qualidade e sustentabilidade dos produtos e serviços
> a) Campanhas de sensibilização sobre questões que afetam os consumidores, designadamente através da realização de ações conjuntas com os Estados-Membros;
> b) Ações destinadas a reforçar a transparência dos mercados de consumo, designadamente no domínio dos produtos financeiros de retalho, da energia, das tecnologias digitais, das telecomunicações e dos transportes;
> c) Ações destinadas a facilitar o acesso dos consumidores a informações pertinentes, comparáveis, fiáveis e de fácil acesso sobre bens, serviços e mercados, nomeadamente sobre os preços e sobre a qualidade e sustentabilidade dos bens e serviços, em linha ou por outros meios, por exemplo, através de sítios de comparação na Internet e da adoção de medidas que garantam a alta qualidade e a fiabilidade desses sítios, inclusive nos casos de transações transfronteiriças;
> d) Ações destinadas a melhorar o acesso dos consumidores a informações sobre o consumo sustentável de bens e serviços;
> e) Apoio a eventos relacionados com a política dos consumidores da União organizados pelo Estado-Membro que exerce a presidência das formações do Conselho, com exceção da dos Negócios Estrangeiros, sobre questões que se insiram nas prioridades de ação da União; [...]
> h) Apoio à comunicação sobre questões relativas aos consumidores, designadamente incentivando os meios de comunicação social a

---

preços, mas também a qualidade e sustentabilidade dos produtos e serviços, 7) Melhoria da educação dos consumidores encarada como um processo de aprendizagem ao longo da vida, com particular incidência nos consumidores vulneráveis". (UNIÃO EUROPEIA. *Regulamento (UE) nº 254/2014 do Parlamento Europeu e do Conselho de 26 de fevereiro de 2014.* Disponível em: https://eur-lex.europa.eu/legal-content/PT/TXT/PDF/?uri=CELEX:32014R0254&from=ES. Acesso em: 2 maio 2022).

divulgarem informações corretas e pertinentes sobre as questões de consumo.
7. Melhoria da educação dos consumidores encarada como um processo de aprendizagem ao longo da vida, com particular incidência nos consumidores vulneráveis
a) Criação de uma plataforma interativa para o intercâmbio das melhores práticas e de materiais didáticos para a educação dos consumidores ao longo da vida, com especial incidência nos consumidores vulneráveis, com dificuldades em compreender a informação que lhes é destinada e em aceder a ela, para evitar que sejam enganados;
b) Conceção de medidas e materiais educativos, em colaboração com as partes interessadas (tais como autoridades nacionais, professores, organizações de consumidores e intervenientes no terreno), nomeadamente através da utilização (por exemplo, recolha, compilação, tradução e divulgação) de material elaborado a nível nacional ou no âmbito de iniciativas anteriores, em suportes variados, incluindo o suporte digital, sobre os direitos dos consumidores, incluindo questões transfronteiriças, a saúde e a segurança, a legislação da União em matéria de direitos dos consumidores, o consumo sustentável e ético, incluindo os sistemas de certificação da União, e a literacia financeira e mediática.[304]

Nas Nações Unidas, os temas informação e educação do consumidor são antigos: foram tratados na Resolução da Assembleia Geral nº 39/248, de 16 de abril de 1985. Por sua vez, a Resolução da Assembleia Geral nº 70/186[305] determina, em síntese, que: (i) os Estados-Membros devem desenvolver ou incentivar programas gerais de educação e informação ao consumidor, levando em conta a cultura local. Além disso, deve-se adotar especial atenção para as necessidades dos consumidores vulneráveis e desfavorecidos (item 42); (ii) a educação do consumidor deve ser parte integrante do currículo básico do sistema educacional (item 43); (iii) os programas de educação e informação ao consumidor devem abarcar aspectos importantes da proteção do consumidor, englobando a rotulagem de produtos (item 44); (iv) os Estados-Membros devem incentivar as organizações de consumidores e grupos interessados, inclusive a mídia, a realizar programas de educação e informação (item 45); (v) os fornecedores devem, quando apropriado, empreender ou participar de programas de educação e de

304 UNIÃO EUROPEIA. *Regulamento (UE) nº 254/2014 do Parlamento Europeu e do Conselho de 26 de fevereiro de 2014*. Disponível em: https://eur-lex.europa.eu/legal-content/PT/TXT/PDF/?uri=CELEX:32014R0254&from=ES. Acesso em: 2 maio 2022.

305 A Resolução da Assembleia Geral nº 70/186 revisou a Resolução da Assembleia Geral nº 39/248.

consumo relevantes (item 46); (vi) diante da necessidade de alcançar os consumidores rurais e analfabetos, os Estados-Membros devem desenvolver ou incentivar programas de informação ao consumidor nos meios de comunicação de massa ou através de outros meios que atinjam esses consumidores (item 47); e (vii) os Estados-Membros devem organizar ou incentivar programas de treinamento para educadores, profissionais da mídia de massa e consultores para permitir que participem na execução de programas de informação e educação (item 48).[306]

No Brasil, o nível de instrução (que indica o nível educacional de cada pessoa, independentemente da duração dos cursos frequentados) é baixo. De acordo com os dados do módulo de Educação da Pesquisa Nacional por Amostra de Domicílios Contínua (PNAD-Contínua) de 2019,[307] realizado pelo Instituto Brasileiro de Geografia e Estatística (IBGE), a proporção das pessoas de 25 anos ou mais que finalizaram a educação básica obrigatória (ou seja, no mínimo concluíram o Ensino Médio) é de 48,8%. Os dados complementares são alarmantes:

---

[306] No original: "*G. Education and information programmes 42. Member States should develop or encourage the development of general consumer education and information programmes, including information on the environmental impacts of consumer choices and behaviour and the possible implications, including benefits and costs, of changes in consumption, bearing in mind the cultural traditions of the people concerned. The aim of such programmes should be to enable people to act as discriminating consumers, capable of making an informed choice of goods and services, and conscious of their rights and responsibilities. In developing such programmes, special attention should be given to the needs of vulnerable and disadvantaged consumers, in both rural and urban areas, including low-income consumers and those with low or non-existent literacy levels. Consumer groups, business and other relevant organizations of civil society should be involved in these educational efforts. 43. Consumer education should, where appropriate, become an integral part of the basic curriculum of the educational system, preferably as a component of existing subjects. 44. Consumer education and information programmes should cover such important aspects of consumer protection as the following: [...] (c) Product labelling. 45. Member States should encourage consumer organizations and other interested groups, including the media, to undertake education and information programmes, including on the environmental impacts of consumption patterns and on the possible implications, including benefits and costs, of changes in consumption, particularly for the benefit of low-income consumer groups in rural and urban areas. 46. Businesses should, where appropriate, undertake or participate in factual and relevant consumer education and information programmes. 47. Bearing in mind the need to reach rural consumers and illiterate consumers, Member States should, as appropriate, develop or encourage the development of consumer information programmes in the mass media or through other delivery channels that reach such consumers. 48. Member States should organize or encourage training programmes for educators, mass media professionals and consumer advisers to enable them to participate in carrying out consumer information and education programmes*". (ORGANIZAÇÃO DAS NAÇÕES UNIDAS. Assembleia Geral. *Resolução nº 70/186*. Disponível em: https://undocs.org/en/A/RES/70/186. Acesso em 2 maio 2022).

[307] IBGE. Instituto Brasileiro de Geografia e Estatística. Pesquisa Nacional por Amostra de Domicílios Contínua. *PNAD-Contínua* – Educação 2019. Disponível em: https://biblioteca.ibge.gov.br/visualizacao/livros/liv101736_informativo.pdf. Acesso em: 2 maio 2022.

> Entre aqueles que não completaram a educação básica, 6,4% eram sem instrução, 32,2% tinham o Ensino Fundamental incompleto, 8,0% tinham o Ensino Fundamental completo e 4,5%, o Ensino Médio incompleto. Esses quatro grupos apresentaram discretas quedas entre 2018 e 2019. Todavia, apesar dos avanços, mais da metade da população de 25 anos ou mais de idade no Brasil não havia completado a educação escolar básica e obrigatória em 2019.[308]

O direito à educação é um dos direitos sociais previstos no art. 6º da CF/1988. No CDC, a educação: (i) é direito básico quando relacionada ao consumo adequado dos produtos, assegura a liberdade de escolha (art. 6º, II); e (ii) um dos aspectos que devem nortear a PNRC (art. 4º, IV). O direito à educação "abrange especialmente a educação do consumidor para que o consumo de produtos alimentares e serviços que envolvam a oferta de alimentos ocorra de modo adequado".[309]

O consumidor deve ser educado em três níveis diferentes: (i) educação escolar (para os estudantes adquirirem noção básica de direito do consumidor);[310] (ii) educação do consumidor via veículos de comunicação (televisão, rádio, jornal, etc.); e (iii) atuação dos órgãos públicos e das associações ligadas à defesa do consumidor. Devem ser convocados para colaborar na educação do consumidor: empresas, entidades de classe e instituições públicas e privadas, meios de comunicação de massa, Poder Público, sociedade como um todo e instituições educativas.[311]

---

[308] IBGE. Instituto Brasileiro de Geografia e Estatística. Pesquisa Nacional por Amostra de Domicílios Contínua. *PNAD-Contínua* – Educação 2019. Disponível em: https://biblioteca.ibge.gov.br/visualizacao/livros/liv101736_informativo.pdf. Acesso em: 2 maio 2022.

[309] GRASSI NETO, Roberto. *Segurança alimentar*: da produção agrária à proteção do consumidor. São Paulo: Saraiva, 2013. p. 169.

[310] Luís Dourado e Luís Matos pesquisaram sobre a formação científica relacionada aos OGMs dos estudantes do 9º ano em Portugal. Alguns aspectos se sobressaem: (i) os manuais escolares dedicam poucas páginas aos OGMs e às suas implicações (aspecto comum a demais temas controversos e sociocientíficos); (ii) a relação entre os OGMs e o quotidiano dos alunos com outros assuntos é reduzida (manuais adotam tratamento excessivamente disciplinar com insuficiente ligação ao dia a dia dos estudantes); (iii) quanto às vantagens e desvantagens dos OGMs, quando e se apresentadas, são de forma pontual, ilustrativa, genérica e com baixa estimulação de indagação; (iv) manuais escolares não estimulam a existência de diferentes perspectivas da realidade, não promovem o desenvolvimento do espírito científico e nem a existência de debates; (v) apenas dois manuais escolares fazem breve referência ao fato de a sociedade dever possuir papel ativo na monitorização dos riscos dos OGMs. Porém, não se verifica a articulação da opinião dos diferentes grupos sociais, com a monitorização dos OGMs ou perspectivas futuras. (DOURADO, Luís; MATOS, Luís. A problemática dos organismos geneticamente modificados e a formação científica do cidadão comum: um estudo com manuais escolares de Ciências Naturais do 9º ano adotados em Portugal. *Ciênc. Educ.*, v. 20, n. 4, p. 833-852, 2014.).

[311] LEITE, José Rubens Morato; AYALA, Patryck de Araújo. *Direito ambiental na sociedade de risco*. 2. ed. Rio de Janeiro: Forense Universitária, 2004. p. 327.

A educação da sociedade também deve ser observada pelos órgãos públicos. Segundo o art. 37, §1º, da CF/1988, atos, programas, obras, serviços e campanhas dos órgãos públicos deverão ter caráter educativo, informativo ou de orientação social.

Em paralelo com a educação ambiental no âmbito da Política Nacional de Resíduos Sólidos (PNRS),[312] o Poder Público, em colaboração com o setor empresarial e a sociedade civil organizada, inclusive terceiro setor, deve adotar medidas educativas e pedagógicas para aprimorar o conhecimento do consumidor sobre OGMs, assegurando o direito à informação e à liberdade de escolha. Por exemplo: (i) realizar ações educativas voltadas às empresas atuantes no setor; (ii) desenvolver ações educativas para conscientizar os consumidores em relação aos OGMs e ao consumo consciente; (iii) apoiar pesquisas realizadas por órgãos oficiais, universidades, Organizações Não Governamentais (ONGs) e setores empresariais, bem como a elaboração de estudos, coleta de dados e informações sobre o comportamento do consumidor; (iv) divulgar os conceitos relacionados com os OGMs, direito à informação e à liberdade de escolha do consumidor; (v) educar os consumidores, enquanto estudantes, sobre biotecnologia, inclusive os aspectos sociais e éticos, para que possam realizar escolhas pessoais sábias e contribuir em debates públicos;[313] e (vi) investir na educação de agentes multiplicadores (estrategicamente posicionados a fim de contribuírem para o aumento, na população, da consciência sobre o tema e o nível de envolvimento e participação nas decisões).[314]

A indústria pode – e deve – participar da educação e do compartilhamento das informações[315] com os consumidores. As empresas que importam, distribuem, comercializam alimentos OGMs podem – e devem – elaborar e adotar campanhas educacionais quanto aos alimentos OGMs (o que é, qual a tecnologia envolvida, supostos benefícios, o

[312] Em especial, art. 77 do Decreto nº 7.404/2010.

[313] Existem obstáculos à educação dos estudantes, como os professores tendem a evitar ensinar sobre biotecnologia por razões como formação acadêmica inadequada, recursos insuficientes para atividades experimentais, limitações de tempo e falta de financiamento.

[314] LEITE, José Rubens Morato; AYALA, Patryck de Araújo. *Direito ambiental na sociedade de risco*. 2. ed. Rio de Janeiro: Forense Universitária, 2004. p. 325.

[315] Paulo Affonso Leme Machado defende que qualquer informação de interesse público ou social possui natureza pública, mesmo estando sob a guarda de pessoas ou empresas privadas (MACHADO, Paulo Affonso Leme. *Direito à informação e meio ambiente*. 2. ed., rev., ampl., e atual. São Paulo: Malheiros, 2018. p. 108). Assim, seria ideal que as informações envolvendo OGMs, em poder da indústria, fossem compartilhadas com a população, exceto as que configurem segredo industrial, para fomentar o conhecimento e participação dos cidadãos.

que significam os símbolos e as advertências inseridos em rótulos dos alimentos, etc.). A rotulagem é vista também como uma forma de educar o consumidor para que tenha consciência ao adquirir o produto.[316]

Apenas com uma sociedade bem-educada é que qualquer política pública sobre rotulagem obrigatória surtirá os efeitos desejados, sobretudo a escolha livre e informada do consumidor quanto aos produtos que escolher consumir.[317]

Porém, novamente, o quesito se torna de difícil adimplemento, porque o Brasil ainda apresenta altas taxas de analfabetismo.

Segundo os dados da PNAD-Contínua, de 2019,[318] no Brasil havia 11 milhões de pessoas analfabetas, com 15 anos ou mais, o que representa uma taxa de analfabetismo de 6,6%. Quanto mais velho o grupo populacional, maior a proporção de analfabetos. Na faixa etária de 60 anos ou mais, há 6 milhões de analfabetos, o que representa uma taxa de 18,0% de analfabetismo para o grupo etário. Ainda, a taxa de analfabetismo reflete as desigualdades regionais: as regiões Nordeste e Norte apresentam as taxas de analfabetismo mais elevadas.

O ordenamento jurídico brasileiro deve, com a sensibilidade que lhe é requerida, tratar de maneira desigual os desiguais. Deve-se identificar, entre a categoria "consumidores", os que tenham vulnerabilidade agravada, tidos como hipervulneráveis, como ocorre com os analfabetos.

Dada a hipervulnerabilidade dos analfabetos, o déficit informacional entre o fornecedor e o analfabeto é maior ainda. Há uma forte vulnerabilidade informacional no caso.[319] Se, entre os consumidores alfabetizados, o desconhecimento sobre os OGMs é grande, imagina-se entre os consumidores analfabetos.

Logicamente, o consumidor analfabeto possui uma proteção maior frente aos demais consumidores. Diante disso, exige-se ao

---

316 VIANA, Flávia Batista. Transgênicos: alguns aspectos. *Doutrinas Essenciais de Direito do Consumidor*, v. 3, p. 1291-1317, abr., 2011.

317 "No entanto, de nada valerá a rotulagem se, paralelo a isso, não for implantado um forte sistema de fiscalização; e mais importante que tudo isso é investir em um processo de educação sério e eficaz, para que as futuras gerações saibam compreender as novas tecnologias e decidir o que querem com embasamento técnico e não simplesmente político". (VIANA, Flávia Batista. Transgênicos: alguns aspectos. *Doutrinas Essenciais de Direito do Consumidor*, v. 3, p. 1291-1317, abr., 2011).

318 IBGE. Instituto Brasileiro de Geografia e Estatística. Pesquisa Nacional por Amostra de Domicílios Contínua. *PNAD-Contínua* – Educação 2019. Disponível em: https://biblioteca.ibge.gov.br/visualizacao/livros/liv101736_informativo.pdf. Acesso em: 2 maio 2022.

319 MARQUES, Claudia Lima. Estudo sobre a vulnerabilidade dos analfabetos na sociedade de consumo. *Revista de Direito do Consumidor*, v. 95, p. 99-145, set./out., 2014.

fornecedor reconhecer a vulnerabilidade especial do consumidor analfabeto e redobrar o dever de cuidado com o patrimônio, nome e direito à livre escolha do consumidor, tudo pelo dever de respeito e lealdade. Deve-se estabelecer regras excepcionais que tutelem a parte ainda mais frágil.

No âmbito da rotulagem dos OGMs, entende-se que a proteção do consumidor analfabeto ocorreria via inserção no rótulo do símbolo "T" em destaque. O símbolo tem por finalidade chamar a atenção. No entanto, dada a hipervulnerabilidade do analfabeto, não se pode atestar que o símbolo é suficiente para alertar o consumidor sobre a presença de OGMs. Ao contrário, dadas as características do símbolo, pode transmitir a informação incorreta de atenção, cuidado, produto altamente perigoso; aspecto que faz com que nós defendamos a alteração do símbolo.

Por fim, a doutrina defende a existência de um controle administrativo pesado e poderoso. Seria imprescindível "[...] uma sociedade civil, com associações de defesa do consumidor e um Ministério Público ativos, mas, sobretudo, é preciso desenvolver os instrumentos jurídicos eficazes, para a repressão das fraudes em matéria de informação aos consumidores".[320]

Nada adiantaria a regulamentação da rotulagem de OGMs se não for realizado, paralelamente, processo de educação sério e eficaz, sobretudo pelo Poder Público e pelas associações privadas ligadas à defesa do consumidor. Além disso, é necessário que o Poder Público fiscalize o cumprimento das normas referentes à rotulagem de OGMs.[321] O não cumprimento do direito-dever de informação e escolha atingiria direitos fundamentais, direitos da personalidade e o princípio da dignidade da pessoa humana.

---

320 MARQUES, Cláudia Lima. Organismos Geneticamente Modificados, Informação e Risco da "Novel Food": O Direito do Consumidor Desarticulado? *Revista Cadernos do Programa de Pós-Graduação em Direito/UFRGS*, v. 3, n. 6, p. 123, 2005.

321 Conforme comentado, durante certo período (entre 2010 e 2015), houve grande movimentação de autoridades, notadamente órgãos de defesa dos consumidores (PROCONs) e a SENACON do Ministério da Justiça, em fiscalizar produtos que não indicaram a presença de OGMs nos rótulos. Algumas empresas que foram apenadas: J. Macedo S.A, Dr. Oetker Brasil Ltda., Nestlé Brasil Ltda., Pepsico do Brasil Ltda., Adria Alimentos do Brasil Ltda. e Bimbo do Brasil Ltda. A partir de novos documentos emitidos pelo MAPA, em abril de 2020, constata-se a possibilidade de o MAPA vir a adotar uma postura mais rígida na fiscalização de rótulos de produtos que contenham OGMs no âmbito de sua atuação. Por meio do Ofício-Circular nº 3/2020, o MAPA deixa claro o seu posicionamento: produtos que contenham OGMs devem ser rotulados, independentemente do percentual de OGMs que possuam.

4.1.2 Informação

Tem ocorrido a massificação das informações, de maneira que elas não são elucidativas para alguns consumidores. Todo ato de comunicação deve ser analisado e avaliado na situação em que se encontram o emitente e o receptor da mensagem, inclusive os fatos e dados anteriores à mensagem. Diante disso, é inafastável a discussão sobre o nível de educação dos consumidores. A formação dos indivíduos e a informação devem ser estudadas em conexão com a realidade social do país, especialmente no que diz respeito à educação.[322]

A grande questão não seria como fornecer mais informação ao consumidor, porém, quais informações a média dos consumidores necessita para adotar uma decisão informada e responsável.[323]

A informação deve atender ao princípio da cognoscibilidade: não basta ser conhecida, mas deve ser compreendida pelo consumidor, sendo que o responsável por prover meios necessários para isso é o fornecedor.[324]

Há quem entenda que não se deve considerar um padrão de "homem médio" quanto à criação e à transmissão da informação.[325] Ao contrário, a informação deve ser transpessoal, ultrapassando os limites do individual ou do subjetivo, além de ser acessível a todos os consumidores.

Não é qualquer informação que deve ser transmitida ao público, mas a informação técnico-científica de fácil entendimento: "As coisas só fluem para a população se ela compreender o que lhe é transmitido. Sem ser imprecisa, a linguagem utilizada na transmissão da informação tem que ser facilmente assimilada por todos".[326]

---

[322] MALFATTI, Alexandre David. *O direito de informação no código de defesa do consumidor*. São Paulo: Alfabeto Jurídico, 2003. p. 218.

[323] *"The question is not: how can we provide consumers with even more information, but: what information does the average consumer require, to make an informed and thus responsible decision. It has to be admitted, though, that this is the most complicated issue"*. (LEIBLE, Stefan. Consumer information beyond Food Law. *EFFL*, n. 6, p. 316-324, 2010.).

[324] CAVALCANTI, Ana Elizabeth Lapa Wanderley. A rotulagem dos alimentos geneticamente modificados e o direito à informação do consumidor. *In:* PAESANI, Liliana Minardi. *O direito na sociedade da informação*. São Paulo: Atlas, 2007. p. 147.

[325] "Sobre a importância da "informação", o Brasil, um país de grandes diferenças culturais, ainda registra índices muito altos de analfabetismo. Nesse contexto, a informação como forma de mitigar riscos contempla, por óbvio, apenas a informação que leva em conta todo o mercado de consumo, todos os indivíduos envolvidos e não apenas aquela que considere o indivíduo "médio" do mercado. A sociedade em que o indivíduo está envolvido é que pode ser considerada como válida para gerenciamento de risco". (SANTOS, Fabíola Meira de Almeida. Informação como instrumento para amenizar riscos na sociedade de consumo. *Revista de Direito do Consumidor*, v. 107, p. 363-384, set./out., 2016).

[326] MACHADO, Paulo Affonso Leme. *Direito à informação e meio ambiente*. 2. ed., rev., ampl., e atual. São Paulo: Malheiros, 2018. p. 68.

É possível balizar a informação sobre os OGMs a partir da informação ambiental. Nesse caso, seriam transportadas as características da informação ambiental para a informação no âmbito dos OGMs, adaptando-se o que for necessário.

As principais características da informação ambiental são:

(i) Tecnicidade: a informação ambiental é composta por dados técnicos, que apresentam normas de emissão e padrões de qualidade.

(ii) Compreensibilidade: é a obrigação da informação ambiental de ser clara e compreensiva para o público, não se admitindo a incompletude da informação. A informação tem que ser transmitida de maneira que ela seja utilizada pelo receptor imediatamente, sem necessidade de que o receptor seja especializado no assunto.

Ainda, cabe ao informante ser imparcial e apresentar ao receptor a informação em seus mais diversos ângulos (positivos e negativos), sem privilegiar qualquer ponto de vista. Caso o informante entender necessário se posicionar, então deverá apresentar ao receptor, igualmente, críticas ao seu posicionamento.

(iii) Tempestividade: a informação deve ser atual, rápida. Paulo Affonso Leme Machado entende que, idealmente, a informação não poderia ultrapassar 30 dias. Nos casos de emergência, o autor entende que a informação deve ser transmitida mais rapidamente, sendo que a demora ou o retardamento acarretam dano ao receptor.[327]

(iv) Imprescindibilidade da informação em emergência: na hipótese de risco para a vida humana e/ou para o meio ambiente, a informação deve ser prestada imediatamente, sendo capaz de dar a dimensão do perigo captado pelo órgão/ente informante e deve dar sugestões de comportamento seguro do receptor.

Logicamente, o informante não pode distorcer ou não informar completamente os dados, sob a alegação de que a informação verdadeira causaria pânico ao receptor.

(v) A prestação da informação independe de interesse pessoal do receptor: a informação ambiental é uma informação pública que pertence à sociedade. Quem solicita a informação

---

[327] MACHADO, Paulo Affonso Leme. *Direito à informação e meio ambiente*. 2. ed., rev., ampl., e atual. São Paulo: Malheiros, 2018. p. 96-97.

ambiental não possui necessidade de comprovar a legitimidade de seu interesse.

Portanto, a informação sobre OGMs a ser transmitida à sociedade deve ser: (i) técnica (composta por informações técnico-científicas, advindas de estudos científicos sérios); (ii) compreensível (facilmente compreendida pela sociedade, considerando todas as suas peculiaridades, bem como ser clara, precisa e imparcial); (iii) tempestiva (ser atual, recente); e (iv) independer do interesse pessoal do receptor (a informação sobre os OGMs é uma informação pública, que pertence à sociedade; não há que se falar em legitimidade do receptor para a informação).

A credibilidade da fonte da informação também é um elemento importante na comunicação com a sociedade e "a confiança que se deposita nessa fonte é tão importante quanto o conteúdo da própria mensagem".[328] Em geral, há ainda certo preconceito pelas informações difundidas pelo Estado e pela indústria do setor de OGMs. Informações difundidas pela mídia (programas de televisão), periódicos e publicações científicas seriam mais aceitas pela sociedade.[329]

Ainda assim, há tensão entre as informações difundidas por cientistas e informações não científicas negativas, de caráter genérico:

> [a]s informações fornecidas por especialistas, mesmo de uma fonte confiável, são de curta duração [...] e, em situações em que as opiniões de especialistas científicos e informações não científicas negativas mais gerais são fornecidas aos consumidores, as informações negativas tendem a dominar.[330]

Nem sempre a escolha pelo fornecedor de determinado veículo de informação conduzirá a efetivo acesso à informação. Como o nível de conhecimento da população brasileira é reduzida, exige-se adequação por parte do fornecedor nas escolhas da mensagem propriamente dita e do veículo de comunicação.

---

[328] DEANE, Christine. A percepção social da biotecnologia. *In:* CASABONA, Carlos María Romeo (Org.). *Biotecnologia, direito e* bioética: perspectivas em direito comparado. Belo Horizonte: Del Rey e PUC Minas, 2002. p. 282.

[329] DEANE, Christine. A percepção social da biotecnologia. *In:* CASABONA, Carlos María Romeo (Org.). *Biotecnologia, direito e bioética*: perspectivas em direito comparado. Belo Horizonte: Del Rey e PUC Minas, 2002. p. 282.

[330] Tradução livre de: "*Information provided by experts, even from a trusted source, is short-lived [...], and in situations when both scientific experts' opinions and more general negative unscientific information is provided to consumers, the negative information tends to dominate.*" (MESSER, K.D.; COSTANIGRO, M.; KAISER, H.M. Labeling food processes: The good, the bad and the ugly. *Applied Economic Perspectives and Policy*, v. 39, p. 407-427, 2017).

A necessidade de o fornecedor adotar medidas acautelatórias quanto à transmissão da mensagem é ponto de destaque: quanto maior a ignorância do consumidor, maior deve ser a advertência por parte do fornecedor. Critica-se o modo atual de fornecimento de informação ao consumidor e o reflexo que esse aspecto traz para o gerenciamento de riscos na sociedade contemporânea brasileira.[331]

A principal fonte de informações é o fornecedor de alimentos: a informação é transmitida no produto (rótulo) ou via propagandas e comerciais. Alerta-se que o consumidor pode ser abordado via internet, mídia ou em conversa pessoal (face a face).[332] Contudo, o fornecedor pode adotar outras maneiras para transmitir a informação, como via cartazes de advertência.[333]

Ao analisar o caso de informações na rotulagem de produtos que contêm glúten, o Ministro Herman Benjamin alertou que o Brasil é atrasado no grau informativo, de modo que a informação transmitida aos consumidores deveria ser prestada de maneira mais completa do que a exigida nos países avançados. Destacou que "[e]ducar pela rotulagem – como efeito reflexo do dever de informação – está em total sintonia com o comportamento moderno [...]".[334] O rótulo seria a maneira mais fácil, barata, ágil e eficaz para transmitir informações ao consumidor.[335]

O Regulamento (CE) nº 1829/2003, sobre gêneros alimentícios e alimentos para animais geneticamente modificados, reconhece que a rotulagem é um dos meios que permitem ao consumidor realizar uma escolha informada e livre, prestigiando a boa-fé na relação entre fornecedor e consumidor (item 17 dos Considerandos). E vai além: a

---

331 "[...] [O] gerenciamento de risco da população é praticamente nulo, pois se sabe que os fornecedores não informam os consumidores e o mercado como deveriam, sem falar que a população não compreende o que é informado. De toda forma, em se tratando de risco, a educação da população para o gerenciamento de risco e para que o consumidor se posicione depende da informação adequada (...)". (SANTOS, Fabíola Meira de Almeida. Informação como instrumento para amenizar riscos na sociedade de consumo. *Revista de Direito do Consumidor*, v. 107, p. 363-384, set./out., 2016).

332 No original: *"(...) the main source for consumer information, is the food business operator itself. In the B2C relation, information contained in messages is transmitted either on the product, via labelling, or through commercial means of communication such as marketing and advertising. The consumer can be addressed either via internet, the media, or in a face-to-face dialogue"*. (LEIBLE, Stefan. Consumer information beyond Food Law. *EFFL*, n. 6, p. 316-324, 2010.).

333 TOMASETTI JÚNIOR, Alcides. O objetivo de transparência e o regime jurídico dos deveres e riscos de informação nas declarações negociais para consumo. *Doutrinas Essenciais de Responsabilidade Civil*, v. 2, p. 67-104, out., 2011.

334 BRASIL. STJ, *Recurso Especial nº 586.316*, 2ª Turma, Rel. Min. Herman Benjamin, j. em 17.4.2007.

335 BRASIL. STJ, *Recurso Especial nº 586.316*, 2ª Turma, Rel. Min. Herman Benjamin, j. em 17.4.2007.

rotulagem não deve induzir o consumidor em erro quanto às características dos gêneros alimentícios, notadamente no que tange a natureza, identidade, propriedades, composição e método de produção e fabrico do produto (item 18 dos Considerandos).[336]

Ou seja, a rotulagem é o melhor instrumento para transmitir esse tipo de informação ao consumidor.[337] As informações essenciais, que determinam a compra consciente, constariam no rótulo dos produtos, garantindo a livre escolha do consumidor.

Porém, a rotulagem por si só não resolve a questão;[338] há outras formas para disseminar a informação sobre OGMs:[339] (i) via debates

---

[336] UNIÃO EUROPEIA. *Regulamento (CE) nº 1829/2003 do Parlamento Europeu e do Conselho de 22 de setembro de 2003.* Disponível em: https://eurlex.europa.eu/legalcontent/PT/TXT/PDF/?uri=CELEX:02003R182920080410&from=EN#:~:text=Foi%20estabelecido%20no%20Regulamento%20(CE,Estados%2DMembros%20e%20a%20Comiss%C3%A3o. Acesso em: 2 maio 2022.

[337] "O desenvolvimento de uma política de rotulagem parte da premissa de que o consumidor tem o direito de saber o que está comprando e, consequentemente, consumindo ou usando. A maior fonte de informação a esse respeito encontra-se na rotulagem dos produtos. O consumidor, baseando-se na informação que existe nos rótulos dos produtos, adota uma decisão melhor e mais informada na hora de exercer o seu direito de opção entre os produtos que se oferecem no mercado" (LAPEÑA, Isabel. Da rotulagem de produtos transgênicos. *In:* VARELLA, Marcelo Dias; BARROS-PLATIAU, Ana Flávia (Org.). *Organismos Geneticamente Modificados.* Belo Horizonte: Del Rey, 2005. p. 158).
E continua: "[...] [A] rotulagem responderia à proteção da autonomia e da capacidade de escolha dos consumidores, ao ter em mãos informações sobre os produtos, que os cidadãos podem considerar relevante na hora de escolher comprar ou consumir um determinado alimento" (LAPEÑA, Isabel. Da rotulagem de produtos transgênicos. *In:* VARELLA, Marcelo Dias; BARROS-PLATIAU, Ana Flávia (Org.). *Organismos Geneticamente Modificados.* Belo Horizonte: Del Rey, 2005. p. 162).

[338] "(...) não podemos corroborar com a ideia de que a rotulagem por si só resolve o problema da informação sobre a presença do transgênico na alimentação, faz-se necessário, em primeiro lugar, comprovar a segurança do 'novo produto', em segundo, explicar à população sobre os eventuais riscos e benefícios decorrentes da técnica de transgênica, e em terceiro lugar possibilitar o acesso a informações verídicas, claras e precisas na embalagem do produto, para que a pessoa possa decidir de forma consciente sobre o que pretende consumir" (CAVALCANTI, Ana Elizabeth Lapa Wanderley. *O impacto da rotulagem dos alimentos transgênicos nos direitos da personalidade e na sadia qualidade de vida.* 2006. 350 p. Tese (Doutorado em Direito) – Pontifícia Universidade Católica de São Paulo, São Paulo, 2006. p. 206).

[339] Compete à sociedade também adotar medidas proativas – acessar as informações sobre OGMs – e não apenas aguardar a publicidade das informações, utilizando os instrumentos disponíveis. O acesso público às informações se distingue da publicidade das informações: "[o] acesso supõe uma vontade de ser informado, pois depende da procura da informação; ao contrário da publicidade, onde a informação é transmitida independentemente da solicitação" (MACHADO, Paulo Affonso Leme. *Direito à informação e meio ambiente.* 2. ed., rev., ampl., e atual. São Paulo: Malheiros, 2018, p. 215). Portanto, compete à sociedade, usufruindo dos instrumentos disponibilizados, questionar as autoridades quanto a compartilhar informações sobre os OGMs, de maneira proativa. Um dos instrumentos é via Lei nº 10.650/2003, que traz regras sobre o acesso público aos dados e informações existentes nos órgãos e entidades integrantes do Sistema Nacional do Meio Ambiente (SISNAMA). Nos termos da Lei, os órgãos e entidades da Administração Pública,

democráticos (fóruns presenciais ou virtuais), inclusive entre cidadãos, ONGs, profissionais da área e membros do Estado responsáveis por políticas públicas sobre o tema; (ii) websites (de iniciativa privada ou pública) para disseminar informações sobre OGMs; (iii) mídia[340] (redes sociais, rádio, televisão, jornais e revistas); e (iv) manuais de instrução, publicidade e Serviço de Atendimento ao Consumidor (SAC).[341]

Quanto aos fóruns, a sua importância é destacada sob duas ópticas:

(i) Compartilhar informações: o objetivo desses fóruns seria compartilhar informações a respeito dos OGMs, devendo haver a participação de profissionais e/ou membros do governo de outros países para incentivar o diálogo transnacional e o compartilhamento de informações entre as nações.

A participação nos fóruns pode se restringir aos profissionais, como também pode contar com a participação da sociedade.[342]

---

integrantes do SISNAMA, são obrigados "a permitir o acesso público aos documentos, expedientes e processos administrativos que tratem de matéria ambiental e a fornecer todas as informações ambientais que estejam sob sua guarda, em meio escrito, visual, sonoro ou eletrônico", inclusive quanto aos OGMs (art. 2º, *caput* e VIII). Para atender o acesso público às informações, as autoridades podem exigir a prestação periódica de informações por parte de entidades privadas (art. 3º). Exemplificativamente, a Lei nº 10.650/2003 é objeto de críticas: (i) o Poder Público não pode se desculpar por não informar determinado aspecto abrangido pela Lei sob o argumento de que não o detém; (ii) os órgão da Administração Pública não podem escolher quais informações serão transmitidas a quem pedir – isto é, deverão ser fornecidas todas as informações; e (iii) as entidades privadas devem rotineiramente compartilhar informações com o Poder Público, não apenas ao serem questionadas pelas Autoridades. Cumpre aos cidadãos colaborar entre si mesmos, obtendo, proativamente, informações com o Poder Público e as compartilhar com os demais indivíduos, da melhor maneira a atender os seus interesses.

340 A mídia exerce um papel fundamental: "Ela deve, com o suporte de especialistas que trabalham com engenharia genética, começar a desmistificar essa tecnologia. Os consumidores precisam saber como e de que forma a engenharia genética pode ajudá-los. Da mesma forma, devem saber que essa tecnologia, como todas as outras, apresenta riscos. Estes riscos, por sua vez, precisam ser rigorosamente avaliados do ponto de vista ambiental e da segurança alimentar." (KUNISAWA, Viviane Yumy M. O direito de informação do consumidor e a rotulagem dos alimentos geneticamente modificados. *Revista de Direito do Consumidor*, n. 53, p. 135-150, jan./mar. 2005).

341 "Cabe igual responsabilidade aos órgãos públicos de proteção e defesa dos consumidores, bem como às entidades privadas, no sentido de promoverem debates, simpósios sobre os direitos dos consumidores, pesquisas de mercado, edição de livretos e cartilhas, enfim, tudo o que esteja à sua disposição para bem informar o público consumidor". (GRINOVER, Ada Pellegrini et al. *Código Brasileiro de Defesa do Consumidor comentado pelos autores do anteprojeto*. 12. ed. Rio de Janeiro: Forense Universitária, 2019. p. 145).

342 Há a necessidade de se estabelecer uma comunicação clara e consciente entre a comunidade científica e a sociedade, sendo "essencial a divulgação das pesquisas de avaliação dos impactos dos transgênicos sobre a saúde do homem e o meio ambiente e que haja transparência nos processos de liberação dos produtos geneticamente modificados pelos órgãos competentes". (VIEIRA, Adriana Carvalho Pinto; VIEIRA JUNIOR, Pedro Abel. *Direito dos consumidores e produtos transgênicos*. Curitiba: Juruá, 2008. p. 132).

A participação da sociedade é vista com bons olhos: oportunidades de contatos mais informais entre profissionais, notadamente da comunidade científica, e o público em geral fortalece a confiança e a comunicação.[343]

(ii) Servir como base para tomadas de decisões pelo Governo ou pela entidade privada: em vez de fornecer informações não parciais à sociedade e estabelecer diretamente um modo para a administração do risco, deve-se, por meio de fóruns, obter a opinião pública sobre determinado caso para se construir os parâmetros que servirão de base à administração dos riscos.

Ao final, sobretudo em políticas públicas, é recomendável haver uma deliberação coletiva. É essa uma das recomendações da Comissão das Comunidades Europeias: "O processo de tomada de decisões deveria ser transparente e envolver, tão cedo quanto possível e na medida do possível, todas as partes interessadas".[344]

Defende-se a necessidade de construir/melhorar as condições de diálogo entre consumidores, fornecedores e demais agentes do mercado para preservar o direito do consumidor de estar devidamente informado para tomar decisões de maneira consciente e esclarecida.[345]

Por fim, a conscientização também é uma forma de educar e instruir os consumidores. As escolas, os cursos institucionalizados oficialmente e os meios de comunicação[346] exercem inegável papel na conscientização da população. Logo, campanhas de conscientização pelo Poder Público, com ou sem participação do setor empresarial,

---

[343] DEANE, Christine. A percepção social da biotecnologia. *In:* CASABONA, Carlos María Romeo (Org.). *Biotecnologia, direito e bioética*: perspectivas em direito comparado. Belo Horizonte: Del Rey e PUC Minas, 2002. p. 283.

[344] Item 5 do resumo inicial da Comunicação da Comissão das Comunidades Europeias relativa ao princípio da precaução, COM(2000). (UNIÃO EUROPEIA. Comissão das Comunidades Europeias. *Comunicação da Comissão das Comunidades Europeias relativa ao princípio da precaução, COM (2000) 1 final.* Bruxelas: fev. 2000. Disponível em: http://eur-lex.europa.eu/legalcontent/PT/TXT/?qid=1507770348511&uri=CELEX:52000DC0001. Acesso em: 2 maio 2022).

[345] FREITAS FILHO, Roberto. Os alimentos geneticamente modificados e o direito do consumidor à informação: uma questão de cidadania. *Revista de Informação Legislativa*, n. 40, abr./jun., p. 159-160, 2003.

[346] É o caso de se emprestar disciplina da Lei de Política Nacional de Educação Ambiental (PNEA): "Art. 3º Como parte do processo educativo mais amplo, todos têm direito à educação ambiental, incumbindo: (...) IV – aos meios de comunicação de massa, colaborar de maneira ativa e permanente na disseminação de informações e práticas educativas sobre meio ambiente e incorporar a dimensão ambiental em sua programação". (BRASIL. *Lei nº 9.795, de 27 de abril de 1999*. Dispõe sobre a educação ambiental, institui a Política Nacional de Educação Ambiental e dá outras providências. Disponível em: http://www.planalto.gov.br/ccivil_03/leis/l9795.htm. Acesso em: 2 maio 2022).

são bem-vindas. Diante de seu forte apelo popular, as campanhas de conscientização podem ter maior eficácia na sociedade.[347]

4.1.3 Participação

"Educação/informação/participação" são indissociáveis. Discussões públicas mais bem-fundamentadas e menos marginalizadas são benéficas aos consumidores, importantes para a saúde e para o funcionamento do sistema democrático.

A participação democrática otimiza o consentimento informado, porque o consumidor conheceria as características do produto a que está exposto,[348] o que respeitaria a sua decisão livre e consentida de consumir ou rejeitar os OGMs. Devem ser inerentes a esse processo a divulgação e a promoção de informações claras, legíveis, inteligíveis e transparentes que de fato permitam ao consumidor diferenciar os produtos disponíveis para decidir o que pretende consumir".[349]

Atualmente, o nível de informação da sociedade é inadequado e tendencioso. Isso interferiria na participação da sociedade, de maneira que, ainda que haja a possibilidade de participar, a sociedade civil "não tem embasamento confiável que lhe dê condições para se manifestar ou essas condições são precárias".[350]

Pode-se e deve-se emprestar do direito ambiental brasileiro o princípio da participação[351] [352] aos OGMs: cada pessoa deve ter

[347] PFEIFFER, Maria da Conceição Maranhão. Direito à informação e ao consumo sustentável. 2011. 166 p. Tese (Doutorado em Direito Civil) – Faculdade de Direito, Universidade de São Paulo, São Paulo, 2011. p. 132.

[348] MORGATO, Melissa. Organismos geneticamente modificados: algumas questões jurídicas. *In*: ESTORNINHO, Maria João (Coord.). *Estudos de direito da alimentação*. Lisboa: Instituto de Ciências Jurídico-Políticas da Faculdade de Direito da Universidade de Lisboa, 2013. p. 168.

[349] MORGATO, Melissa. Organismos geneticamente modificados: algumas questões jurídicas. *In*: ESTORNINHO, Maria João (Coord.). *Estudos de direito da alimentação*. Lisboa: Instituto de Ciências Jurídico-Políticas da Faculdade de Direito da Universidade de Lisboa, 2013. p. 168.

[350] COL, Juliana Sípoli. Organismos geneticamente modificados no contexto da sociedade de risco. *In:* LOPEZ, Teresa Ancona; LEMOS, Patrícia Faga Iglecias; RODRIGUES JUNIOR, Otavio Luiz. *Sociedade de risco e direito privado*: desafios normativos, consumeristas e ambientais. São Paulo: Atlas, 2013. p. 326.

[351] No direito ambiental, o princípio da participação traduz a cooperação entre o Estado e a sociedade para defender e preservar o meio ambiente, por meio da participação da sociedade na formulação e execução da política ambiental.

[352] O princípio 10 da Declaração do Rio sobre Meio Ambiente e Desenvolvimento (ECO RIO 92) determina o compartilhamento de informações entre o Poder Público/Estado e a sociedade e a participação popular na seara ambiental: "Princípio 10. A melhor maneira de tratar as questões ambientais é assegurar a participação, no nível apropriado, de todos os cidadãos interessados. No nível nacional, cada indivíduo terá acesso adequado às informações

a possibilidade de participar de processo de tomada de decisão,[353] cooperando com o Poder Público. É necessário que os cidadãos possuam uma participação contínua e próxima dos órgãos de tomada de decisões.

Ainda, as preocupações e as críticas da opinião pública devem ser levadas "a sério" pelo Poder Público. As partes envolvidas na discussão devem estar dispostas a ouvir e a aprender umas com as outras, bem como identificar o bem público. Se as partes estão comprometidas com a ideia de que devem defender os seus interesses, a todo custo, então, todos os esforços são desperdiçados.[354] A sociedade deve desenvolver processos decisórios efetivamente participativos, por meio dos quais o Poder Público, a sociedade civil e o mercado assumam "consciente e coletivamente perante o planeta e as futuras gerações a responsabilidade pelas decisões que hoje tomem em relação à pesquisa e [ao] desenvolvimento de novas tecnologias".[355]

Os indivíduos isolados, infelizmente, não possuem voz suficiente para serem percebidos pelos governos e pelas empresas, de maneira que se deve encorajar que ONGs participem de debates envolvendo os

---

relativas ao meio ambiente de que disponham as autoridades públicas, inclusive informações acerca de materiais e atividades perigosas em suas comunidades, bem como a oportunidade de participar dos processos decisórios. Os Estados irão facilitar e estimular a conscientização e a participação popular, colocando as informações à disposição de todos". (ORGANIZAÇÃO DAS NAÇÕES UNIDAS. Declaração do Rio sobre Meio Ambiente e Desenvolvimento (ECO RIO 92), jun. 1992. Disponível em: https://www.un.org/en/development/desa/population/migration/generalassembly/docs/globalcompact/A_CONF.151_26_Vol.I_Declaration.pdf. Acesso em: 2 maio 2022).

353 Só por meio de uma ampla discussão com a participação da sociedade e ouvidos os consumidores é que se poderá dar origem ao consenso sobre a forma de lidar com os alimentos OGMs. Vide: "[...] [q]uando alguém, hoje, decide se vai ingerir alimentos transgênicos ou não, essa pessoa toma uma decisão num contexto de informações científicas e tecnológicas conflitantes e mutáveis. É inadmissível que qualquer ator social arrogue a si com exclusividade a prerrogativa das decisões no campo dos alimentos transgênicos. Essa é uma pretensão ilegítima e que deve ser evitada. Dadas as características da questão dos alimentos transgênicos, somente uma ampla discussão com a participação da sociedade e ouvidos os principais interessados, que são os consumidores, poderá produzir algum tipo de consenso sobre a forma mais adequada de lidarmos com essa nova tecnologia". (FREITAS FILHO, Roberto. Os alimentos geneticamente modificados e o direito do consumidor à informação: uma questão de cidadania. *Revista de Informação Legislativa*, n. 40, abr./jun., p. 158, 2003).

354 WEBLER, Thomas; TULER, Seth. Four decades of public participation in risk decision making. *Risk Analysis*, 2018. Disponível em: https://onlinelibrary.wiley.com/doi/10.1111/risa.13250. Acesso em: 2 maio 2022.

355 LISBOA, Marijane. Transgênicos no Brasil: o descarte da opinião pública. *In:* DERANI, Cristiane (Org.). *Transgênicos no Brasil e biossegurança*. Porto Alegre: Sergio Antonio Fabris Ed., 2005. p. 78.

OGMs.[356] Logicamente, é pressuposto essencial que as ONGs sejam independentes e possuam credibilidade moral, pluralidade e idoneidade.

Paulo Affonso Leme Machado aduz que a atuação das ONGs ainda não mostrou a vitalidade que se espera.[357] Existem algumas situações em que as ONGs podem atuar em cooperação com o Poder Público. Por exemplo, as ONGs podem auxiliar a Administração Pública na gestão da informação pública. O Poder Público produz muitas informações de interesse da sociedade, porém haveria dificuldade em as organizar, disponibilizar e disseminar. A gestão da informação errônea pode originar informações e materiais inapropriados para a tomada de decisões. A gestão da informação, de maneira eficaz, exige elaborar e implementar políticas que possibilitem fornecer informações relevantes, com qualidade, precisas, transmitidas para o local e público corretos, tempo certo e facilidade de acesso pelos cidadãos.

A atuação cooperativa pode ser transportada aos OGMs, porque parece haver certa dificuldade do Estado em disseminar informações de modo satisfatório. As ONGs possuem contato mais próximo com a população, conhecendo suas particularidades e formas de atuação que seriam mais eficazes aos objetivos. Parte das principais organizações possuem, normalmente, cientistas em seus quadros, aspecto que auxilia na interpretação e na difusão da informação sobre os OGMs, que é relativamente nova e complexa.

Além disso, as ONGs possuem o papel de fiscal do processo decisório, não influindo na tomada de decisão. Por exemplo, as ONGs podem e devem atuar em duas esferas: (i) as ONGs devem participar da tarefa pública de inspecionar e monitorar se as empresas estão cumprindo as regras que determinam a informação do consumidor quanto aos OGMs. Seria a participação das ONGs em parte do poder de polícia da Administração; e (ii) as ONGs devem aumentar a sua participação em processos judiciais para defender os direitos fundamentais dos consumidores.

---

[356] As associações possuem grande capacidade de influenciar a opinião dos consumidores: "Regulation 2002/178/EC establishes the principle of transparency, with provisions for public consultation (directly or through representative bodies) and for public information. Consumers associations are likely to play an increasing role as mediators between the public, industrial firms, retail groups and national administrations, because of their ability to influence consumers opinions" (CHEFTEL, J. Claude. Food and nutrition labelling in the European Union. *Food Chemistry*, v. 93, p. 550, 2005.).

[357] MACHADO, Paulo Affonso Leme. *Direito à informação e meio ambiente*. 2. ed., rev., ampl., e atual. São Paulo: Malheiros, 2018. p. 83.

Quanto às maneiras de participação, os procedimentos de consulta e participação da sociedade na elaboração de normas relacionadas à biotecnologia estimulam uma atitude mais positiva.[358] "Demonstrou-se que quanto maior a separação entre o desejo de participação dos cidadãos no processo de decisão e a efetiva participação que julgam ter obtido, mais provável é a sociedade acreditar que a biotecnologia seja mais perigosa que vantajosa para a sociedade".[359]

Transpondo para o âmbito dos OGMs, a participação no processo de decisão é necessária para a sociedade se sentir mais segura.

O sistema de consultas públicas chama a sociedade para participar da edição de norma/regulamento, com sugestões e críticas ao texto proposto.[360] Um exemplo é a consulta pública prevista no Regulamento (CE) nº 178/2002: deve-se proceder a consulta pública aberta e transparente durante preparação, avaliação e revisão da legislação alimentar, exceto em caso de urgência.[361]

No Brasil, a Lei das Agências Reguladoras (Lei nº 13.848/2019) prevê a realização de consulta pública em propostas e alteração de atos normativos de interesse dos agentes econômicos, consumidores ou usuários dos serviços prestados.[362] Para subsidiar/auxiliar a participação dos interessados, as agências reguladoras devem disponibilizar, por exemplo, relatórios de estudos, dados e materiais técnicos utilizados como fundamento para as propostas submetidas à consulta pública.[363]

---

[358] DEANE, Christine. A percepção social da biotecnologia. *In:* CASABONA, Carlos María Romeo (Org.). *Biotecnologia, direito e bioética*: perspectivas em direito comparado. Belo Horizonte: Del Rey e PUC Minas, 2002. p. 282.

[359] DEANE, Christine. A percepção social da biotecnologia. *In:* CASABONA, Carlos María Romeo (Org.). *Biotecnologia, direito e bioética*: perspectivas em direito comparado. Belo Horizonte: Del Rey e PUC Minas, 2002. p. 282.

[360] A Lei das Agências Reguladoras (Lei nº 13.848/2019) define "consulta pública" como: "Art. 9º (...) §1º [...] o instrumento de apoio à tomada de decisão por meio do qual a sociedade é consultada previamente, por meio do envio de críticas, sugestões e contribuições por quaisquer interessados, sobre proposta de norma regulatória aplicável ao setor de atuação da agência reguladora". (BRASIL. *Lei nº 13.848, de 25 de junho de 2019*. Dispõe sobre a gestão, a organização, o processo decisório e o controle social das agências reguladoras, Disponível em: http://www.planalto.gov.br/ccivil_03/_ato20192022/2019/lei/L13848.htm#:~:text=%C2%A7%203%C2%BA%20As%20ag%C3%AAncias%20reguladoras,fraudes%20e%20atos%20de%20corrup%C3%A7%C3%A3o. Acesso em: 2 maio 2022).

[361] "Art. 9º Consulta pública Proceder-se-á a uma consulta pública aberta e transparente, directamente ou através de organismos representativos, durante a preparação, avaliação e revisão da legislação alimentar, a não ser que a urgência da questão não o permita". (UNIÃO EUROPEIA. *Regulamento (CE) nº 178/2002 do Parlamento Europeu e do Conselho de 28 de janeiro de 2002*. Disponível em: https://eurlex.europa.eu/LexUriServ/LexUriServ.do?uri=CONSLEG:2002R0178:20080325:PT:PDF. Acesso em: 2 maio 2022).

[362] Art. 9º, *caput*, da Lei nº 13.848, de 25 de junho de 2019.

[363] Art. 9º, §3º, da Lei nº 13.848/2019.

As críticas e sugestões apresentadas pelos interessados e o próprio posicionamento da agência reguladora sobre as contribuições devem ser disponibilizados ao público.[364]

O sistema de consultas públicas já era adotado pela Agência Nacional de Vigilância Sanitária (ANVISA) antes mesmo da Lei nº 13.848/2019.[365] [366] Segundo a ANVISA, a prática é sempre realizada quando houver "a necessidade de validar de forma ampla um texto regulatório, sendo um mecanismo importante para evidenciar eventuais ajustes necessários no texto normativo antes da deliberação e publicação da versão final da minuta regulatória".[367]

Verifica-se também a prática de consulta pública em alguns Ministérios, como no Ministério da Agricultura, Pecuária e Abastecimento (MAPA), em especial no âmbito da Secretaria de Defesa Agropecuária (SDA).

Em junho de 2020, o Ministério da Agricultura, Pecuária e Abastecimento (MAPA) publicou a Portaria nº 191/2020, aprovando o Guia de Boas Práticas Regulatórias. Nesse documento, um dos benefícios que se pretende atingir é fortalecer os mecanismos de participação social no processo de regulamentação.[368] A participação social é tida como:

> [...] fundamental no processo de produção normativa, tanto pelo controle que propicia, quanto pelos subsídios que agrega. Isto é, ao viabilizar o debate público sobre a matéria a ser regulamentada, não só legitima e confere transparência ao processo, mas também adiciona qualidade ao resultado.[369]

No âmbito do MAPA, a consulta pública é vista como:

> [...] um dos principais mecanismos de informação e inserção da sociedade no processo regulatório. Ajuda a revelar as contradições entre os diferentes grupos afetados, funcionando como uma espécie de "termômetro" sobre a receptividade da proposta para a tomada de decisão dos reguladores.[370]

---

364 Art. 9º, §4º e §5º, da Lei nº 13.848/2019.

365 Pode-se dizer que o sistema de consulta pública foi adotado pela ANVISA logo no início de sua criação. O sistema é previsto, superficialmente, no art. 35 do Decreto nº 3.029/1999, que aprova o regulamento da ANVISA.

366 Atualmente, a participação social na ANVISA é regulada pela Portaria nº 162/2021.

367 Disponível em: http://portal.anvisa.gov.br/conceitos-e-definicoes12. Acesso em 2 maio 2022.

368 Item "g" da "Introdução" do Anexo da Portaria nº 191/2020.

369 Item 6 do Anexo da Portaria nº 191/2020.

370 Item 6 do Anexo da Portaria nº 191/2020.

O sistema de audiências públicas[371] é igualmente útil à participação da sociedade.[372] [373] No entanto, deve possuir efetiva e justa regulamentação, seja a participação de forma individual ou via associações.[374] Paulo Affonso Leme Machado destaca que, se não houver tais características, "a audiência pode tornar-se uma participação ilusória e despida de real importância".[375]

A Lei das Agências Reguladoras (Lei nº 13.848/2019) também prevê a realização de audiência pública "para formação de juízo e tomada de decisão sobre matéria considerada relevante".[376] A agência reguladora deve disponibilizar, antes da realização da audiência pública, (i) no caso de proposta de ato normativo, os estudos, dados e materiais técnicos utilizados como fundamento; e (ii) no caso de outras propostas,

---

[371] Audiência pública pode ser entendida como "instrumento de apoio à tomada de decisão por meio do qual é facultada a manifestação oral por quaisquer interessados em sessão pública previamente destinada a debater matéria relevante" (art. 10, §1º, da Lei nº 13.848/2019) (BRASIL. *Lei nº 13.848, de 25 de junho de 2019*. Dispõe sobre a gestão, a organização, o processo decisório e o controle social das agências reguladoras, Disponível em: http://www.planalto.gov.br/ccivil_03/_ato20192022/2019/lei/L13848.htm#:~:text=%C2%A7%203%C2%BA%20As%20ag%C3%AAncias%20reguladoras,fraudes%20e%20atos%20de%20corrup%C3%A7%C3%A3o. Acesso em: 2 maio 2022).

[372] A Directiva nº 2001/18/CE, sobre à libertação deliberada no meio ambiente de OGMs, prevê a consulta ao público no processo de tomada de decisão: "Art. 9º - Consulta e informação do público 1. Sem prejuízo do disposto nos arts. 7º e 25, os Estados-Membros devem consultar o público e, quando adequado, grupos de interesses sobre a proposta de libertação deliberada. Ao fazê-lo, os Estados-Membros devem estabelecer regras pormenorizadas para essas consultas, incluindo um prazo razoável, de forma a facultar ao público ou aos grupos de interesses a oportunidade de manifestar a sua opinião. [...]. Art. 24 - Informação do público 1. Sem prejuízo do disposto no art. 25, a Comissão, imediatamente após a recepção de uma notificação em conformidade com o nº 1 do art. 13, deve colocar à disposição do público o resumo referido no nº 2, alínea h), do art. 13 A Comissão deve facultar igualmente ao público os relatórios de avaliação no caso referido no nº 3, alínea a), do art. 14. O público pode apresentar à Comissão os seus comentários no prazo de 30 dias. A Comissão deve distribuir imediatamente esses comentários a todas as autoridades competentes". (UNIÃO EUROPEIA. *Directiva nº 2001/18/CE do Parlamento Europeu e do Conselho, de 12 de março de 2001*. Disponível em: https://eur-lex.europa.eu/legal-content/PT/TXT/?uri=celex%3A32001L0018. Acesso em: 2 maio 2022).

[373] A possibilidade de realizar audiências públicas está prevista no art. 15 da Lei nº 11.105/2005: a CTNBio pode – e deve – assegurar a participação da sociedade através de audiências públicas, notadamente para autorizar atividades que envolvam pesquisa e o uso comercial de OGMs e seus derivados. A realização de audiência pública pela CTNBio é regulamentada pelo Decreto nº 5.591/2005.

[374] MACHADO, Paulo Affonso Leme. Informação e participação: instrumentos necessários para a implementação do Direito Ambiental. *Revista de Informação Legislativa*, n. 134, p. 213-218, abr./jun., 1997.

[375] MACHADO, Paulo Affonso Leme. Informação e participação: instrumentos necessários para a implementação do Direito Ambiental. *Revista de Informação Legislativa*, n. 134, p. 213-218, abr./jun., 1997.

[376] Art. 10, *caput*, da Lei nº 13.848/2019.

nota técnica ou documento equivalente que o tenha fundamentado.[377] A agência deve também disponibilizar o seu posicionamento sobre as contribuições recebidas em audiência pública.[378]

A ANVISA também já adotava a prática de audiência pública antes da Lei nº 13.848/2019.[379] Na Agência, a audiência pública é realizada em matérias consideradas relevantes[380] e almeja: (i) recolher subsídios e informações para o processo decisório; (ii) propiciar à sociedade a possibilidade de encaminhar pleitos, opiniões e sugestões; (iii) identificar aspectos relevantes à matéria objeto da audiência pública; e (iv) dar publicidade a ações da ANVISA.[381]

O mecanismo de audiência pública também é praticado no âmbito do MAPA sendo entendida como "espaço onde quaisquer interessados têm a oportunidade de manifestação, em condições igualitárias e democráticas, sobre proposta de ato normativo em elaboração".[382] A audiência pública seria recomendada para assuntos polêmicos, complexos e de repercussão.[383] "Confere-se, assim, maior publicidade, transparência e legitimidade às regulamentações oriundas da SDA".[384]

A Lei das Agências Reguladoras (Lei nº 13.848/2019) também autoriza a criação de outros meios de participação da sociedade, individualmente ou por meio de organizações e associações.[385] Nesses casos, cumpre à agência disponibilizar o seu posicionamento sobre as contribuições recebidas.[386] A ANVISA possui outros mecanismos de participação social,[387] como:

(i) <u>Tomada Pública de Subsídios (TPS)</u>: é forma de consulta, aberta à sociedade, para coletar dados, informações ou evidências sobre o Relatório Preliminar de Análise de Impacto Regulatório (AIR). "A TPS apresenta perguntas a respeito das informações contidas no Relatório de AIR: problema regulatório que se pretende solucionar, opções regulatórias

---

377 Art. 10, § 3º, da Lei nº 13.848/2019.

378 Art. 10, § 4º, c/c art. 9º, § 5º, todos da Lei nº 13.848/2019.

379 A audiência pública é adotada desde a sua criação, sendo prevista no Decreto nº 3.029/1999.

380 Art. 47 da Portaria nº 162/2021.

381 Art. 33 do Decreto nº 3.029/1999.

382 Item 7 do Anexo da Portaria nº 191/2020.

383 Item 7 do Anexo da Portaria nº 191/2020.

384 Item 7 do Anexo da Portaria nº 191/2020.

385 Art. 11 da Lei nº 13.848/2019.

386 Art. 11 c/c art. 9º, § 5º, todos da Lei nº 13.848/2019.

387 Os mecanismos de participação social na ANVISA são esclarecidos em: http://portal.anvisa.gov.br/conceitos-e-definicoes12. Acesso em: 2 maio 2022.

para o alcance dos objetivos pretendidos e identificação e comparação de seus impactos, bem como ações de implementação e monitoramento".[388]

(ii) Consultas dirigidas: é um mecanismo para buscar informações, evidências e dados, via questionamentos aos agentes envolvidos e afetados pela atuação regulatória. A princípio, as consultas dirigidas são destinadas a público específico.

(iii) Diálogos setoriais: é um encontro para validar informações coletadas no processo regulatório e recolher demandas e cenários que não tenham surgido. Podem ou não ser direcionados a público mais restrito.

Portanto, a legislação brasileira prevê ações de educação, informação/conscientização e participação da sociedade. É imperiosa uma ação conjunta e/ou complementar do Poder Público, de empresas privadas, ONGs, associações de defesa do consumidor, cientistas; enfim, da sociedade, para aprimorar o conhecimento e a participação da sociedade em matéria de OGMs. É necessário colocá-las em prática.

4.2 Impacto da rotulagem de OGMs na dignidade da pessoa humana, nos direitos fundamentais e nos direitos de personalidade

Há impacto da rotulagem sobre a presença de OGMs em alimentos na dignidade da pessoa humana, nos direitos fundamentais e nos direitos de personalidade. Antes de questionar a afirmação, apresenta-se breve introdução sobre dignidade da pessoa humana, direitos fundamentais e direitos da personalidade.

O princípio da dignidade da pessoa humana está presente em tratados internacionais, constituições, leis e decisões judiciais.[389] A eficácia da dignidade da pessoa humana é também reconhecida nos países em que ela não está prevista expressamente nas constituições (como França e Estados Unidos).[390] No Brasil, a dignidade da pessoa humana é um dos fundamentos da República, previsto no art. 1º, III, da CF/1988.

---

[388] http://portal.anvisa.gov.br/conceitos-e-definicoes12. Acesso em: 2 maio 2022.

[389] O princípio da dignidade da pessoa humana é a fonte de direitos humanos internacionais e norma básica que justifica todas as regras de direito nacional e internacional. (CHOI, Seung Hwan. The Applicability of International Human Rights Law to the Regulation of International Trade of Genetically Modified Organisms: A New Haven Perspective. *Asia Pacific Law Review*, v. 22, n. 1, p. 84, 2014.).

[390] SARMENTO, Daniel. *Dignidade da pessoa humana*: conteúdo, trajetórias e metodologia. 2. ed. 3. reimpr. Belo Horizonte: Fórum, 2019. p. 14.

Contudo, o enaltecimento da dignidade da pessoa humana não é suficiente para assegurar a sua eficácia. "Entre o discurso generoso dos textos constitucionais e internacionais e a vida concreta da população mais carente, interpõe-se quase sempre um oceano".[391]

Além da ausência de eficácia social, a dignidade humana enfrenta dificuldades em razão da falta de consenso sobre o seu conteúdo, ocasionando o uso excessivo e trivial. "[E]m termos práticos, a dignidade, como conceito jurídico, frequentemente funciona como um mero espelho, no qual cada um projeta os seus próprios valores".[392] Questiona-se, classificando a dignidade da pessoa humana como uma "fórmula vazia": se a dignidade humana serve para tudo, então ela não serve para nada.[393] Ao final, a capacidade da dignidade humana para equacionar controvérsia jurídica e social é comprometida e o princípio, desvalorizado.

Porém, essas razões não justificam abandonar ou diminuir a importância do princípio da dignidade da pessoa humana. A dignidade da pessoa humana, com frequência, é utilizada como ferramenta para se lutar por liberdade, igualdade e condições decentes de vida.[394] [395]

Mas o que seria o princípio da dignidade da pessoa humana? É necessário e possível atribuir conceito inelástico? Não, a doutrina concorda que não é necessário e tampouco possível atribuir um conceito fechado/inelástico à dignidade da pessoa humana. "Afinal, a abertura é fundamental para que o princípio possa desempenhar bem o seu papel, que envolve a proteção da pessoa humana diante de riscos e ameaças que nem sempre podem ser antecipados".[396]

---

391 SARMENTO, Daniel. *Dignidade da pessoa humana*: conteúdo, trajetórias e metodologia. 2. ed. 3. reimpr. Belo Horizonte: Fórum, 2019. p. 15.

392 BARROSO, Luís Roberto. *A dignidade da pessoa humana no direito constitucional contemporâneo*: a construção de um conceito jurídico à luz da jurisprudência mundial. Tradução de Humberto Laport de Mello. 5. reimpr. Belo Horizonte: Fórum, 2012. p. 9-10.

393 ASCENSÃO, José de Oliveira *apud* SARMENTO, Daniel. *Dignidade da pessoa humana*: conteúdo, trajetórias e metodologia. 2. ed. 3. reimpr. Belo Horizonte: Fórum, 2019. p. 17.

394 SARMENTO, Daniel. *Dignidade da pessoa humana*: conteúdo, trajetórias e metodologia. 2. ed. 3. reimpr. Belo Horizonte: Fórum, 2019. p. 19.

395 A dignidade humana também é utilizada para frear as inovações tecnológicas (impõe limites à medicina moderna). A bioética e o biodireito não podem admitir conduta que reduza a pessoa à condição de coisa, retirando a sua dignidade. (DINIZ, Maria Helena. *O estado atual do biodireito*. 6. ed. rev., aum. e atual. São Paulo: Saraiva, 2009. p. 16).

396 SARMENTO, Daniel. *Dignidade da pessoa humana*: conteúdo, trajetórias e metodologia. 2. ed. 3. reimpr. Belo Horizonte: Fórum, 2019. p. 70.

No direito brasileiro,[397] [398] a dignidade da pessoa humana é composta, essencialmente, por:

(i) Valor intrínseco da pessoa: "[a] dignidade impõe que se trate cada pessoa como um fim em si mesmo, e nunca como apenas um meio para a realização de fins que lhe são alheios".[399]

O Direito e o Estado existem para a pessoa. O valor intrínseco vale para toda e qualquer pessoa. Todos possuem igual dignidade, independentemente das características e dos atos praticados pelos indivíduos.

(ii) Autonomia: a pessoa possui o direito de fazer as suas escolhas de vida, livre de amarras legais, econômicas e culturais, e de agirem de acordo com elas. É a autodeterminação (pessoa autônoma que determina as regras que regem a sua vida). Buscar o ideal de viver bem e de ter uma vida boa.[400]

A autonomia corresponde à capacidade de o indivíduo tomar decisões e fazer escolhas pessoais ao longo de sua vida, com fundamento em suas concepções, seus próprios valores, interesses e desejos. A autonomia não é absoluta: a liberdade do indivíduo pode ser restringida, proporcionalmente, para evitar danos a terceiros e a bens transindividuais.

(iii) Mínimo existencial: a dignidade da pessoa humana compreende o acesso às necessidades materiais básicas para uma vida digna.

O mínimo existencial abrange garantir as condições à sobrevivência física, natureza sociocultural e faceta ecológica. E não está restrito aos bens e serviços expressamente previstos na CF/1988. Ao contrário,

---

[397] Luís Roberto Barroso constrói um conceito universal, propondo que o conteúdo mínimo da dignidade humana seja constituído por: (i) valor intrínseco (não tratar as pessoas como meio e compreender também direitos básicos, como vida e igualdade); (ii) autonomia (sob a perspectiva privada – autogoverno da pessoa – e pública – participação nas deliberações democráticas); e (iii) valor comunitário (representa o elemento social, restrição na autonomia pessoal para proteger dignidade e direitos de terceiros, dignidade e direitos do próprio indivíduo e proteção dos valores sociais compartilhados). (BARROSO, Luís Roberto. *A dignidade da pessoa humana no direito constitucional contemporâneo*: a construção de um conceito jurídico à luz da jurisprudência mundial. Tradução de Humberto Laport de Mello. 5. reimpr. Belo Horizonte: Fórum, 2012.).

[398] A doutrina não é unânime quanto ao conceito de "dignidade da pessoa humana". Para este estudo, adotamos o conceito defendido por: SARMENTO, Daniel. *Dignidade da pessoa humana*: conteúdo, trajetórias e metodologia. 2. ed. 3. reimpr. Belo Horizonte: Fórum, 2019.

[399] SARMENTO, Daniel. *Dignidade da pessoa humana*: conteúdo, trajetórias e metodologia. 2. ed. 3. reimpr. Belo Horizonte: Fórum, 2019. p. 133.

[400] BARROSO, Luís Roberto. *A dignidade da pessoa humana no direito constitucional contemporâneo*: a construção de um conceito jurídico à luz da jurisprudência mundial. Tradução de Humberto Laport de Mello. 5. reimpr. Belo Horizonte: Fórum, 2012. p. 81.

um de seus papéis mais relevantes é o de assegurar o acesso aos bens e serviços não expressamente previstos, como energia elétrica, saneamento básico e vestuário adequado.[401]

(iv) Reconhecimento: é a sociedade reconhecer a própria pessoa, com respeito a raça, gênero, orientação sexual, religião, deficiência, entre outros.

O reconhecimento possui fortes conexões com a igualdade e a solidariedade. "Trata-se de um direito 'ao igual respeito da identidade pessoal'".[402]

No direito público existem os direitos fundamentais relacionados aos aspectos da existência da pessoa. Historicamente, os direitos fundamentais assumem posição de destaque ao se reconhecer que o indivíduo, primeiro, possui direitos e, depois, deveres perante o Estado.[403]

A doutrina e a jurisprudência não são unânimes quanto à definição dos direitos fundamentais, porque (i) o catálogo dos direitos fundamentais está em constante crescimento, variando com cada momento histórico; (ii) os direitos fundamentais não seriam homogêneos, dificultando conceituação ampla e vantajosa que abarque todos; e (iii) a estrutura normativa dos direitos fundamentais não coincide em todos os casos.[404] Para este estudo, adota-se o conceito de direitos fundamentais como direitos indispensáveis à pessoa humana para assegurar a sua existência digna, igual e livre e que limitam a atuação do Estado.

Quanto às características dos direitos fundamentais, igualmente não há posição unânime sobre quais são. As características são importantes para permitir identificar os direitos fundamentais implícitos ou não previstos expressamente na CF/1988. Basicamente, os direitos fundamentais são inalienáveis, imprescritíveis, irrenunciáveis, universais e limitáveis (em caso de colisão entre direitos fundamentais).

Há relação importante entre a dignidade humana e os direitos fundamentais: "[...] a dignidade da pessoa humana é um valor supremo que atrai o conteúdo de todos os direitos fundamentais do homem, desde o direito à vida".[405] A dignidade da pessoa humana é fonte e

---

401 SARMENTO, Daniel. *Dignidade da pessoa humana*: conteúdo, trajetórias e metodologia. 2. ed. 3. reimpr. Belo Horizonte: Fórum, 2019. p. 331.

402 SARMENTO, Daniel. *Dignidade da pessoa humana*: conteúdo, trajetórias e metodologia. 2. ed. 3. reimpr. Belo Horizonte: Fórum, 2019. p. 333.

403 MENDES, Gilmar Ferreira; BRANCO, Paulo Gustavo Gonet. *Curso de direito constitucional*. 9. ed., rev. e atual. São Paulo: Saraiva, 2014. p. 89.

404 MENDES, Gilmar Ferreira; BRANCO, Paulo Gustavo Gonet. *Curso de direito constitucional*. 9. ed., rev. e atual. São Paulo: Saraiva, 2014. p. 91.

405 SILVA, José Afonso da. A dignidade da pessoa humana como valor supremo da democracia. *Revista de Direito Administrativo*, v. 212, p. 89-94, abr./jun., 1998.

fundamento de todos os direitos materialmente fundamentais. Sob outro ângulo, os direitos materialmente fundamentais são concretizações da dignidade humana.[406] Em síntese, "[o]s direitos e [as] garantias fundamentais, em sentido material, são, pois, pretensões que, em cada momento histórico, se descobrem a partir da perspectiva do valor da dignidade humana".[407]

De acordo com o art. 5º, §2º, da CF/1988, o rol dos direitos fundamentais é exemplificativo. Adotou-se sistema aberto. Para Daniel Sarmento, os direitos que representem concretizações relevantes do princípio da dignidade da pessoa humana devem ser considerados fundamentais.[408]

Por exemplo, como visto, o direito à informação é tido como fundamental, pois seria concretização da dignidade humana. É direito inerente à pessoa, pertence a todos indistintamente. O direito à informação é constitucionalmente garantido pela conjugação dos direitos à informação[409] e da proteção do consumidor.[410]

Além disso, o direito à informação, em especial nas relações de consumo, seria fundamental,[411] porque engloba situação jurídica sem a qual a pessoa não se realiza, não convive. Para adquirir qualquer bem ou serviço, o consumidor necessita ser informado, de forma suficiente e adequada. O referido direito deve ser concreta e materialmente efetivado.

A reforçar a posição de direito fundamental, o direito à informação transcende a posição individual do consumidor para: (i) um dos

---

[406] SARMENTO, Daniel. *Dignidade da pessoa humana*: conteúdo, trajetórias e metodologia. 2. ed. 3. reimpr. Belo Horizonte: Fórum, 2019. p. 305.

[407] MENDES, Gilmar Ferreira; BRANCO, Paulo Gustavo Gonet. *Curso de direito constitucional*. 9. ed., rev. e atual. São Paulo: Saraiva, 2014. p. 91.

[408] *SARMENTO, Daniel. Dignidade da pessoa humana*: conteúdo, trajetórias e metodologia. 2. ed. 3. reimpr. Belo Horizonte: Fórum, 2019. p. 85.

[409] Acesso à informação – art. 5º, XIV, da CF/1988.

[410] Art. 5º, XXXII, e art. 170, V, da CF/1988.

[411] Helena Telino Neves defende a existência de um "direito fundamental à informação sobre gêneros alimentícios geneticamente modificados consumidos" (NEVES, Helena Telino. O que comemos?! Aspectos jurídicos sobre segurança alimentar na produção de animais geneticamente modificados para consumo humano. *In:* NEVES, Helena Telino (Coord.). *Direito à alimentação e segurança alimentar*. Curitiba: Juriá, 2017, p. 162). Compreendemos a intenção da autora; porém, discordamos. Já existe e é indiscutivelmente aceito o direito à informação como direito fundamental. A questão de informar sobre a presença de OGMs em alimentos está abarcada no direito à informação. Necessário prudência na "criação" de direitos fundamentais para que não sejam banalizados.

objetivos da PNDC;[412] (ii) princípio da PNDC;[413] e (iii) direito básico do consumidor.[414]

Outro exemplo é o direito fundamental à alimentação,[415] que envolve quantidade suficiente, qualidade e segurança do alimento e acesso digno ao alimento via informação adequada.[416]

Para Ana Elizabeth Lapa Wanderley Cavalcanti, o direito à alimentação é composto pela alimentação em si ("matar" a fome), nutrição, segurança na alimentação e possibilitar manter a vida e a saúde de forma digna.[417] Para tanto, "[...] é essencial a informação da composição dos alimentos, com o intuito de que a pessoa saiba o que está sendo oferecido e possa decidir se tem interesse em consumir aquele alimento ou não".[418] Assim, a informação sobre a presença de OGM, via rotulagem, seria necessária para atender ao direito à alimentação.

Por fim, no direito privado, há os direitos da personalidade, entendidos como direitos essenciais ao indivíduo,[419] conjunto de características e atributos do homem, valores existenciais, em parte inatos, absolutos, imprescindíveis à personalidade.[420] [421] São

---

412 Art. 4º, *caput*, do CDC.

413 Art. 4º, IV, do CDC.

414 Art. 6º, III, do CDC.

415 Art. 6º da CF/1988.

416 CAVALCANTI, Ana Elizabeth Lapa Wanderley. *O impacto da rotulagem dos alimentos transgênicos nos direitos da personalidade e na sadia qualidade de vida.* 2006. 350 p. Tese (Doutorado em Direito) – Pontifícia Universidade Católica de São Paulo, São Paulo, 2006. p. 180.

417 CAVALCANTI, Ana Elizabeth Lapa Wanderley. *O impacto da rotulagem dos alimentos transgênicos nos direitos da personalidade e na sadia qualidade de vida.* 2006. 350 p. Tese (Doutorado em Direito) – Pontifícia Universidade Católica de São Paulo, São Paulo, 2006. p. 182.

418 CAVALCANTI, Ana Elizabeth Lapa Wanderley. *O impacto da rotulagem dos alimentos transgênicos nos direitos da personalidade e na sadia qualidade de vida.* 2006. 350 p. Tese (Doutorado em Direito) - Pontifícia Universidade Católica de São Paulo, São Paulo, 2006. p. 182.

419 Rubens Limongi França define os direitos da personalidade como: "[...] faculdades jurídicas cujo objeto são os diversos aspectos da própria pessoa do sujeito, bem assim seus prolongamentos e projeções". (FRANÇA, Rubens Limongi. Direitos da personalidade: coordenadas fundamentais. *Doutrinas Essenciais de Direito Civil*, v. 3, p. 653-667, out., 2010).

420 CAVALCANTI, Ana Elizabeth Lapa Wanderley. *O impacto da rotulagem dos alimentos transgênicos nos direitos da personalidade e na sadia qualidade de vida.* 2006. 350 p. Tese (Doutorado em Direito) – Pontifícia Universidade Católica de São Paulo, São Paulo, 2006. p. 52.

421 Anderson Schreiber, em apartada síntese, explica a diferença nas designações dos direitos que contemplam atributos da personalidade humana da seguinte forma, destacando que o que mudaria seria o plano em que a personalidade humana se manifesta: "[...] a expressão direitos humanos é mais utilizada no plano internacional, independentemente, portanto, do modo como cada Estado nacional regula a matéria. Direitos fundamentais, por sua vez, é o termo normalmente empregado para designar 'direitos positivados numa constituição de um determinado Estado'. É, por isso mesmo, a terminologia que tem sido preferida para tratar da proteção da pessoa humana no campo do direito público, em

direitos intransferíveis, indisponíveis, inalienáveis, irrenunciáveis, impenhoráveis, inexpropriáveis e imprescritíveis.

Apenas parte dos direitos da personalidade está prevista no CC.[422] [423] Não existe número exato de direitos da personalidade; o rol de direitos previsto no CC é exemplificativo. Defende-se a elasticidade desses direitos, sempre relacionados ao valor da pessoa.[424]

Por exemplo, similar ao direito fundamental à alimentação, defende-se o direito à alimentação, na qualidade de direito à personalidade. Para Rubens Limongi França, o direito da personalidade à alimentação é integrante do direito à vida.[425] O direito da personalidade à alimentação englobaria, além do acesso ao alimento, o acesso à informação sobre o alimento para que o indivíduo escolha o consumir ou não. Nesse aspecto, se incluiria a informação, via rotulagem, sobre a presença de OGM no alimento.

---

face da atuação do poder estatal. Já a expressão direitos da personalidade é empregada na alusão aos atributos humanos que exigem especial proteção no campo das relações privadas, ou seja, na interação entre particulares, sem embargo de encontrarem também fundamento constitucional e proteção nos planos nacional e internacional". (SCHREIBER, Anderson. *Direitos da personalidade*. 2. ed. São Paulo: Atlas, 2013. p. 13).

[422] No CC, os direitos da personalidade são previstos nos arts. 11 ao 21.

[423] Ao mesmo tempo em que se comemora a previsão dos direitos da personalidade no CC, se critica a maneira como foi realizada. Por exemplo: "Contaminado pelo espírito do seu tempo, o Código Civil acabou tratando dos direitos da personalidade de modo excessivamente rígido e puramente estrutural. Muitos dos dispositivos dedicados ao tema trazem soluções absolutas, definitivas, fechadas, que, como se verá adiante, não se ajustam bem à realidade contemporânea e à própria natureza dos direitos da personalidade, dificultando a solução de casos concretos". (SCHREIBER, Anderson. *Direitos da personalidade*. 2. ed. São Paulo: Atlas, 2013. p. 12).

[424] Defende-se existir direitos da personalidade no CDC: "Por isto, referimo-nos especificamente aos direitos da personalidade do consumidor quando há uma sobreposição dos interesses existenciais sobre os interesses patrimoniais em uma relação de consumo. Em verdade, nem todos os direitos do consumidor são direitos da personalidade, aliás, parte dos direitos do consumidor abarcam somente interesses patrimoniais (v.g., abatimento do preço de produto com vício - art. 18, § 1.º, III, do CDC), ao contrário dos direitos da personalidade do consumidor de índole existencial, notadamente o direito à vida e à honra. Logo, os direitos da personalidade do consumidor manifestar-se-ão no âmbito das relações de consumo em que estejam envolvidos interesses existenciais, é claro que ao lado destes, geralmente, há interesses patrimoniais, uma vez que relações de consumo são marcadas pelo caráter econômico, distintas, portanto, de algumas relações civis em que, a priori, o que está posto em causa é o interesse existencial, como no caso do direito ao nome pleiteado pelo investigante em ações de investigação de paternidade. [...]". (BOLSON, Simone Hegele. Direitos da personalidade do consumidor e a cláusula geral de tutela da dignidade da pessoa humana. *Doutrinas Essenciais de Direito do Consumidor*, v. 2, p. 391-427, abr., 2011).

[425] FRANÇA, Rubens Limongi. Direitos da personalidade: coordenadas fundamentais. *Doutrinas Essenciais de Direito Civil*, v. 3, p. 653-667, out., 2010.

Dito isso, passa-se a analisar e a questionar a doutrina sobre os impactos da rotulagem de OGMs ao princípio da dignidade da pessoa humana, aos direitos fundamentais e aos direitos da personalidade, notadamente no caso de ausência de rotulagem ou rotulagem inadequada sobre OGMs.

Devem ser observados os princípios da precaução, da proporcionalidade e da publicidade e os direitos à informação e à participação pública no processo de decisão sobre a segurança alimentar. Essa seria a forma primordial de garantir a segurança alimentar e o respeito à dignidade dos consumidores.[426]

Especificamente, Cláudia Lima Marques defende que a informação sobre a presença de OGMs em alimento é informação necessária para a saúde e a dignidade humana.[427]

Adicionalmente, há relação entre informação clara, precisa e verdadeira – OGMs – direito de personalidade – direito de escolha do consumidor – direito fundamental à informação nos seguintes termos:

> Somente a informação clara, precisa e verdadeira pode ajudar a esclarecer a população sobre os efeitos dos transgênicos e dos não-transgênicos. Toda e qualquer pessoa tem o direito de saber o que está comendo, bem como ter informações sobre as técnicas de cultivo dos produtos comercializados. Prestar informações à pessoa sobre o conteúdo do seu alimento e como foi produzido desde a plantação é respeitar o direito de personalidade, o respeito à sadia qualidade de vida e, principalmente, o princípio da dignidade da pessoa humana. [...] a informação sobre todo o processo de transgenia para a obtenção de um alimento transgênico é o principal caminho para assegurar ao consumidor o conhecimento necessário, colocando em prática de forma consciente o seu direito de escolha. [...] a rotulagem dos produtos, incluindo-se os geneticamente modificados, pode ser considerada forma de demonstrar não só a segurança do produto comercializado, mas também o respeito ao direito fundamental de informação de todo o ser humano e o direito mais íntimo de cada pessoa, em particular, de decidir o que pretender para equilibrar a sua saúde e manutenção da sua vida.
>
> [...]

---

426 MORGATO, Melissa. Organismos geneticamente modificados: algumas questões jurídicas. *In*: ESTORNINHO, Maria João (Coord.). *Estudos de direito da alimentação*. Lisboa: Instituto de Ciências Jurídico-Políticas da Faculdade de Direito da Universidade de Lisboa, 2013. p. 168.

427 MARQUES, Cláudia Lima. OGM e le droit de la consommation: une action mondial pour assurer l'information des consommateurs? *Revista Cadernos do Programa de Pós-Graduação em Direito/UFRGS*, v. 2, n. 4, p. 332, 2004.

> E se a rotulagem de produtos transgênicos tem o intuito básico de cumprir regra do direito do consumidor, protegido, inclusive, por norma constitucional, o não-cumprimento dessa regra, por meio de informação clara, precisa e verdadeira, viola o princípio da dignidade humana e o direito à sadia qualidade de vida. Portanto, se a Constituição Federal elevou a defesa do consumidor a um direito individual e fundamental da pessoa (art. 5º, XXXII), podemos entender que no âmbito do direito privado se trata de um direito da personalidade, que, se não for observado, estará sendo descumprido".[428]

Contudo, questionamos se o apresentado acima seria correto, principalmente por sustentar violação à dignidade da pessoa humana, quando existiriam direitos mais concretos e próximos à situação estudada.[429]

Há argumentos nas mais distintas direções. Por exemplo:

(i) Haveria violação ao princípio da dignidade da pessoa humana, porque a ausência de informação ou informação inadequada sobre OGM no produto atingiria a autonomia (isto é, fazer escolhas com base em concepções, valores, interesses e desejos individuais), um dos elementos mínimos da dignidade humana.

O viés da "autonomia" do consumidor seria justamente o de ele escolher consumir ou não OGM, sendo a liberdade de escolha um direito básico do consumidor.[430] E, para tanto, é necessário haver informação quanto à presença ou à ausência de OGM na rotulagem. Ou, se presente, que a informação seja adequada.

Em outras palavras, a informação seria o elemento que concretiza a escolha do consumidor, de acordo com suas concepções, valores, interesses e desejos, em consumir ou não alimento que contenha OGMs.

---

[428] CAVALCANTI, Ana Elizabeth Lapa Wanderley. *O impacto da rotulagem dos alimentos transgênicos nos direitos da personalidade e na sadia qualidade de vida*. 2006. 350 p. Tese (Doutorado em Direito) - Pontifícia Universidade Católica de São Paulo, São Paulo, 2006. p. 333.

[429] Daniel Sarmento defende que não se pode ignorar o plano normativo mais concreto e próximo do caso para buscar a solução. Isso não quer dizer que é impossível vislumbrar violação à dignidade da pessoa humana; porém, sob certas circunstâncias. Ou seja, deve-se atentar para invocar o direito efetivamente violado para coibir o uso inadequado e desenfreado da dignidade humana. É lógico que haverá situações em que se discutirá, apenas e tão somente, o princípio da dignidade da pessoa humana. Porém, restritas àquelas que violem aspecto autônomo do princípio em questão. (SARMENTO, Daniel. *Dignidade da pessoa humana*: conteúdo, trajetórias e metodologia. 2. ed. 3. reimpr. Belo Horizonte: Fórum, 2019. p. 307).

[430] Art. 6º, II, do CDC.

(ii) Haveria violação ao próprio direito à informação, tido como direito fundamental, em caso de simples ausência de informação ou informação inadequada sobre OGM no produto.

Nas relações de consumo, a informação é essencial, indispensável para a livre escolha (de forma livre e consciente) e a autodeterminação do consumidor.

Nos Estados Unidos, o direito à informação foi utilizado pela opinião pública para defender a necessidade de rotulagem obrigatória dos alimentos que contêm OGMs.[431] Na época em que o Congresso Norte-Americano aprovou a legislatura federal, destacou-se que a futura norma norte-americana efetivaria a informação ao consumidor.[432] Com base em análise da Lei Federal nº 114.216, concordamos que a Lei Federal nº 114.216 efetiva o direito à informação do consumidor.

Adicionalmente, defende-se que as normas da CE reconhecem o direito à informação do consumidor como justificativa para o regime de rotulagem obrigatória.[433] Porém, não haveria uma escolha real no ponto de compra, porque existiriam poucos alimentos com OGMs disponíveis no mercado europeu.[434]

O curioso é quem defende que, no nível internacional, algumas normas e instrumentos não reconhecem o direito à informação como base exclusiva para determinar a rotulagem de OGMs. A razão seriam questões de saúde e segurança (no caso do Protocolo de Cartagena) e conservação e uso sustentável da biodiversidade e saúde humana (no caso do *Codex Alimentarius*).[435]

(iii) Haveria violação ao direito à alimentação, na qualidade de direito fundamental e de direito da personalidade,

---

[431] ESTADOS UNIDOS. Congressional Research Service Report. *The National Bioengineered Food Disclosure Standard*: Overview and Select Considerations. Disponível em: https://www.everycrsreport.com/reports/R46183.html Acesso em: 2 maio 2022.

[432] DEGIOVANNI, Maria. The Future of GMO Labeling: How a New Federal Labeling Scheme Will Alter Public Discourse. *Washington University Law Review*, v. 95, n. 3, p. 705-726, 2017.

[433] DU, Li. GMO Labelling and the Consumer's Right to Know: A Comparative Review of the Legal Bases for the Consumer's Right to Genetically Modified Good Labelling. *McGill Journal of Law and Health*, v. 8, n. 1, p. 39, 2014.

[434] DU, Li. GMO Labelling and the Consumer's Right to Know: A Comparative Review of the Legal Bases for the Consumer's Right to Genetically Modified Good Labelling. *McGill Journal of Law and Health*, v. 8, n. 1, p. 39, 2014.

[435] DU, Li. GMO Labelling and the Consumer's Right to Know: A Comparative Review of the Legal Bases for the Consumer's Right to Genetically Modified Good Labelling. *McGill Journal of Law and Health*, v. 8, n. 1, p. 39, 2014.

porque a alimentação envolve o acesso digno ao alimento via informação adequada. Para escolher consumir ou não o alimento, o indivíduo deve ser informado sobre a sua composição, incluindo-se a presença de OGMs.

Assim, diz-se que a ausência de informação ou informação inadequada no alimento que contenha OGMs feriria o direito à alimentação, sob o viés de direito fundamental ou de direito da personalidade, porque impossibilitaria decisão livre e consciente de consumir ou não o alimento.

(iv) Pode-se, ainda, defender violação ao direito do consumidor (na qualidade de direito fundamental[436]) e aos direitos do consumidor (ramo do direito que disciplina um setor específico de relações jurídicas), porque o direito à informação integraria tais direitos, caso a rotulagem não indique ou indique inadequadamente a presença de OGMs no alimento.

Nos direitos do consumidor, defende-se que esses direitos albergam alguns direitos da personalidade. Inclusive, vislumbra-se na PNRC uma Política Nacional de Direitos da Personalidade nas relações de consumo.[437] Dentre os direitos do consumidor, considerados como da personalidade, se encontraria o direito à informação e o direito de escolha.

Porém, ainda que se possa sustentar o raciocínio, ele deve ser criticado, porque, como visto, existem direitos mais concretos e próximos do caso.

Não parece ser necessário construir caminho argumentativo calcado no direito do consumidor (como direito fundamental)/direitos do consumidor (em parte, como direitos da personalidade) abrangerem o direito à informação e o direito de escolha, porque a situação (ausência ou deficiência de informação sobre OGMs na rotulagem) possui solução em direitos mais próximos e concretos, como os direitos fundamentais à informação e à alimentação e o direito da personalidade à alimentação.

Como se verifica, a base para a violação dos direitos elencados acima é a escolha do consumidor. Kammi L. Rencher analisou,

---

[436] Para Caroline Vaz, o direito dos consumidores, dentre os quais se encontra o direito à informação, pertence à terceira dimensão dos direitos fundamentais, "tendo em vista o reconhecimento com a preocupação da coletividade, por um prisma de solidariedade, podendo receber proteção jurídica tanto individual, como coletivamente [...]". (VAZ, Caroline. *Direito do consumidor à segurança alimentar e responsabilidade civil*. Porto Alegre: Livraria do Advogado Editora, 2015. p. 111).

[437] BITTAR, Eduardo C. B. Direitos do consumidor e direitos da personalidade: limites, intersecções, relações. *Doutrinas Essenciais de Direito do Consumidor*, v. 2, p. 139-148, abr., 2011.

especificamente, o "direito de escolha alimentar" (denominado pelo autor como *food choice*) que seria como as pessoas decidem o que comprar e comer[438]. Para Kammi L. Rencher, o "direito de escolha alimentar" não seria um direito fundamental, mas mereceria algum tipo de proteção reforçada. "As pessoas escolhem os alimentos por muitos motivos diferentes, alguns dos quais podem ser comparáveis aos direitos fundamentais estabelecidos".[439] Kammi L. Rencher aponta os seguintes motivos:

(i) Escolha alimentar como meio de expressão: a escolha alimentar pode ser entendida como maneira de autoexpressão e identidade própria.

(ii) Escolha alimentar como controle sobre a saúde: o direito de tomar decisões sobre a saúde seria protegido constitucionalmente e a escolha de alimento poderia ser protegida se o indivíduo estiver fazendo a escolha como resultado de um esforço para controlar a sua saúde.

O direito pode também possuir alguma conexão com o direito fundamental da liberdade pessoal. Assim, mesmo que as autoridades entendam que um alimento apresente riscos significativos, o indivíduo teria o direito de escolher acessar e consumir o alimento, desde que não seja proibido.

(iii) Escolha alimentar como expressão religiosa: a religião é um importante fator para a escolha alimentar, na medida em que determinados alimentos (ou a sua abstinência) são fundamentais para algumas religiões.

O raciocínio adotado pelo autor é: um alimento pode ter um importante papel em determinado contexto religioso. A Declaração de Direitos dos Estados Unidos (*Bill of Rights*) concede especial deferência à liberdade de religião. Portanto, o direito de escolha alimentar pode merecer proteção devido à importância religiosa.

---

[438] Ainda que não discorra, especificamente, sobre o "direito de escolha alimentar", Carlos Alberto Ely Fontela entende que a identificação da espécie doadora do gene na rotulagem, imposta pela legislação brasileira, "[...] respeita o direito de opção do consumidor de não ingerir determinados alimentos por motivos religiosos, culturais ou mesmo de hábito alimentar". (FONTELA, Carlos Alberto Ely. Os alimentos geneticamente modificados, o direito fundamental dos consumidores à informação e rotulagem: casos brasileiro e português. *In:* NEVES, Helena Telino (Coord.) *Direito à alimentação e segurança alimentar*. Curitiba: Juriá, 2017. p. 92).

[439] No original: *"People choose food for many different reasons, some of which may be comparable to established fundamental rights"*. (RENCHER, Kammi L. Food choice and fundamental rights: a piece of cake or pie in the Sky? *Nevada Law Journal*, v. 12, n. 2, p. 423, 2012).

(iv) Escolha alimentar como expressão cultural: alimentos são sinais de identidade étnica e muitos indivíduos podem escolher o alimento baseados, ao menos em parte, na herança cultural.

Grupos étnicos são definidos pelos seus comportamentos alimentares e as pessoas acabam por afirmar a sua identidade cultural, justamente, por meio da escolha alimentar.

(v) Escolha alimentar como autoexpressão e forma de discurso: a comida é meio de expressão e um meio de se manifestar. As pessoas escolhem os alimentos com base nos seus valores pessoais. E, portanto, escolhem ou recusam comer alimentos que consideram morais ou imorais.

Kammi L. Rencher vai além:

> A escolha da comida é até vista como uma forma de discurso político, já que os comerciantes de alimentos veem a caixa registradora como uma cabine de votação e veem a escolha da comida como uma forma de voto. E, conforme as atitudes em relação aos alimentos mudaram, os produtores de alimentos e o governo responderam.[440]

Portanto, defendemos que a ausência ou a inadequação de informação na rotulagem de alimento que contenha OGM pode violar a dignidade humana, princípios fundamentais e direitos da personalidade. Deve-se, contudo, atentar para coibir/desencorajar o uso desenfreado de alguns desses institutos, tidos como genéricos (como a dignidade da pessoa humana e o direito do consumidor). Sempre que possível, deve-se utilizar o direito mais próximo, concreto e específico para o caso.

---

[440] No original: "*Food choice is even seen as a form of political speech, since food marketers view the checkout till as a polling booth and see food choice as a form of voting. And, as attitudes concerning food have changed, food producers and the government have responded*". (RENCHER, Kammi L. Food choice and fundamental rights: a piece of cake or pie in the Sky? *Nevada Law Journal*, v. 12, n. 2, p. 437, 2012).

CONCLUSÃO

Não se chegou a uma conclusão técnico-científica sobre os OGMs, se e o quanto podem vir a afetar a saúde de pessoas e animais e o meio ambiente, bem como os riscos ao se consumir alimentos geneticamente modificados. A discussão continua viva, com países adotando rotulagem obrigatória para alimentos que contêm OGMs (como os Estados Unidos, recentemente, com obrigatoriedade de suas regras em 2022).

A informação e o princípio da precaução são, sem sombras de dúvidas, aplicados aos OGMs. Verificamos aspectos consolidados da informação: a sua importância, erigida a princípio fundamental; posição consolidada no ordenamento jurídico brasileiro (em particular no Sistema de Proteção ao Consumidor); vista como modo de gerenciar riscos, possibilitando a transparência e a escolha livre do consumidor.

As falhas (informação incompleta ou inadequada) ocasionam vício ou defeito de informação, a depender das circunstâncias do caso concreto, inclusive no âmbito dos OGMs. Abuso de direito e obrigação de se informar/renunciar à faculdade de se informar podem ser vistos, a princípio, como temas novos, atuais e discutíveis no campo dos OGMs: vislumbrar o abuso de direito pode ser mais fácil do que a excludente de responsabilidade (via obrigação de se informar/renunciar à faculdade de se informar).

O fornecedor extrapola o dever de informar ao "exagerar" na quantidade de informações transmitidas ao consumidor, bem como na ausência de informação (deixa de transmitir informações relevantes, parcial ou totalmente). Entendemos que se estará diante de abuso de direito "informacional" nas situações em que se veicula informações não adequadas e que não correspondam à expectativa e à necessidade da outra parte.

Por outro lado, sustentamos excludente de responsabilidade baseada na obrigação do consumidor de se informar/renunciar à faculdade de se informar. A excludente seria de difícil aplicação no direito civil, na medida em que não coaduna com os requisitos de força maior. De outro viés, destacamos o ônus da autoinformação no campo dos deveres pré-contratuais, já consolidado na doutrina brasileira. No Sistema de Proteção ao Consumidor, defendemos que tais hipóteses de excludentes de responsabilidade podem ser enquadradas na culpa exclusiva da vítima. Logicamente, não é qualquer situação que possibilitará a aplicação das excludentes, necessário ato (ação ou omissão) de não se informar e assumir os riscos daí advindos. Haverá dificuldade na comprovação no Judiciário. É recomendável ao fornecedor documentar as excludentes, via declaração/atestado, assinado pelo consumidor, de que não se informou, propositadamente e por opção/vontade própria, ou que renunciou ao direito à informação.

No âmbito dos OGMs, a questão é delicada. A população brasileira possui pouco conhecimento sobre os OGMs e a desigualdade educacional é latente. Haveria obstáculos na aplicação das excludentes: apenas nas situações em que o consumidor possui considerável grau de educação e conhecimento (ao menos básico) sobre OGMs é que as excludentes podem operar. É necessário, ainda, observar atitude essencial do consumidor em não querer se informar, mesmo que o fornecedor se disponha. Novamente, cabe ao fornecedor se munir de provas sobre a atitude do consumidor.

Outro aspecto indiscutível é a aplicação do princípio da precaução aos OGMs. Vivemos em uma sociedade de risco que impõe somar às formas tradicionais da responsabilidade civil (subjetiva e objetiva) e às funções (compensatória/reparatória e dissuasória/punitiva) os princípios da prevenção e da precaução e a função preventiva da responsabilidade civil. O princípio da precaução é aplicado em se vislumbrando riscos com danos graves e irreversíveis e sobre os quais não se possui certeza científica. Ele já está consolidado no ordenamento estrangeiro e nacional, não podendo ser ignorado.

Situações em que se aplica o princípio da precaução são complexas (vide os OGMs). Verificar, analisar e implementar medida de precaução acompanha a complexidade: sopesam-se o progresso e o crescimento da economia e observam-se a prudência, a razoabilidade e a proporcionalidade. Há discricionariedade na aplicação. Nesse cenário, a informação é o instrumento mais adequado e obrigatório para compartilhar os riscos com a sociedade. A informação deve ser adequada, suficiente e verdadeira, impondo analisar o público-alvo e a melhor forma de comunicá-la, ressaltando os seus aspectos-chave. Resumo: a informação é a melhor maneira, até o momento, para permitir ao consumidor adotar uma escolha livre e informada sobre consumir ou não alimentos com OGMs.

Felizmente, o Brasil adotou a rotulagem obrigatória de produtos que contenham OGMs, para pessoas e para animais (que representa a nossa posição). Contudo, a norma brasileira é criticada. Entendemos que o símbolo adotado (triângulo em amarelo e preto) é agressivo, remetendo a substância venenosa e/ou sinônimo de perigo, atenção e cuidado; o que pode desvirtuar a sua finalidade. Não basta informar a presença e a espécie de OGM no produto, mas também origem, características dos genes inseridos no alimento e quais os riscos à saúde e à segurança do consumidor, ainda que potenciais.

Ponto questionável, de discussão ferrenha, é o direito à informação previsto no Sistema de Defesa ao Consumidor *versus* o Decreto nº 4.680/2003. O Decreto nº 4.680/2003 impõe limite: produtos, destinados para alimentação humana ou animal, que contenham ou sejam produzidos a partir de OGMs com presença acima de 1% do produto devem ser rotulados. Compartilhamos da posição de que o direito e o dever à informação não são completamente implementados/exercidos, porque, nos casos em que há OGMs abaixo do limite legal, o produto possui OGM e o consumidor não está sendo devida e efetivamente informado. É dizer que o correto é a rotulagem de produtos que contenham OGMs, independentemente de seu percentual, porque apenas nessa situação a escolha do consumidor refletirá a sua vontade.

Aliando adequação da rotulagem obrigatória e direito à informação com vontade livre e consciente do consumidor, temos que não é em toda ocasião que o consumidor será devidamente informado no âmbito de OGMs, tampouco sua vontade é observada. Buscar a solução de adequar a rotulagem obrigatória por análise do "homem médio", teórico, não parece ser a saída, porque, aqui, "homem médio", teórico, em tese, não existe; não existindo também a ideia de que qualquer escolha do consumidor é livre e consciente (isso é utopia).

Primeiro, parece-nos necessária pesquisa mercadológica, atualizada. Isto é, pesquisa sobre o conhecimento atual da sociedade acerca dos OGMs. É indispensável que o público pesquisado seja heterogêneo, representando a disparidade social do Brasil. Não observar esse requisito é fadar a pesquisa ao insucesso.

Então, tendo como norte a pesquisa, pode-se construir modelo novo de rotulagem obrigatória, envolvendo as informações escritas e visuais (símbolos), sem utilizar linguagem exclusivamente técnica. Ainda que ausente a pesquisa mercadológica, algumas informações já parecem prevalecer e ser necessárias na nova rotulagem obrigatória: presença de OGMs independentemente do percentual; origem, características, do gene inserido no alimento; e potenciais riscos à saúde e à segurança do consumidor. Toda e qualquer informação presente no rótulo deve ser extremamente objetiva. Propomos que o modelo de disposição da informação escrita seja parecido com o modelo de tabela de informação nutricional de alimentos embalados, com o qual o consumidor já está acostumado. No quadro abaixo pode ser conferida a nossa sugestão:

CONTÉM OGM* (milho Bt)	
Origem	*Bacillus thuringiensis* – Bt
Características	Resistente a lagarta-do-cartucho e outros insetos-praga
Possíveis riscos à saúde e à segurança	Alergia; intolerância alimentar
* Informações de [mês/ano]. Podem variar conforme desenvolvimento tecnológico. Para maiores informações, procure o SAC.	

Quanto ao símbolo, estudo detalhado e envolvendo participantes heterogêneos deve ser também conduzido. Parece-nos que o novo símbolo deveria seguir a linha adotada pelos Estados Unidos: símbolo que informe a presença de OGMs, com a frase "contém OGMs", sem utilizar triângulo ou outra forma que remeta a perigo, atenção. A escolha de cores do símbolo igualmente deve ser realizada com parcimônia (defendemos que sejam escolhidas as cores preto e branco, que facilitam a visualização da informação). Ressalte-se, aqui, que o objetivo é informar o consumidor, não o alarmar. A escolha por uma lupa, em similaridade com o símbolo da rotulagem nutricional frontal, pode ser possível, de maneira que o consumidor, então, estará acostumado, visualmente, com todas as características do alimento. A seguir há o símbolo da rotulagem nutricional frontal, o qual sugerimos ser adotado também para OGMs ou símbolo parecido:

Fonte: BRASIL. *Resolução da Diretoria Colegiada nº 429, de 8 de outubro de 2020*. Dispõe sobre a rotulagem nutricional dos alimentos embalados. Disponível em: http://antigo.anvisa.gov.br/documents/10181/3882585/RDC_429_2020_COMP.pdf/2ed9794e-374c-4381-b804-02b1f15d84d2. Acesso em: 2 maio 2022.

No mais, defendemos que o símbolo deve ser adicionado no painel principal do alimento (que geralmente corresponde à parte frontal da embalagem); enquanto as informações escritas devem ser inseridas no mesmo painel da lista de ingredientes e da tabela de informação nutricional.

No caso de não cumprir o dever de informar ou cumprir de forma inadequada em produtos que contêm OGMs, defendemos estar diante de defeito da informação, porque o dano pode atingir a integridade física ou moral do indivíduo.

Em outras palavras, a regulação de OGMs, no que tange à rotulagem obrigatória, deve ser revista o quanto antes. Apenas por via regulação legal, e não por via discricionariedade administrativa/à mercê da indústria, é que direitos serão efetivados.

Outro aspecto importante: informar, pura e simplesmente, não é capaz de solucionar o impasse. É dizer que há medidas complementares que devem ser adotadas pela sociedade em geral, cidadãos, cientistas, empresas privadas, ONGs, associações de defesa do consumidor e Poder Público. As que se destacam são: educação, informação/conscientização e participação.

Educação é primordial para criar uma consciência social adequada. É o primeiro aspecto que se deve repensar: educação escolar, educação via veículos de comunicação e atuação de órgãos públicos e associações ligadas à defesa do consumidor. Há responsabilidade de todos: cidadãos, empresas públicas e privadas, cientistas, meios de comunicação, sociedade civil e Poder Público. A cada um, dada a sua limitação e competência, cabe auxiliar e promover a educação da sociedade quanto aos OGMs. Não é tarefa fácil e simples, porque o Brasil apresenta grande desigualdade educacional. A taxa de analfabetismo é alta.

Em paralelo ao CDC, há muita burocracia e desconhecimento das leis de proteção ao consumidor, embora o CDC exista desde 1990. À medida que o tempo passa, em tese, aumenta a conscientização dos indivíduos sobre determinado tema. Porém, deixar a evolução do conhecimento pelos indivíduos à mercê do tempo, sem qualquer ingerência direta, equivale a falhar na educação.

A educação em OGMs é urgente cada vez mais; contudo, muito se fala e nada se faz. É necessário educar o consumidor desde pequeno, no início de sua educação escolar sobre os avanços tecnológicos, biotecnologia, em perspectivas positivas e negativas, trazendo o tema OGMs aos estudantes.

Informação e conscientização também são indiscutivelmente necessárias. Aspecto também delicado, porque envolve a desigualdade da sociedade brasileira. Infelizmente, nem todos os cidadãos possuem acesso a uma educação digna e de boa qualidade, refletindo na capacidade de interpretação e compreensão. Eis que a informação pode não atingir a sua finalidade com relação a alguns indivíduos (que é a premissa deste estudo).

Cumpre densificar o que, quanto, como e quando saber. A informação a ser transmitida deve ser técnica, compreensível, clara, objetiva, tempestiva, imprescindível, independer do interesse pessoal do emitente (notadamente Poder Público e empresa privada dona da tecnologia) e acessível. O fornecedor se desincumbe do dever de informar se o consumidor compreende a informação que lhe foi transmitida. Excesso de informação e/ou racionalidade limitada/inexatidão não são sinônimos de decisão consciente pelo consumidor.

O fornecedor deve garantir que a informação chegue ao consumidor em todos os momentos: (i) antes e até que decida pelo produto e/ou serviço; (ii) ao adquirir; e (iii) pós-aquisição, via esclarecimentos a dúvidas, por meio do SAC, por exemplo. Além disso, defendemos haver dever do fornecedor de aconselhar sobre os riscos – um juízo de valor da parte mais forte da relação consumerista.

A credibilidade da informação também é um elemento importante. A informação difundida pelas mídias, por periódicos e publicações científicas é mais aceita pela sociedade se comparada às informações transmitidas pelo Poder Público e por empresas privadas. Haveria tensão entre informações científicas e genéricas, notadamente de caráter negativo.

O veículo para a comunicação é outro ponto-chave. A depender do escolhido, poderá ou não conduzir a efetivo acesso à informação. A rotulagem é tida como principal fonte de informação; mais fácil, barata, ágil e eficaz. A rotulagem possui como objetivos principais: (i) informar o consumidor para que possa exercer o direito de escolha; (ii) advertir camadas da população sobre potenciais implicações na saúde, notadamente à parcela que possua algum tipo de alergia associada aos OGMs; e (iii) identificar características/aspectos que podem dar origem a preocupações éticas ou religiosas. A rotulagem não implementada ou implementada inadequadamente impede o consumidor de escolher.

Contudo, repita-se, a rotulagem, por si só, não resolve a questão. Devem ser adotados debates (fóruns), websites e deve se utilizar da mídia. Considerando a desigualdade da população brasileira, parece que se utilizar a mídia pode ser uma saída inicial. Grandes veículos de comunicação devem informar e educar sobre os OGMs, aspectos prós e contras, importância ao Brasil e potenciais riscos à saúde dos consumidores, tudo com base em informações científicas, em leitura/ transmissão compreensível à população. Observamos que não basta uma única publicação, mas constante.

Adicionalmente, campanhas de conscientização também parecem figurar no primeiro passo. Tome-se como exemplo as campanhas de "Agosto Azul" (cuidados para a saúde do homem), "Setembro Amarelo" (prevenção ao suicídio) e "Outubro Rosa" (câncer de mama). Parece ser uma via de comunicação mais eficaz e acessível aos consumidores. Lógica e repetidamente, devem ser transmitidas informações imparciais, com prós, contras, riscos e segurança que já se tenha concluído técnico-cientificamente sobre os OGMs.

Educados, informados e conscientizados, deve-se instigar a participação da sociedade, de ONGs, associações ligadas à defesa dos consumidores e empresas privadas em processos decisórios envolvendo OGMs. Entendemos que há o aspecto de defender e "lutar" pelo seu interesse próprio. Contudo, este deve ser deixado de lado, momentaneamente, para que se adotem posicionamentos conscientes e coletivamente favoráveis ao meio ambiente às gerações atuais e futuras. Atualmente, existe uma ausência de participação do público.

A legislação brasileira prevê uma série de maneiras de se participar, como consultas e audiências públicas. Devem ser processos efetivamente participativos. Isto é, as preocupações, críticas e sugestões da opinião pública devem ser levadas a "sério" pelo Poder Público. Todos devem estar dispostos a ouvir e aprender uns com os outros e identificar o bem público.

Há outro desafio à participação: inclusão social. Deve-se adotar medidas para promover a participação de indivíduos que não possuem acesso de qualidade e contínuo às tecnologias comunicativas, inclusive Internet, e dos que habitam em lugares distantes; às vezes, isolados.

Infelizmente, os indivíduos isolados não possuem voz suficiente para serem percebidos pelos governos e pelas empresas. Defendemos encorajar as ONGs a participarem dos debates envolvendo OGMs. Apenas terão sucesso as ONGs que possuírem credibilidade moral, pluralidade e idoneidade. A atuação das ONGs não mostrou a vitalidade que delas se espera até o momento.

Defendemos outro aspecto: não se deve aguardar a educação, informação e conscientização de todos para se implementar/promover a participação. A população brasileira, infelizmente, é desigual. Enquanto uns possuem adequado conhecimento; outros ainda estão em via ou longe de os possuir. Não se deve esperar todos adquirirem o conhecimento (isso é utopia). Deve-se, desde já, promover, paralelamente, a participação em processos decisórios envolvendo os OGMs.

A responsabilidade é de todos; sociedade, associações de defesa do consumidor, ONGs, cientistas, empresas privadas e Poder Público. Todos, juntos, devem se ser solidários com a situação e buscar a solução. É uma afirmação utópica. Porém, deve-se começar a conscientizar as próprias pessoas e entidades envolvidas no processo técnico-científico e governamental para que a conscientização do público leigo efetivamente se inicie.

Em um primeiro momento, as empresas detentoras da tecnologia podem firmar parcerias com as ONGs. As ONGs que possuam cientistas em seus quadros parecem ser as mais indicadas, ao menos a princípio. É necessário transformar a informação técnico-científica em palatável ao público. Os cientistas podem auxiliar na intepretação e no melhor modo de difundir a informação sobre OGMs. Adicionalmente, as ONGS, por possuírem contato próximo com a população, saberiam quais formas de atuação seriam mais eficazes. Assim, devidamente munidas das informações técnico-científicas, as ONGs podem estudar a forma da informação propriamente dita e a maneira de disseminação à população, propondo ao Poder Público e/ou às empresas privadas campanhas de conscientização. Afinal, conscientizar é informar e educar. Sem dúvida que a aliança entre todos é fundamental. O primeiro passo deve ser dado.

Há diversas razões que originam a escolha do consumidor em não consumir alimentos com OGMs, como meio de expressão, controle sobre a saúde, cultural e religião/crença. O direito à escolha é consolidado no Sistema de Proteção ao Consumidor. Não importa o motivo que o consumidor adote, ele possui o poder e o direito de escolher o que quer consumir. A escolha é o ponto nefrálgico. É ela a razão por trás de alguns direitos, como o direito à informação e o direito à alimentação.

Não nos parece que o direito à escolha possa ser elevado a direito fundamental ou da personalidade, porque existem outros direitos fundamentais e da personalidade que já englobam a situação. Seria o mesmo que defender a violação do princípio da dignidade da pessoa humana ao não rotular ou rotular inadequadamente um produto que possua OGMs. É banalizar um direito. Se o ordenamento nos concede direitos mais concretos, entendemos que deve se deixar de aplicar os princípios abstratos e abertos. Logicamente, sem dúvida, existirão situações de aplicação do princípio da dignidade da pessoa humana. Porém, em existindo direito concreto e mais próximo ao caso, deve-se deixar de utilizar esse princípio como fundamento. Deve-se banir a banalização.

Defendemos que a ausência de rotulagem ou a rotulagem inadequada no âmbito dos OGMs viola o direito fundamental à informação e os direitos fundamental e da personalidade à alimentação. A escolha do consumidor está abarcada nos referidos direitos.

Temas relacionados aos OGMs, notadamente o direito à informação, continuarão a ser discutidos, porque (i) ainda há discussões técnico-científicas que devem ser revisadas por conta da evolução da ciência; e (ii) em um futuro próximo, verificar-se-á o aumento de discussões sobre a rotulagem obrigatória nos Estados Unidos (cuja obrigatoriedade se deu em 2022). Se ela é efetiva e adequada, se precisa de reparos, como atingir mais eficazmente os consumidores.

O Brasil, em tese, já passou pelo nível primário, de implementação. Diz-se em tese porque ainda muitos produtos que contêm OGMs não são rotulados pelas empresas que os comercializam no Brasil. É o que demonstram as análises técnicas realizadas nos alimentos por órgãos de defesa do consumidor.

Houve um tempo em que as autoridades brasileiras efetivamente se propuseram a policiar a rotulagem obrigatória, impondo multas a algumas empresas. Porém, foi por curto período de tempo. O monitoramento deve ser constante. Em 2020, o MAPA retomou a fiscalização dos produtos, adotando interpretação mais rigorosa, originária do Judiciário: qualquer produto que contenha OGM, independentemente da porcentagem, deve ser rotulado.

É imprescindível haver um controle administrativo pesado e poderoso e o desenvolvimento de instrumentos jurídicos eficazes para repreender as fraudes no assunto de informação sobre OGMs. Prever o direito, sem cobrar a implementação, é insuficiente.

É fundamental também exigir das empresas privadas informações sobre o consumo, cuidados, "efeitos colaterais" à saúde e ao meio ambiente, inclusive os contrários ao seu interesse, bem como que as empresas privadas continuem a investigar os seus produtos, de maneira contínua e eterna, em especial sob a perspectiva de riscos (riscos à saúde e à segurança do consumidor). Ou seja, ao Poder Público cabe exigir da indústria melhorias tecnológicas (constantes) para garantir a segurança e a eficácia dos OGMs. A ausência de cumprimento desse aspecto deve originar sanção à respectiva empresa, possivelmente obrigação de fazer com prazo definido e multa por descumprimento de obrigação legal.

Infelizmente, no Brasil, as leis aumentam a proteção dos indivíduos, especialmente consumidores, apenas quando são efetivamente fiscalizadas e aplicadas sanções por infração a elas. Sanções devem ser aplicadas conforme especificidades do caso; não recomendamos que o Poder Público adote uma única fórmula de sanção para todos os casos.

Em conclusão, o tema é de fundamental importância e não deixará de ser discutido, ao menos até que se possua um posicionamento formal e definitivo da ciência sobre os OGMs. Enquanto isso, deve-se informar a sociedade, educar, conscientizar e instigar a participação de todos em processos decisórios. Deve-se também continuar a investigar os alimentos OGMs, sobretudo seus riscos. A não informação ou a informação inadequada atingem direitos fundamentais e da personalidade. Toda pessoa possui o direito de saber o que está consumindo e de escolher se consome ou não determinado produto.

Manter o atual modelo é falhar, fadar ao insucesso. Sabemos que (i) os fornecedores não informam os riscos; (ii) se informam, os fornecedores não informam como deveriam; e (iii) a população não compreende o que é informado.

Ao final, está mais do que claro que, no âmbito dos OGMs, a informação é dever vinculado ao princípio da precaução, sob a pena de violar direitos fundamentais e da personalidade.

REFERÊNCIAS

ALBUQUERQUE, Fabíola Santos. O princípio da informação à luz do Código Civil e do Código de Defesa do Consumidor. *In:* BARROSO, Lucas Abreu (Org.). *Introdução crítica ao Código Civil*. Rio de Janeiro: Forense, 2006. p. 99-115.

AMARU; Stephanie. A Natural Compromise: A Moderate Solution to the GMO & "Natural" Labeling Disputes. *Food and Drug Law Journal*, v. 69, n. 4, p. 575-602, 2014.

ANTONMATTEI, Paul-Henri. *Contribution à L'étude de La Force Majeure*. Bibliothèque de Droit Privé: Tome 220: Paris: Librairie Générale de Droit et de Jurisprudence, 1992.

ARAGÃO, Alexandra. Aplicação nacional do princípio da precaução. *Colóquios 2011-2012*, Associação dos Magistrados da Jurisdição Administrativa e Fiscal de Portugal, p. 159-185, 2013.

ARAGÃO, Alexandra. Dimensões europeias do princípio da precaução. *Revista da Faculdade de Direito da Universidade do Porto*, v. 7, p. 245-291, 2010.

ASCENSÃO, José de Oliveira. A desconstrução do abuso do direito. *In:* DELGADO, Mário Luiz; ALVES, Jones Figueirêdo (Coord.). *Novo Código Civil*: Questões controvertidas. Série Grandes Temas de Direito Privado, v. 4. São Paulo: Editora Método, 2005. p. 33-54.

ASCENSÃO, José de Oliveira. Sociedade do risco e direito do consumidor. *In:* LOPEZ, Teresa Ancona; LEMOS, Patrícia Faga Iglecias; RODRIGUES JUNIOR, Otavio Luiz (Org.). *Sociedade de risco e direito privado*: desafios normativos, consumeristas e ambientais. São Paulo: Atlas, 2013. p. 357-374.

ATALÁ, Correia. O dever de informar nas relações de consumo. *Revista da Escola de Magistratura do Distrito Federal*, n. 13, p. 79-95, 2011.

ATZ, Ana Paula. *A dimensão da informação no contexto dos novos direitos (ambiental e consumidor) a partir da observação do risco das novas tecnologias*. 165 p. 2011. Dissertação (Mestrado em Direito) – Universidade do Vale do Rio dos Sinos, UNISINOS, 2011.

ATZ, Ana Paula. O gerenciamento do risco no direito do consumidor a partir da observação do princípio da informação. *Revista de Direito do Consumidor*, v. 100, p. 225-265, jul./ago., 2015.

AZEVEDO, Marta Britto de. O consumidor consciente: liberdade de escolha e segurança. *Doutrinas Essenciais de Responsabilidade Civil*, v. 8, p. 215-236, out., 2011.

BACARELLA, S.; ALTAMORE, L.; VALDESI, V.; CHIRONI, M. Ingrassia. Importance of food labeling as a means of information and traceability according to consumers. *Advances in Horticultural Science*, v. 29, n. 2/3, 2015.

BAIN, Carmen; SELFA, Theresa. Non-GMO vs organic labels: purity or process guarantees in a GMO contaminated landscape. *Agriculture and Human Values*, v. 34, p. 805-818, 2017.

BAMBAUER, Jane; LOE, Jonathan; WINKELMAN, D. Alex. A bad education. *University of Illinois Law Review*, v. 2017, n. 1, 2017.

BAR-GILL, Oren; BOARD, Oliver. Product-use information and the limits of voluntary disclosure. *American Law and Economics Review*, v. 14, n. 1, p. 235-270, 2012.

BARBOSA, Fernanda Nunes. *Direito à saúde e responsabilidade civil*: ainda o caso do tabaco. Disponível em: https://migalhas.uol.com.br/coluna/migalhas-de-responsabilidade-civil/330953/direito-a-saude-e-responsabilidade-civil-ainda-o-caso-do-tabaco. Acesso em: 2 maio 2022.

BARBOSA, Fernanda Nunes. *Informação*: direito e dever nas relações de consumo. São Paulo: Editora Revista dos Tribunais, 2008.

BARROS, João Pedro Leite. O excesso de informação como abuso do direito (dever). *Revista Luso-Brasileira de Direito do Consumo*, v. VII, mar., 2017.

BARROSO, Luís Roberto. *A dignidade da pessoa humana no direito constitucional contemporâneo*: a construção de um conceito jurídico à luz da jurisprudência mundial. Tradução de Humberto Laport de Mello. 5. reimpr. Belo Horizonte: Fórum, 2012.

BBC BRASIL. Cientistas criam espermatozoide a partir de célula feminina. *O Estado de São Paulo*, São Paulo, 31 jan. 2008. Disponível em: https://ciencia.estadao.com.br/noticias/geral,cientistas-criam-espermatozoide-a-partir-de-celula-feminina,118009. Acesso em: 2 maio 2022.

BEALES III, J. Howard. Modification and consumer information: modern biotechnology and the regulation of information. *Food and Drug Law Journal*, v. 55, n. 1, p. 105-117, 2000.

BEALES, Howard.; CRASWELL, Richard; SALOP, Steven C. The efficient regulation of consumer information. *The Journal of Law and Economics*, p. 491-540, dez., 1981.

BECK, Ulrich. *Sociedade de risco*: rumo a uma outra modernidade. São Paulo: Editora 34, 2011.

BERGKAMP, Lucas. Biotech Food and the Precautionary Principle Under EU and WTO Law. *Hunton & Williams, Brussels; KU Leuven, Faculty of Law*. Disponível em: https://papers.ssrn.com/sol3/papers.cfm?abstract_id=283081. Acesso em: 2 maio 2022.

BERNING, Craig F.; ROE, Brian E. Assessing the National Bioengineered Food Disclosure Standard of 2016: Can Americans Access Electronic Disclosure Information? *Sustainability*, v. 9, 2017.

BEZERRA, Mário de Quesado Miranda; LOBATO, Mariana Araújo; CARMO, Valter Moura do. Rotulagem de alimentos transgênicos e o direito à informação: aspectos de boa-fé objetiva e transparência. *Revista de Direito do Consumidor*, v. 119, p. 167-183, set./out., 2018.

BITTAR, Eduardo C. B. Direitos do consumidor e direitos da personalidade: limites, intersecções, relações. *Doutrinas Essenciais de Direito do Consumidor*, v. 2, p. 139-148, abr., 2011.

BOBBIO, Norberto. *Quarta Parte (os direitos do homem hoje)*. A era dos direitos. 7. reimpr. Rio de Janeiro: Elsevier, 2004.

BOCCIA, Flavio. Consumer perception: an analysis on second generation genetically modified foods. *Nutrition & Food Science*, 2016. Disponível em: https://www-emerald.ez67.periodicos.capes.gov.br/insight/content/doi/10.1108/NFS-03-2016-0035/full/html#sec005. Acesso em: 2 maio 2022.

BOLSON, Simone Hegele. Direitos da personalidade do consumidor e a cláusula geral de tutela da dignidade da pessoa humana. *Doutrinas Essenciais de Direito do Consumidor*, v. 2, p. 391-427, abr., 2011.

BONNY, Sylvie. Por que a maioria dos europeus se opõe aos organismos geneticamente modificados? Fatores desta rejeição na França e na Europa. *In:* VARELLA, Marcelo Dias; BARROS-PLATIAU, Ana Flávia (org.). *Organismos Geneticamente Modificados*. Belo Horizonte: Del Rey, 2005. p. 211-249.

BOVAYA, John; ALSTONB, Julian M. GMO food labels in the United States: Economic implications of the new law. *Food Policy*, v. 78, p. 14-25, 2018.

BRAGA NETTO, Felipe Peixoto. *Manual de direito do consumidor*: à luz da jurisprudência do STJ. 14. ed., rev., ampl. e atual. Salvador: Ed. JusPodivm, 2019.

BRAGA NETTO, Felipe Peixoto. *Novo manual de responsabilidade civil*. 2 ed., rev., atual. e ampl. Salvador: Ed. JusPodivm, 2021.

BRASIL. Câmara dos Deputados. *Projeto de Lei nº 4.148/2008*. Altera a Lei nº 11.105, de 24 de março de 2005. Estabelece que os rótulos dos alimentos destinados ao consumo humano informem ao consumidor a natureza transgênica do alimento. Disponível em: https://www.camara.leg.br/proposicoesWeb/fichadetramitacao?idProposicao=412728. Acesso em: 2 maio 2022.

BRASIL. *Constituição da República Federativa do Brasil de 1988*. Disponível em: http://www.planalto.gov.br/ccivil_03/constituicao/constituicao.htm. Acesso em: 2 maio 2022.

BRASIL. *Decreto nº 3.029, de 16 de abril de 1999*. Aprova o Regulamento da Agência Nacional de Vigilância Sanitária, e dá outras providências. Disponível em: http://www.planalto.gov.br/ccivil_03/decreto/d3029.htm. Acesso em: 2 maio 2022.

BRASIL. *Decreto nº 5.591, de 22 de novembro de 2005*. Regulamenta dispositivos da Lei nº 11.105, de 24 de março de 2005, que regulamenta os incisos II, IV e V do § 1º do art. 225 da Constituição, e dá outras providências. Disponível em: http://www.planalto.gov.br/ccivil_03/_ato2004-2006/2005/decreto/d5591.htm. Acesso em: 2 maio 2022.

BRASIL. *Decreto nº 5.705, de 16 de fevereiro de 2006*. Promulga o Protocolo de Cartagena sobre Biossegurança da Convenção sobre Diversidade Biológica. Disponível em: http://www.planalto.gov.br/ccivil_03/_Ato2004-2006/2006/Decreto/D5705.htm. Acesso em: 2 maio 2022.

BRASIL. *Decreto nº 7.404, de 23 de dezembro de 2010*. Regulamenta a Lei nº 12.305, de 2 de agosto de 2010, que institui a Política Nacional de Resíduos Sólidos, cria o Comitê Interministerial da Política Nacional de Resíduos Sólidos e o Comitê Orientador para a Implantação dos Sistemas de Logística Reversa, e dá outras providências. Disponível em: http://www.planalto.gov.br/ccivil_03/_ato2007-2010/2010/decreto/d7404.htm. Acesso em: 2 maio 2022.

BRASIL. *Instrução Normativa Interministerial nº 1, de 1º de abril de 2004*. Define os procedimentos complementares para aplicação do Decreto nº 4.680, de 24 de abril de 2003, que dispõe sobre o direito à informação, assegurado pela Lei nº 8.078, de 11 de setembro de 1990, quanto aos alimentos e ingredientes alimentares, destinados ao consumo humano ou animal, que contenham ou sejam produzidos a partir de Organismos Geneticamente Modificados. Disponível em: https://pesquisa.in.gov.br/imprensa/jsp/visualiza/index.jsp?data=02/04/2004&jornal=1&pagina=5&totalArquivos=88. Acesso em: 2 maio 2022.

BRASIL. Jornada de Direito Civil do Centro de Estudos do Conselho da Justiça Federal. *Enunciado 37*. Disponível em: https://www.cjf.jus.br/cjf/corregedoria-da-justica-federal/centro-de-estudos-judiciarios-1/publicacoes-1/jornadas-cej. Acesso em: 2 maio 2022.

BRASIL. *Lei nº 8.078, de 11 de setembro de 1990*. Dispõe sobre a proteção do consumidor e dá outras providências. Disponível em: http://www.planalto.gov.br/ccivil_03/leis/l8078compilado.htm. Acesso em: 2 maio 2022.

BRASIL. *Lei nº 9.795, de 27 de abril de 1999*. Dispõe sobre a educação ambiental, institui a Política Nacional de Educação Ambiental e dá outras providências. Disponível em: http://www.planalto.gov.br/ccivil_03/leis/l9795.htm. Acesso em: 2 maio 2022.

BRASIL. *Lei n º 10.406, de 10 de janeiro de 2002*. Institui o Código Civil. Disponível em: http://www.planalto.gov.br/ccivil_03/leis/2002/l10406compilada.htm. Acesso em: 2 maio 2022.

BRASIL. *Lei nº 11.105, de 24 de março de 2005*. Regulamenta os incisos II, IV e V do § 1º do art. 225 da Constituição Federal, estabelece normas de segurança e mecanismos de fiscalização de atividades que envolvam organismos geneticamente modificados – OGM e seus derivados, cria o Conselho Nacional de Biossegurança – CNBS, reestrutura a Comissão Técnica Nacional de Biossegurança – CTNBio, dispõe sobre a Política Nacional de Biossegurança – PNB, revoga a Lei nº 8.974, de 5 de janeiro de 1995, e a Medida Provisória nº 2.191-9, de 23 de agosto de 2001, e os arts. 5º, 6º, 7º, 8º, 9º, 10 e 16 da Lei nº 10.814, de 15 de dezembro de 2003, e dá outras providências. Disponível em: http://www.planalto.gov.br/ccivil_03/_ato20042006/2005/lei/l11105.htm#:~:text=1%C2%BA%20Esta%20Lei%20estabelece%20normas,o%20descarte%20de%20organismos%20geneticamente. Acesso em: 2 maio 2022.

BRASIL. *Lei nº 11.346, de 15 de setembro de 2006*. Cria o Sistema Nacional de Segurança Alimentar e Nutricional – SISAN com vistas em assegurar o direito humano à alimentação adequada e dá outras providências. Disponível em: http://www.planalto.gov.br/ccivil_03/_ato2004-2006/2006/lei/l11346.htm. Acesso em: 2 maio 2022.

BRASIL. *Lei nº 13.848, de 25 de junho de 2019*. Dispõe sobre a gestão, a organização, o processo decisório e o controle social das agências reguladoras. Disponível em: http://www.planalto.gov.br/ccivil_03/_ato20192022/2019/lei/L13848.htm#:~:text=%C2%A7%203%C2%BA%20As%20ag%C3%AAncias%20reguladoras,fraudes%20e%20atos%20de%20corrup%C3%A7%C3%A3o. Acesso em: 2 maio 2022.

BRASIL. *Portaria nº 162, de 12 de março de 2021*. Dispõe sobre as diretrizes e os procedimentos para melhoria da qualidade regulatória na Agência Nacional de Vigilância Sanitária (ANVISA). Disponível em: http://antigo.anvisa.gov.br/documents/10181/6242211/PRT_162_2021_COMP.pdf/2cccf6eb-59f8-4b2a-9e69-1fc6ec6dced0. Acesso em: 2 maio 2022.

BRASIL. *Portaria nº 191, de 9 de junho de 2020*. Aprova o Guia de Boas Práticas Regulatórias da Secretaria de Defesa Agropecuária. Disponível em: http://sistemasweb.agricultura.gov.br/sislegis/action/detalhaAto.do?method=consultarLegislacaoFederal. Acesso em: 2 maio 2022.

BRASIL. *Portaria nº 2.658, de 22 de dezembro de 2003*. Define o símbolo de que trata o art. 2º, § 1º, do Decreto nº 4.680, de 24 de abril de 2003, na forma do anexo à presente portaria. Disponível em: https://pesquisa.in.gov.br/imprensa/jsp/visualiza/index.jsp?data=26/12/2003&jornal=1&pagina=13&totalArquivos=72. Acesso em: 2 maio 2022.

BRASIL. Senado Federal. *Projeto de Lei da Câmara nº 34, de 2015*. Altera a Lei nº 11.105, de 24 de março de 2005. Altera a Lei de Biossegurança para liberar os produtores de alimentos de informar ao consumidor sobre a presença de componentes transgênicos quando esta se der em porcentagem inferior a 1% da composição total do produto alimentício. Disponível em: https://www25.senado.leg.br/web/atividade/materias/-/materia/120996. Acesso em: 2 maio 2022.

BRASIL. *Resolução da Diretoria Colegiada nº 429, de 8 de outubro de 2020*. Dispõe sobre a rotulagem nutricional dos alimentos embalados. Disponível em: http://antigo.anvisa.gov.br/documents/10181/3882585/RDC_429_2020_COMP.pdf/2ed9794e-374c-4381-b804-02b1f15d84d2. Acesso em: 2 maio 2022.

BRASIL. STJ, *AgInt no REsp nº 1.278.613*, 4ª Turma, Rel. Min. Lázaro Guimarães (desembargador convocado do TRF 5ª Região), j. em 18.9.2018.

BRASIL. STJ, *REsp nº 1.505.923*, 2ª Turma, Rel. Min. Herman Benjamin, j. em 21.5.2015.

BRASIL. STJ, *Recurso Especial nº 586.316*, 2ª Turma, Rel. Min. Herman Benjamin, j. em 17.4.2007.

BRIS, Catherine Le. L'interprétation du "principe" de précaution par les juridictions internationales. *In:* OLIVEIRA, Carina Costa de; MORAES, Gabriela G. B. Lima; FERREIRA, Fabrício Ramos (Org.). *A interpretação do princípio da precaução pelos tribunais*: análise nacional, comparada e internacional. Campinas: Pontes Editores, 2019. p. 285-311.

BRONDANI, Adriana. *Brasileiro não reconhece ciência na agricultura*. Conselho de Informações sobre Biotecnologia. Disponível em: https://cib.org.br/estudos-e-artigos/brasileironaoreconhececiencianaagricultura/?utm_campaign=resposta_automatica_da_landing_page_estudo_de_percepcao_dos_transgenicos&utm_medium=email&utm_source=RD+Station. Acesso em: 2 maio 2022.

BRONDANI, Adriana. *Quando o medo direciona a opinião pública sobre a ciência*. Conselho de Informações sobre Biotecnologia. Disponível em: https://cib.org.br/estudos-e-artigos/quandoomedodirecionaaopiniaopublicasobreaciencia/?utm_campaign=resposta_automatica_da_landing_page_estudo_de_percepcao_dos_transgenicos&utm_medium=email&utm_source=RD+Station Acesso em: 2 maio 2022.

BROSSET, Estelle. A Autoridade Europeia em matéria de segurança alimentar e o quadro jurídico comunitário em matéria de OGM: quais influências cruzadas? *In:* VARELLA, Marcelo Dias; BARROS-PLATIAU, Ana Flávia (Org.). *Organismos Geneticamente Modificados*. Belo Horizonte: Del Rey, 2005. p. 285-328.

BROWN, Jonathan; KUZMA, Jennifer. Hungry for information: public attitudes toward food nanotechnology and labeling. *Review of Policy Research*, v. 30, n. 5, p. 512-548, 2013.

BUECHLE, Kurt. The great, global promise of genetically modified organisms: overcoming fear, misconceptions, and the Cartagena protocol on biosafety. *Indiana Journal of Global Legal Studies*, v. 9, n. 1, p. 283-324. Symposium: Sustainable Development, Agriculture, and the Challenge of Genetically Modified Organisms, 2001.

BÜHLER, Gisele Borghi. Relação de consumo. *Revista de Direitos Difusos*, v. 7, p. 857-869, jun., 2001.

CABAÑA, Roberto Lopez. Defensa jurídica de los más débiles. *Revista de Direito do Consumidor*, v. 28, p. 7-21, out./dez., 1998.

CAMBI, Eduardo. O caráter universal do direito moderno e os desafios fundamentais impostos pelo biodireito. *In:* CORRÊA, Elídia Aparecida de Andrade; GIACOIA, Gilberto; CONRADO, Marcelo (Coord.). *Biodireito e dignidade da pessoa humana*. Curitiba: Juruá, 2006. p. 49-78.

CARPENA, Heloisa. O direito de escolha: garantindo a soberania do consumidor no mercado. *Revista de Direito do Consumidor*, v. 51, p. 154-171, jul./set., 2004.

CARTER, Colin A.; GRUÈRE, Guillaume P. Mandatory Labeling of Genetically Modified Foods: Does It Really Provide Consumer Choice? *The Journal of Agrotechnology Management & Economics*, v. 6, n. 1 e 2, 2003. Disponível em: www.agbioforum.org/v6n12/v6n12a13-carter.htm. Acesso em: 2 maio 2022.

CARTER, Colin A.; GRUÈRE, Guillaume P. Mandatory Versus Voluntary Labeling of Genetically Modified Food, Consumer Choice, and Autonomy. *The Journal of Agrotechnology Management & Economics*, v. 6, n. 3, 2003. Disponível em: www.agbioforum.org/v6n3/v6n3a09-gruere.htm. Acesso em: 2 maio 2022.

CASSUTO, David N.; SAMPAIO, Rômulo S. R. The importance of information and participation principles in environmental law in Brazil, the United States and beyond. *Review of European, Comparative & International Environmental Law*, v. 22, n. 1, p. 68-77, 2013.

CAVALCANTI, Ana Elizabeth Lapa Wanderley. *O impacto da rotulagem dos alimentos transgênicos nos direitos da personalidade e na sadia qualidade de vida*. 2006. 350 p. Tese (Doutorado em Direito) – Pontifícia Universidade Católica de São Paulo, São Paulo, 2006.

CAVALCANTI, Ana Elizabeth Lapa Wanderley. Direitos Humanos à Alimentação Adequada (DHAA) sob o enfoque da rotulagem. *In:* SCALQUETTE, Ana Cláudia; SCALQUETTE, Rodrigo Arnoni (coord.). *Biotecnologia, biodireito e saúde*: novas fronteiras da ciência jurídica. v. 2. Indaiatuba, SP: Editora Foco, 2019. p. 43-72.

CAVALCANTI, Ana Elizabeth Lapa Wanderley. A rotulagem dos alimentos geneticamente modificados e o direito à informação do consumidor. *In:* PAESANI, Liliana Minardi. *O direito na sociedade da informação*. São Paulo: Atlas, 2007. p. 143-157.

CAVALIERI FILHO, Sergio. *Programa de direito do consumidor*. 4. ed. São Paulo: Atlas, 2014.

CESPA, Michele. Principio di precauzione, dannni ambientali e consumatori. *In:* CENDON, Paolo; PONCIBO, Cristina (Org.). *Il risarcimento del danno al consumatore*. Milão: Giuffrè, 2014. p. 131-163.

CHARLIER, Christophe; RUFINI, Alexandra. Le face-à-face OGM – agriculture biologique en Europe: entre réglementation et recommendation. *Revue d'économie politique*, v. 123, p. 573-592, 2013.

CHEFTEL, J. Claude. Food and nutrition labelling in the European Union. *Food Chemistry*, v. 93, p. 531-550, 2005.

CHOI, Seung Hwan. The Applicability of International Human Rights Law to the Regulation of International Trade of Genetically Modified Organisms: A New Haven Perspective. *Asia Pacific Law Review*, v. 22, n. 1, p. 67-84, 2014.

CHRISTOFOROU, Theofanis. Genetically Modified Organisms in European Union Law. *In:* SADELEER, Nicolas de. *Implementing the precautionary principle*: approaches from the Nordic Countries, EU and USA. Londres: Earthscan, 2007. p. 197-228.

CIB. Conselho de Informações sobre Biotecnologia. Agroconsult. "*20 anos de transgênicos*: impactos ambientais, econômicos e sociais no Brasil". Disponível em: https://d335luupugsy2.cloudfront.net/cms/files/50569/15435884882018-10-31-Vinte-anos-resumo-executivo-web-Por.pdf. Acesso em: 2 maio 2022.

CIB. Conselho de Informações sobre Biotecnologia; CONECTA. *Estudo de percepção sobre transgênicos na produção de alimentos*, 2016. Disponível em: https://d335luupugsy2.cloudfront.net/cms/files/50569/15274496772016.01.19.Ibope.Volume_Final_v6.pdf. Acesso em: 2 maio 2022.

COELHO, Fábio Ulhoa. Parecer. *In:* FUKUMA, Patrícia (Coord.). *Biotecnologia no Brasil*: uma abordagem jurídica. São Paulo: Associação Brasileira das Indústrias da Alimentação (ABIA), 2002. p. 1-34.

COL, Juliana Sípoli. Organismos geneticamente modificados no contexto da sociedade de risco. *In:* LOPEZ, Teresa Ancona; LEMOS, Patrícia Faga Iglecias; RODRIGUES JUNIOR, Otavio Luiz. *Sociedade de risco e direito privado*: desafios normativos, consumeristas e ambientais. São Paulo: Atlas, 2013. p. 322-353.

CORDEIRO, António Manuel da Rocha e Menezes. *Da boa-fé no Direito Civil*. Coimbra: Grupo Almedina, 2013.

CORDEIRO, António Manuel da Rocha e Menezes. *Do abuso do direito*: estado das questões e perspectivas. Disponível em: https://portal.oa.pt/comunicacao/publicacoes/revista/ano-2005/ano-65-vol-ii-set-2005/artigos-doutrinais/antonio-menezes-cordeiro-do-abuso-do-direito-estado-das-questoes-e-perspectivas-star/. Acesso em: 2 maio 2022.

COSTANIGRO, Marco; LUSK, Jayson L. The signaling effect of mandatory labels on genetically engineered food. *Food Policy*, v. 49, p. 259-267, 2014.

CRAVETTO, Chiara. Il danno al consumatore e la responsabilità precontrattuale. *In:* CENDON, Paolo; PONCIBO, Cristina (Org.). *Il risarcimento del danno al consumatore*. Milão: Giuffrè, 2014. p. 63-83.

CRESPI, John M.; MARETTE, Stéphan. "Does Contain" vs. "Does Not Contain": Does it matter which GMO label is used? *European Journal of Law and Economics*, v. 16, p. 327-344, 2003.

CUSTÓDIO, Helita Barreira. Direito à educação ambiental e à conscientização pública. *Revista de Direito Ambiental*, v. 18, p. 38-56, abr./jun., 2000.

CUSTÓDIO, Helita Barreira. Direito do consumidor e os organismos geneticamente modificados. *Revista de Direito Sanitário*, v. 4, n. 3, p. 62-94, nov., 2003.

DEANE, Christine. A percepção social da biotecnologia. *In:* CASABONA, Carlos María Romeo (Org.). *Biotecnologia, direito e bioética*: perspectivas em direito comparado. Belo Horizonte: Del Rey e PUC Minas, 2002. p. 280-284.

DEGIOVANNI, Maria. The Future of GMO Labeling: How a New Federal Labeling Scheme Will Alter Public Discourse. *Washington University Law Review*, v. 95, n. 3, 2017. p. 705-726.

DIAS, José de Aguiar. *Da responsabilidade civil*. 4. ed. vol. I. Rio de Janeiro: Companhia Editora Forense, 1960.

DIAS, Lucia Ancona Lopez de Magalhães. *Publicidade e direito*. 3. ed. São Paulo: Saraiva Educação, 2018.

DIMOULIS, Dimitri; MARTINS, Leonardo. *Teoria geral dos direitos fundamentais*. 5. ed. rev., atual. e ampl. São Paulo: Atlas, 2014.

DINIZ, Maria Helena. *O estado atual do biodireito*. 6. ed. rev., aum. e atual. São Paulo: Saraiva, 2009.

DIREITO, Carlos Alberto Menezes. A proteção do consumidor na sociedade da informação. *Revista Forense*, v. 95, n. 346, p. 21-29, abr./jun. 1999.

DOLCI, Maria Inês. Evolução das atividades das ONG's na defesa do consumidor. *In*: BRESEGHELLO, Fabíola Meira de Almeida Santos; FILOMENO, José Geraldo Brito. *Os 30 anos do Código de Defesa do Consumidor*: evolução e desafios no relacionamento com clientes. Indaiatuba: Editora Foco, 2021. p. 43-54.

DOURADO, Luís; MATOS, Luís. A problemática dos organismos geneticamente modificados e a formação científica do cidadão comum: um estudo com manuais escolares de Ciências Naturais do 9º ano adotados em Portugal. *Ciênc. Educ.*, v. 20, n. 4, p. 833-852, 2014.

DROZEN, Melvin S.; PELONIS, Evangelia C. *USDA AMS National Bioengineered (BE) Food Disclosure Standard Final Rule*. Disponível em: https://www.lexology.com/library/detail.aspx?g=e1b5f826-9147-4d65-865e-3fa6959001b0. Acesso em: 2 maio 2022.

DROZEN, Melvin S.; PELONIS, Evangelia C. *USDA Releases Additional FAQs on Bioengineered Food Disclosure Standard*. Disponível em: https://www.lexology.com/library/detail.aspx?g=b7bbf55b15e84d67bf41a57783d2a5b0. Acesso em: 2 maio 2022.

DU, Li. GMO Labelling and the Consumer's Right to Know: A Comparative Review of the Legal Bases for the Consumer's Right to Genetically Modified Good Labelling. *McGill Journal of Law and Health*, v. 8, n. 1, p. 1-42, 2014.

EFING, Antônio Carlos; BAGGIO, Andreza Cristina; MANCIA, Karin Cristina Borio. A informação e a segurança no consumo de alimentos transgênicos. *Doutrinas Essenciais de Responsabilidade Civil*, v. 5, p. 973-995, out. 2011.

EFING, Antônio Carlos; GONÇALVES, Bruna Balbi. O direito fundamental à informação na sociedade de consumo e a rotulagem de transgênicos: uma análise do Projeto de Lei nº 4.148/2008. *Revista do Programa de Pós-Graduação em Direito da UFC*, v. 37.2, p. 69-86, jul./dez., 2017.

EINSIEDEL, Edna. Consumers and GM Food Labels: Providing Information or Sowing Confusion? *The Journal of Agrotechnology Management & Economics*, v. 3, n. 4, 2000. Disponível em: www.agbioforum.org/v3n4/v3n4a09-einsiedel.htm. Acesso em: 2 maio 2022.

ESTADOS UNIDOS. Congressional Research Service Report. *The National Bioengineered Food Disclosure Standard*: Overview and Select Considerations. Disponível em: https://www.everycrsreport.com/reports/R46183.html. Acesso em: 2 maio 2022.

ESTADOS UNIDOS. *Public Law 114-216 – July 29, 2016*. Disponível em: https://uscode.house.gov/statviewer.htm?volume=130&page=835#. Acesso em: 2 maio 2022.

ESTADOS UNIDOS. USDA. US Department of Agriculture. Agricultural Marketing Service. *Information for Consumers*. Disponível em: https://www.ams.usda.gov/rules-regulations/be/consumers. Acesso em: 2 maio 2022.

ESTADOS UNIDOS. USDA. US Department of Agriculture. Agricultural Marketing Service. *List of Bioengineered Foods*. Disponível em: https://www.ams.usda.gov/rules-regulations/be/bioengineered-foods-list. Acesso em: 2 maio 2022.

ESTADOS UNIDOS. USDA. US Department of Agriculture. Agricultural Marketing Service. *National Bioengineered Food Disclosure Standard*. Disponível em: https://www.govinfo.gov/content/pkg/FR-2018-12-21/pdf/2018-27283.pdf. Acesso em: 2 maio 2022.

ESTADOS UNIDOS. USDA. US Department of Agriculture. Agricultural Marketing Service. *Overview of the National Bioengineered Food Disclosure Standard*. Disponível em: https://www.ams.usda.gov/sites/default/files/media/BELabelingOverviewWebinarSlides.pdf. Acesso em: 2 maio 2022.

ESTADOS UNIDOS. USDA. US Department of Agriculture. Agricultural Marketing Service. *Webinar Transcript*: Overview of the National Bioengineered Food Disclosure Standard. Disponível em: https://www.ams.usda.gov/sites/default/files/media/BEWebinarTranscript.pdf. Acesso em: 2 maio 2022.

ESTORNINHO, Maria João. *Segurança alimentar e protecção do consumidor de organismos geneticamente modificados*. Coimbra: Edições Almedina SA, 2008.

ETTY, Thijs F. M. Biotechnology Law: Current Survey of Substantive EU Environmental Law. *The Yearbook of European Environmental Law*, v. 6, p. 245-285, 2006.

ETTY, Thijs F. M. Multilevel Governance of GMO and Non-GMO Coexistence: Filling the Gap in the EU Regulatory Regime on Agricultural Biotechnology. *Amsterdam Conference on 'Human Dimensions of Global Environmental Change*: Earth System Governance: People, Places and the Planet'. Disponível em: https://papers.ssrn.com/sol3/papers.cfm?abstract_id=1725762. Acesso em: 2 maio 2022.

EVANS, Halie M. A new age of evolution: protecting the consumer's moral and legal right to know through the clear and transparent labeling of all genetically modified foods. *Journal of Law and Health*, v. 33, n. 1, p. 1-29, 2019.

EWALD, François; GOLLIER, Christian; SADELEER, Nicolas de. *Le principe de précaution*. Paris: PUF, 2001.

FABIAN, Christoph. *O dever de informar no direito civil*. São Paulo: Editora Revista dos Tribunais, 2002.

FACHIN, Luiz Edson. Fundamentos, limites e transmissibilidade: anotações para uma leitura crítica, construtiva e de índole constitucional da disciplina dos direitos da personalidade no Código Civil Brasileiro. *In:* CORRÊA, Elídia Aparecida de Andrade; GIACOIA, Gilberto; CONRADO, Marcelo (Coord.). *Biodireito e dignidade da pessoa humana*. Curitiba: Juruá, 2006. p. 187-204.

FERMENT, Gilles. Análise de risco das plantas transgênicas: princípio da precaução ou precipitação? *In:* ZANONI, Magda; FERMENT, Gilles (Org.). *Transgênicos para quem?* Agricultura, ciência e sociedade. Brasília: Ministério do Desenvolvimento Agrário, 2011. p. 93-138.

FERMENT, Gilles. *Biossegurança e princípio da precaução*: o caso da França e da União Europeia. Brasília: Ministério do Desenvolvimento Agrário, 2008.

FERREIRA, Fabrício Ramos. A aplicação do princípio da precaução pelo Tribunal Regional Federal da 1ª Região: razões para a necessidade do estabelecimento de critérios para o seu uso pela jurisprudência. *In:* OLIVEIRA, Carina Costa de; MORAES, Gabriela G. B. Lima; FERREIRA, Fabrício Ramos (Org.). *A interpretação do princípio da precaução pelos tribunais*: análise nacional, comparada e internacional. Campinas: Pontes Editores, 2019. p. 35-61.

FERREIRA, Keila Pacheco. *Responsabilidade civil preventiva*: função, pressupostos e aplicabilidade. 2014. 263 p. Tese (Doutorado em Direito) – Faculdade de Direito da Universidade de São Paulo, São Paulo, 2014.

FERREIRA FILHO, Manoel Gonçalves. *Aspectos do direito constitucional contemporâneo*. São Paulo: Saraiva, 2003.

FERREIRA FILHO, Manoel Gonçalves. *Curso de direito constitucional*. 30. ed. rev. e atual. São Paulo: Saraiva, 2003.

FERREIRA FILHO, Manoel Gonçalves. Parecer. *In:* FUKUMA, Patrícia (Coord.). *Biotecnologia no Brasil*: uma abordagem jurídica. São Paulo: Associação Brasileira das Indústrias da Alimentação (ABIA), 2002. p. 139-167.

FILOMENO, José Geraldo Brito. Alimentos transgênicos: implicações consumeristas e ambientais. *In:* CORRÊA, Elídia Aparecida de Andrade; GIACOIA, Gilberto; CONRADO, Marcelo (Coord.). *Biodireito e dignidade da pessoa humana*. Curitiba: Juruá, 2006. p. 171-186.

FIORILLO, Celso Antonio Pacheco. Tutela jurídica dos alimentos transgênicos no direito brasileiro. *Revista de Direitos Difusos*, v. 8, p. 1007-1009, ago., 2001.

FISHER, Elizabeth. Opening pandora's box: contextualising the precautionary principle in the european union. *Oxford Legal Studies Research Paper*, n. 2, 2007. Disponível em: https://papers.ssrn.com/sol3/papers.cfm?abstract_id=956952. Acesso em: 2 maio 2022.

FONTELA, Carlos Alberto Ely. Os alimentos geneticamente modificados, o direito fundamental dos consumidores à informação e rotulagem: casos brasileiro e português. *In:* NEVES, Helena Telino (Coord.) *Direito à alimentação e segurança alimentar*. Curitiba: Juriá, 2017. p. 63-105.

FRABONI, Jordan James. A federal GMO labeling law: how it creates uniformity and protects consumers. *Berkeley Technology Law Journal*, v. 32, p. 563-590, 2017.

FRADERA DE, Vera Maria Jacob. *O dever de informar do fabricante*. Revista dos Tribunais, v. 656, p. 53-71, jun., 1990.

FRANÇA, Rubens Limongi. Direitos da personalidade: coordenadas fundamentais. *Doutrinas Essenciais de Direito Civil*, v. 3, p. 653-667, out., 2010.

FRANÇA, Rubens Limongi. Direitos privados da personalidade. *Doutrinas Essenciais de Dano Moral*, v. 1, p. 259-275, jul., 2015.

FREESTONE, David; HEY, Helen. Implementando o princípio da precaução: desafios e oportunidades. *In:* VARELLA, Marcelo Dias; PLATIAU, Ana Flávia Barros (Org.). *Princípio da precaução*. Belo Horizonte: Del Rey, 2004. p. 205-232.

FREIRE, Paula Vaz. Sociedade de risco e direito do consumidor. *In:* LOPEZ, Teresa Ancona; LEMOS, Patrícia Faga Iglecias; RODRIGUES JUNIOR, Otavio Luiz. *Sociedade de risco e direito privado*: desafios normativos, consumeristas e ambientais. São Paulo: Atlas, 2013. p. 375-379.

FREITAS FILHO, Roberto. Alimentos transgênicos, risco do consumidor e ética de responsabilidade. *Revista de Direito do Consumidor*, v. 89, p. 165-202, set./out., 2013.

FREITAS FILHO, Roberto. Os alimentos geneticamente modificados e o direito do consumidor à informação: uma questão de cidadania. *Revista de Informação Legislativa*, n. 40, abr./jun., p. 143-161, 2003.

FROTA, Mário. Segurança alimentar – imperativo de cidadania. *Doutrinas essenciais de Direito do Consumidor*, v. 5, p. 173-207, abr., 2011.

GARATTONI, Bruno; SZKLARZ, Eduardo. A vaca transgênica. *Superinteressante*, ed. 411, ano 34, n. 1, São Paulo, jan., 2020.

GATTO, Kelsey A.; WUNDERLICH, Shahla. Consumer Perception of Genetically Modified Organisms and Sources of Information. *Advances in Nutrition*, v. 6, p. 842-851, nov. 2015.

GEISTFELD, Mark. Implementing the Precautionary Principle. *Environmental Law Reporter*, v. 31, 2001. Disponível em: https://papers.ssrn.com/sol3/papers.cfm?abstract_id=289146. Acesso em: 2 maio 2022.

GRASSI NETO, Roberto. *Segurança alimentar*: da produção agrária à proteção do consumidor. São Paulo: Saraiva, 2013.

GRINOVER, Ada Pellegrini et al. *Código Brasileiro de Defesa do Consumidor comentado pelos autores do anteprojeto*. 12. ed. Rio de Janeiro: Forense Universitária, 2019.

GRIOT, Jean-Yves. OGM e o poder dos consumidores: os desafios da rotulagem. *In:* ZANONI, Magda; FERMENT, Gilles (Org.) *Transgênicos para quem?* Agricultura, Ciência e Sociedade. Brasília: Ministério do Desenvolvimento Agrário, 2011. p. 309-317.

GRISON, Denis. *Qu'est-ce que le príncipe de précaution?* Paris: Libraire Philosophique J. Vrin, 2012.

GROSSMAN, Margaret Rosso. Genetic Technology and Food Security. *The American Journal of Comparative Law*, v. 62, p. 273-302, 2014.

GROTTI, Dinorá Adelaide Musetti. A participação popular e a consensualidade na Administração Pública. *Revista de Direito Constitucional e Internacional*, v. 39, p. 132-144, abr./jun., 2002.

GUERRA, Alexandre Dartanhan de Mello. Responsabilidade civil por abuso do direito. *In:* GUERRA, Alexandre Dartanhan de Mello; BENACCHIO, Marcelo (Coord.). *Responsabilidade Civil*. São Paulo: Escola Paulista da Magistratura, 2015. p. 299-320.

GUERRA, Alexandre Dartanhan de Mello. Responsabilidade civil por abuso do direito: ensaio por uma compreensão contemporânea do exercício disfuncional do direito. *In:* ROSENVALD, Nelson; MILAGRES, Marcelo (Org.). *Responsabilidade civil*: novas tendências. 2. ed. Indaiatuba: Editora Foco, 2018. p. 109-127.

GUIMARÃES, Paulo Jorge Scartezzini. A informação ao consumidor e a responsabilidade civil solidária. *Revista de Direito do Consumidor*, v. 38, p. 290-297, abr./jun. 2001.

HARTMANN, Ivar Alberto Martins. O princípio da precaução e sua aplicação no direito do consumidor: dever de informação. *Revista de Direito do Consumidor*, v. 70, p. 172-235, abr./jun., 2009.

HAUTEREAU-BOUTONNET, Mathilde. Precautionary principle and civil liability in comparative law. *In:* OLIVEIRA, Carina Costa de; MORAES, Gabriela G. B. Lima; FERREIRA, Fabrício Ramos (Org.). *A interpretação do princípio da precaução pelos tribunais*: análise nacional, comparada e internacional. Campinas: Pontes Editores, 2019. p. 125-158.

HERMITTE, Marie-Angèle; DAVID, Virginie. Avaliação dos riscos e princípio da precaução. *In:* VARELLA, Marcelo Dias; PLATIAU, Ana Flávia Barros (Org.). *Princípio da precaução*. Belo Horizonte: Del Rey, 2004. p. 93-156.

HERRICK, Clare B. 'Cultures of GM': discourses of risk and labelling of GMOs in the UK and EU. *Area*, v. 37, n. 3, p. 286-294, set., 2005.

HINDMARSH, Richard; DU PLESSIS, Rosemary. GMO regulation and civic participation at the "edge of the world": the case of Australia and New Zealand. *New Genetics and Society*, v. 27, p. 181-199, 2008.

HIRONAKA, Giselda Maria Fernandes Novaes; PERES, Fernando Curi. O problema jurídico dos transgênicos na legislação brasileira. *Revista da Faculdade de Direito da Universidade de São Paulo*, v. 99, p. 201-232, 2004.

HOLTHUIS, Jan VM. *Global Agriculture Law*. Londres: Thomson Reuters, 2015.

HOWELLS, Geraint. The potential and limits of consumer empowerment by information. *Journal of Law and Society*, v. 32, n. 3, p. 349-370, set. 2005.

IBGE. Instituto Brasileiro de Geografia e Estatística. *População*: Projeção da população do Brasil e das Unidades da Federação. Disponível em: https://www.ibge.gov.br/apps// populacao/projecao/. Acesso em: 2 maio 2022.

IBGE. Instituto Brasileiro de Geografia e Estatística. Pesquisa Nacional por Amostra de Domicílios Contínua. *PNAD-Contínua* – Educação 2019. Disponível em: https://biblioteca.ibge.gov.br/visualizacao/livros/liv101736_informativo.pdf. Acesso em: 2 maio 2022.

IDEC. Instituto Brasileiro de Defesa do Consumidor. *Empresas são multadas por não indicar uso de transgênicos em rótulo de alimentos*. Disponível em: https://idec.org.br/em-acao/em-foco/empresas-so-multadas-por-no-indicar-uso-de-transgenicos-em-rotulo-de-alimentos. Acesso em: 2 maio 2022.

ISAAA. The International Service for the Acquisition of Agri-biotech Applications. Brief 55. Executive Summary. *Global Status of Commercialized Biotech/GM Crops in 2019*: Biotech Crops Drive Socio-Economic Development and Sustainable Environment in the New Frontier. Disponível em: https://www.isaaa.org/resources/publications/briefs/55/executivesummary/default.asp. Acesso em: 2 maio 2022.

JAPÃO. Institute of Advanced Studies of the United Nations University (UNU-IAS). *Trading precaution*: the precautionary principle and the WTO. Yokohama: 2005. Disponível em: http://collections.unu.edu/eserv/UNU:3103/Precautionary_Principle_and_WTO.pdf. Acesso em: 2 maio 2022.

KEETON, Page W. Products Liability – Inadequacy of information. *Texas Law Review*, v. 40, p. 193-210, 1961.

KEMPER, Nathan P.; POPP, Jennie S.; NAYGA, Rodolfo M.; KERR, J. Brinck. Cultural worldview and genetically modified food policy preferences. *Food Policy*, v. 80, p. 68-83, 2018.

KERBRAT, Yann; MALJEAN-DUBOIS; Sandrine. The role of international law in the promotion of the precautionary principle. *In:* OLIVEIRA, Carina Costa de; MORAES, Gabriela G. B. Lima; FERREIRA, Fabrício Ramos (Orgs.). *A interpretação do princípio da precaução pelos tribunais*: análise nacional, comparada e internacional. Campinas: Pontes Editores, 2019. p. 275-284.

KISS, Alexandre. Os direitos e interesses das gerações futuras e o princípio da precaução. *In:* VARELLA, Marcelo Dias; PLATIAU, Ana Flávia Barros (Org.). *Princípio da precaução*. Belo Horizonte: Del Rey, 2004. p. 1-12.

KOLODINSKY, Jane; MORRIS, Sean; PAZUNIAK, Orest. How consumers use mandatory genetic engineering (GE) labels: evidence from Vermont. *Agriculture and Human Values*, v. 36, p. 117-125, 2019.

KOURILSKY, Philippe; VINEY, Geneviève. *Le principe de précaution*. 1999. Disponível em: http://www.ladocumentationfrancaise.fr/var/storage/rapportspublics/004000402.pdf. Acesso em: 2 maio 2022.

KUNISAWA, Viviane Yumy M. O direito de informação do consumidor e a rotulagem dos alimentos geneticamente modificados. *Revista de Direito do Consumidor*, n. 53, p. 135-150, jan./mar. 2005.

LACERDA, Galeno. Liberdade-Responsabilidade: assunção de risco e a culpa exclusiva do fumante como excludente de responsabilidade do fabricante de cigarros. *In:* LOPEZ, Teresa Ancona (Coord.). *Estudos e pareceres sobre livre-arbítrio, responsabilidade e produto de risco inerente*: o paradigma do tabaco: aspectos civis e processuais. Rio de Janeiro: Renovar, 2009. p. 183-193.

LAPEÑA, Isabel. Da rotulagem de produtos transgênicos. *In:* VARELLA, Marcelo Dias; BARROS-PLATIAU, Ana Flávia (Org.). *Organismos Geneticamente Modificados*. Belo Horizonte: Del Rey, 2005. p. 157-172.

LEIBLE, Stefan. Consumer information beyond Food Law. *EFFL*, n. 6, p. 316-324, 2010.

LEITE, José Rubens Morato; AYALA, Patryck de Araújo. *Direito ambiental na sociedade de risco*. 2. ed. Rio de Janeiro: Forense Universitária, 2004.

LEME, Cristiane Kraemer L. dos Santos. O direito à informação e os organismos geneticamente modificados (OGMs). *Revista de Direitos Difusos*, v. 7, p. 871-881, jun., 2001.

LEMOS, Patrícia Faga Iglecias. *Resíduos sólidos e responsabilidade civil pós-consumo*. 3. ed. São Paulo: Editora Revista dos Tribunais, 2014.

LEMOS, Patrícia Faga Iglecias. A Responsabilidade Civil Objetiva por Danos ao Meio Ambiente Causados por Organismos Geneticamente Modificados. *In*: DENARI, Cristiane (Org.). *Transgênicos no Brasil e biossegurança*. Porto Alegre: Sergio Antonio Fabris Ed., 2005. p. 135-156.

LI, Rong; BASU, Amiya K. Pricing Strategy for GM Food: Impact of Consumer Attitude Heterogeneity and GMO Food Labelling. *Annals of Operations Research*, 2019.

LIAUKONYTE, Jura; STRELETSKAYA, Nadia A.; KAISER, Harry M.; RICKARD, Bradley J. Consumer response to "contains" and "free of" labeling: evidence from lab experiments. *Applied Economic Perspectives and Policy*, v. 35, n. 3, p. 476-507, 2013.

LIMA, Alvino. *Culpa e risco*. 2. ed., rev. e atual. São Paulo: Revista dos Tribunais, 1998.

LISBOA, Marijane. Transgênicos no Brasil: o descarte da opinião pública. *In:* DERANI, Cristiane (Org.). *Transgênicos no Brasil e biossegurança*. Porto Alegre: Sergio Antonio Fabris Ed., 2005. p. 55-78.

LÔBO, Paulo Luiz Netto. A informação como direito fundamental do consumidor. *Revista de Direito do Consumidor*, n. 37, p. 59-76, jan./mar. 2001.

LOPES, Maurício Caldas. Da fundamentalidade do direito à alimentação. *In:* NEVES, Helena Telino (Coord.). *Direito à alimentação e segurança alimentar*. Curitiba: Juruá, 2017. p. 273-312.

LOPEZ, Teresa Ancona. Exercício do direito e suas limitações: abuso do direito. *Doutrinas Essenciais de Direito Civil*, v. 4, p. 997-1017, out., 2010.

LOPEZ, Teresa Ancona. *Nexo causal e produtos potencialmente nocivos*: a experiência brasileira do tabaco. São Paulo: Editora Quartier Latin, 2008.

LOPEZ, Teresa Ancona. Os princípios da precaução e da prevenção como regras de fundo do direito consumerista para a segurança do consumidor. *In*: MIRAGEM, Bruno; MARQUES, Claudia Lima; DIAS, Lucia Ancona Lopez de Magalhães (Org.). *Direito do consumidor*: 30 anos do CDC: da consolidação como direito fundamental aos atuais desafios da sociedade. Rio de Janeiro: Forense, 2021. p. 139-150.

LOPEZ, Teresa Ancona.*Princípio da precaução e evolução da responsabilidade civil*. São Paulo: Quartier Latin, 2010.

LOPEZ, Teresa Ancona. Responsabilidade civil na sociedade de risco. *In:* LOPEZ, Teresa Ancona; LEMOS, Patrícia Faga Iglecias; RODRIGUES JUNIOR, Otavio Luiz. *Sociedade de risco e direito privado*: desafios normativos, consumeristas e ambientais. São Paulo: Atlas, 2013. p. 3-13.

LOPEZ, Teresa Ancona. Responsabilidade civil na sociedade de risco. *In:* GUERRA, Alexandre Dartanhan de Mello (Coord.). *Estudos em homenagem a Clóvis Beviláqua por ocasião do centenário do Direito Civil codificado no Brasil*. São Paulo: Escola Paulista de Magistratura, v. 1, p. 419-431, 2018.

LOPEZ, Teresa Ancona. Responsabilidade civil na sociedade de risco. *Revista da Faculdade de Direito da Universidade de São Paulo*, v.105, p. 1223-1234, jan./dez. 2010.

LOPEZ, Teresa Ancona. Segurança alimentar: riscos e exigências. *Revista de Direito Civil Contemporâneo*, v. 11, p. 33-54, abr./jun., 2017.

LUCAS, Louise; NICOLLE, Liu; COOKSON, Clive. Nascem bebês modificados geneticamente na China. *Valor Econômico*, São Paulo, 27 nov. 2018.

MACHADO, Paulo Affonso Leme. *Direito à informação e meio ambiente*. 2. ed., rev., ampl., e atual. São Paulo: Malheiros, 2018.

MACHADO, Paulo Affonso Leme. *Direito ambiental brasileiro*. 12. ed., rev., atual., e ampl. São Paulo: Malheiros Editores, 2004.

MACHADO, Paulo Affonso Leme. Informação e participação: instrumentos necessários para a implementação do Direito Ambiental. *Revista de Informação Legislativa*, n. 134, p. 213-218, abr./jun., 1997.

MACHADO, Paulo Affonso Leme. O princípio da precaução e a avaliação de riscos. *Doutrinas Essenciais de Direito Ambiental*, v. 1, p. 591-611, mar., 2011.

MACHADO, Paulo Affonso Leme. O princípio da precaução e o direito ambiental. *Revista de Direitos Difusos*, v. 8, p. 1081-1094, ago., 2001.

MACHADO, Paulo Affonso Leme. Princípio da precaução no Direito Brasileiro e no Direito Internacional e Comparado. *In:* VARELLA, Marcelo Dias; PLATIAU, Ana Flávia Barros (Org.). *Princípio da precaução*. Belo Horizonte: Del Rey, 2004. p. 351-372.

MAGALHÃES, Vladimir Garcia. O princípio da precaução e os organismos transgênicos. *In:* VARELLA, Marcelo Dias; PLATIAU-BARROS, Ana Flávia (Org.). *Organismos Geneticamente Modificados*. Belo Horizonte: Del Rey, 2005. p. 61-86.

MALFATTI, Alexandre David. *O direito de informação no código de defesa do consumidor*. São Paulo: Alfabeto Jurídico, 2003.

MAMLET, Alfred M. Liability for defective information. *Law Practice Note*, v. 17, n. 1, p. 43-45, 1990.

MARQUES, Claudia Lima. Apresentação. *In:* BARBOSA, Fernanda Nunes. *Informação*: direito e dever nas relações de consumo. São Paulo: Editora Revista dos Tribunais, 2008. p. 9-23.

MARQUES, Claudia Lima. Estudo sobre a vulnerabilidade dos analfabetos na sociedade de consumo. *Revista de Direito do Consumidor*, v. 95, p. 99-145, set./out., 2014.

MARQUES, Claudia Lima. OGM e le droit de la consommation: une action mondial pour assurer l'information des consommateurs? *Revista Cadernos do Programa de Pós-Graduação em Direito/UFRGS*, v. 2, n. 4, p. 319-344, 2004.

MARQUES, Claudia Lima. Organismos Geneticamente Modificados, Informação e Risco da "Novel Food": O Direito do Consumidor Desarticulado? *Revista Cadernos do Programa de Pós-Graduação em Direito/UFRGS*, v. 3, n. 6, p. 121-124, 2005.

MARQUES, Claudia Lima. Prefácio. *In:* FABIAN, Christoph. *O dever de informar no Direito Civil*. São Paulo: Editora Revista dos Tribunais, 2002. p. 9-32.

MARQUES, Claudia Lima. Violação do dever de boa-fé de informar corretamente, atos negociais omissivos afetando o direito/liberdade de escolha. Nexo causal entre a falha/defeito de informação e defeito de qualidade nos produtos de tabaco e o dano final morte.

Responsabilidade do fabricante do produto, direito a ressarcimento dos danos materiais e morais, sejam preventivos, reparatórios ou satisfatórios. *Doutrinas Essenciais de Direito do Consumidor*, v. 3, p. 445-526, abr., 2011.

MARQUES, Claudia Lima; BERGSTEIN, Laís Gomes; BASSANI, Matheus Linck. A necessária manutenção do direito à informação dos consumidores sobre produtos transgênicos: uma crítica ao Projeto de Lei 34/2015 (4148/2008). *Revista de Direito Ambiental*, v. 91, p. 87-104, jul./set., 2018.

MARTINS, Humberto. Diretrizes jurisprudenciais do Superior Tribunal de Justiça relacionadas à proteção do consumidor. *Revista de Direito do Consumidor*, v. 106, p. 17-36, jul./ago., 2016.

MARTINS, Humberto. O dever de informar e o direito à informação (I — a perspectiva do Direito do Consumidor). *Revista Consultor Jurídico*. Disponível em: https://www.conjur.com.br/2020-fev-19/dever-informar-direito-informacao-parte. Acesso em: 2 maio 2022.

MARTINS, Humberto. O dever de informar e o direito à informação — a perspectiva do Direito Civil (parte 2). *Revista Consultor Jurídico*. Disponível em: https://www.conjur.com.br/2020-fev-26/direito-comparado-dever-informar-direito-informacao. Acesso em: 2 maio 2022.

MARTINS-COSTA, Judith. *A boa fé no direito privado*: critérios para a sua aplicação. 2. ed. São Paulo: Saraiva Educação, 2018.

MARTINS-COSTA, Judith. Ação indenizatória. Dever de informar do fabricante sobre os riscos do tabagismo. *In:* LOPEZ, Teresa Ancona (Coord.). *Estudos e pareceres sobre livre-arbítrio, responsabilidade e produto de risco inerente*: o paradigma do tabaco: aspectos civis e processuais. Rio de Janeiro: Renovar, 2009. p. 277-318.

MARTINS-COSTA, Judith. Bioética e dignidade da pessoa humana: rumo à construção do biodireito. *Revista da Faculdade de Direito da UFRGS*, v. 18, 2000. p. 153-170.

MASINI, Stefano. *Diritto Alimentare*: una mappa dele funzioni. Milão: Giuffrè Editore, 2014.

MATTIA, Fábio Maria de. Direitos da personalidade: aspectos gerais. *Revista de Informação Legislativa*, n. 56, p. 247-266, out./dez., 1977.

MCALLISTER, Lesley K. Judging GMOs: judicial application of the precautionary principle in Brazil. *Ecology Law Quarterly*, v. 32, p. 149-174, 2005.

MCFADDEN, Brandon R.; LUSK, Jayson L. Effects of the National Bioengineered Food Disclosure Standard: willingness to pay for labels that communicate the presence or absence of genetic modification. *Applied Economic Perspectives and Policy*, v. 40, p. 259-275, 2018.

MENDES, Gilmar Ferreira; BRANCO, Paulo Gustavo Gonet. *Curso de direito constitucional*. 9. ed., rev. e atual. São Paulo: Saraiva, 2014.

MESSER, K.D.; COSTANIGRO, M.; KAISER, H.M. Labeling food processes: The good, the bad and the ugly. *Applied Economic Perspectives and Policy*, v. 39, p. 407-427, 2017.

MILARÉ, Édis; SETZER, Joana. Aplicação do princípio da precaução em áreas de incerteza científica. *Doutrinas Essenciais de Responsabilidade Civil*, v. 5, p. 1123-1143, out. 2011.

MIRAGEM, Bruno. Abuso do direito: ilicitude objetiva no direito privado brasileiro. *Doutrinas Essenciais Obrigações e Contratos*, v. 2, p. 433-480, jun., 2011.

MIRANDA, Murilo de Morais e. Alimentos transgênicos: direito dos consumidores. Deveres do Estado. *Doutrinas Essenciais de Direito Ambiental*, v. 6, p. 877-887, mar., 2011.

MITRE, Maya; REIS, Bruno P. W. Science and Politics in the Regulation of Genetically Modified Organisms in Brazil. *Review of Policy Research*, v. 31, n. 3, p. 125-147, 2014.

MONTINARO, Roberta. *Dubbio scientifico e responsabilita' civile*. Coleção: Universita' degli studi di roma studi di diritto civile fondati da rosario nicolo' e francesco santoro-passarelli diretti da natalino irti e pietro rescigno. Milão: Giuffrè, 2012.

MORAES, Alexandre de. *Direito Constitucional*. 27. ed. São Paulo: Atlas, 2011.

MOREIRA, Edgard. Alimentos transgênicos e proteção do consumidor. *In:* SANTOS, Maria Celeste Cordeiro Leite. *Biodireito*: ciência da vida, os novos desafios. Editora São Paulo: Revista dos Tribunais Ltda., 2001. p. 233-245.

MORGADO, Cíntia. *O direito administrativo do risco*: a nova intervenção estatal sob o enfoque da segurança alimentar (recurso digital). Rio de Janeiro: Gramma, 2017.

MORGATO, Melissa. Organismos geneticamente modificados: algumas questões jurídicas. *In*: ESTORNINHO, Maria João (Coord.). *Estudos de direito da alimentação*. Lisboa: Instituto de Ciências Jurídico-Políticas da Faculdade de Direito da Universidade de Lisboa, 2013. p. 143-174.

MOSIER, Samantha L.; RIMAL, Arbindra; RUXTON, Megan M. A song of policy incongruence: the missing choir of consumer preferences in GMO-labeling policy outcomes. *Review of Policy Research*, v. 37, n. 4, p. 511-534, 2020.

MYHR, Anne Ingeborg. Uncertainty and Precaution: Challenges and Implications for Science and the Policy of Genetically Modified Organisms. *In:* SADELEER, Nicolas de. *Implementing the precautionary principle*: approaches from the Nordic Countries, EU and USA. Londres: Earthscan, 2007. p. 185-196.

NERY JUNIOR, Nelson. Alimentos transgênicos e o dever de informar o consumidor. *In:* TEIXEIRA, Sálvio de Figueiredo (Coord.). *Estudos em homenagem ao ministro Adhemar Ferreira Maciel*. São Paulo: Saraiva, 2001. p. 547-576.

NERY JUNIOR, Nelson. Direitos fundamentais à saúde e informação do consumidor. *Soluções Práticas de Direito*, v. 1, p. 309-362, set. 2014.

NERY JUNIOR, Nelson. Rotulagem dos Alimentos Geneticamente Modificados. *In:* FUKUMA, Patrícia (Coord.). *Biotecnologia no Brasil*: uma abordagem jurídica. São Paulo: Associação Brasileira das Indústrias da Alimentação (ABIA), 2002. p. 211-234.

NERY JUNIOR, Nelson. Rotulagem dos alimentos geneticamente modificados. *Doutrinas Essenciais de Direito do Consumidor*, v. 5, p. 221-240, abr., 2011.

NEVES, Helena Telino. O que comemos?! Aspectos jurídicos sobre segurança alimentar na produção de animais geneticamente modificados para consumo humano. *In:* NEVES, Helena Telino (Coord.). *Direito à alimentação e segurança alimentar*. Curitiba: Juriá, 2017. p. 143-186.

NORONHA, Daphne Soares de; VIANA, Rui Geraldo Camargo. Alimentos geneticamente modificados e rotulagem: direitos do consumidor e a proteção da saúde pública. *In:* SCALQUETTE, Ana Cláudia Silva; CAMILLO, Carlos Eduardo Nicoletti (Coord). *Direito e medicina*: novas fronteiras da ciência jurídica. São Paulo: Editora Atlas, 2015. p. 187-198.

NUNZIATO; Travis. "You say tomato, I say solanum lycopersicum containing beta-ionone and phenylacetaldehyde": an analysis of Connecticut's GMO labeling legislation. *Food and Drug Law Journal*, v. 69, n. 3, p. 474-491, 2014.

OLIVEIRA, Carina Costa de; MORAES, Gabriela G. B. Lima; FERREIRA, Fabrício Ramos. Artigo Introdutório: Os limites da interpretação do princípio da precaução no Brasil e as contribuições do direito comparado e do direito internacional para a tecnicidade na implementação do princípio. *In:* OLIVEIRA, Carina Costa de; MORAES, Gabriela G. B. Lima; FERREIRA, Fabrício Ramos (Orgs.). *A interpretação do princípio da precaução pelos tribunais*: análise nacional, comparada e internacional. Campinas: Pontes Editores, 2019. p. 15-32.

OLIVEIRA JÚNIOR, José Alcebíades de. Conexões entre os novos direitos. *Doutrinas Essenciais de Direito Ambiental*, v. 6, p. 793-808, mar. 2011.

ORGANIZAÇÃO DAS NAÇÕES UNIDAS. *Amendment to the convention on access to information, public participation in decision-making and access to justice in environmental matters*. Disponível em: https://treaties.un.org/doc/Treaties/2005/05/20050527%200835%20AM/Ch_XXVII_13_bp.pdf. Acesso em: 2 maio 2022.

ORGANIZAÇÃO DAS NAÇÕES UNIDAS. Assembleia Geral. *Resolução nº 70/186*. Disponível em: https://undocs.org/en/A/RES/70/186. Acesso em: 2 maio 2022.

ORGANIZAÇÃO DAS NAÇÕES UNIDAS. Assembleia Geral. *Resolução nº 217-A (III), de 10 de dezembro de 1948*. Disponível em: https://www.un.org/ga/search/view_doc.asp?symbol=A/RES/217(III)&Lang=E. Acesso em: 2 maio 2022.

ORGANIZAÇÃO DAS NAÇÕES UNIDAS. *Convention on access to information, public participation in decision-making and access to justice in environmental matters*. AARHUS, DENMARK, 25 june 1998. Disponível em: https://treaties.un.org/doc/Treaties/2005/05/20050527%200835%20AM/Ch_XXVII_13_bp.pdf. Acesso em: 2 maio 2022.

ORGANIZAÇÃO DAS NAÇÕES UNIDAS. *Declaração do Rio sobre Meio Ambiente e Desenvolvimento (ECO RIO 92)*, jun. 1992. Disponível em: https://www.un.org/en/development/desa/population/migration/generalassembly/docs/globalcompact/A_CONF.151_26_Vol.I_Declaration.pdf. Acesso em: 2 maio 2022.

ORGANIZAÇÃO DAS NAÇÕES UNIDAS. *Economic Commission for Europe Meeting of the Parties to the Convention on Access to Information, Public Participation in Decision-making and Access to Justice in Environmental Matters*, july. 2020. Disponível em: https://www.unece.org/fileadmin/DAM/env/pp/wgp/WGP_24/ODS/ECE_MP.PP_WG.1_2020_6_E.pdf. Acesso em: 2 maio 2022.

ORGANIZAÇÃO DAS NAÇÕES UNIDAS. *Regional agreement on access to information, public participation and justice in environmental matters in Latin America and the Caribbean*, 2018. Disponível em: https://treaties.un.org/doc/Treaties/2018/03/20180312%2003-04%20PM/CTC-XXVII-18.pdf. Acesso em: 2 maio 2022.

ORGANIZAÇÃO DAS NAÇÕES UNIDAS PARA A ALIMENTAÇÃO E A AGRICULTURA – FAO. Genetically modified organisms, consumers, food safety and the environment. *FAO Ethics Series*, Roma, v. 2, 2001.

PEREIRA, Caio Mário da Silva. *Responsabilidade civil*. 12. ed. rev., atual., e ampl. Rio de Janeiro: Forense, 2018.

PESCHELA, Anne O.; GREBITUSB, Carola; ALEMUC, Mohammed Hussen; HUGHNERB, Renée S. Personality traits and preferences for production method labeling – A latent class approach. *Food Quality and Preference*, v. 74, p. 163-171, 2019.

PFEIFFER, Maria da Conceição Maranhão. *Direito à informação e ao consumo sustentável*. 2011. 166 p. Tese (Doutorado em Direito Civil) – Faculdade de Direito, Universidade de São Paulo, São Paulo, 2011.

POPEK, Stanislaw; HALAGARDA, Michal. Genetically modified foods: Consumer awareness, opinions and attitudes in selected EU countries. *International Journal of Consumer Studies*, v. 41, p. 325-332, 2017.

PUSCHEL, Flavia Portella. *A responsabilidade por fato do produto no CDC*: Acidentes de consumo. São Paulo: Quartier Latin, 2006.

QUEFFELEC, Betty. Le principe de précaution à l'épreuve de l'utilité publique: éclairage sur la jurisprudence française. *In:* OLIVEIRA, Carina Costa de; MORAES, Gabriela G. B. Lima; FERREIRA, Fabrício Ramos (Org.). *A interpretação do princípio da precaução pelos tribunais*: análise nacional, comparada e internacional. Campinas: Pontes Editores, 2019. p. 159-180.

RAMOS, Ignez Conceição Ninni. Transgênicos – OGMs. *Revista de Direitos Difusos*, v. 8, p. 1057-1067, ago., 2001.

REHBINDER, Ekhard. Precaution and sustainability: two side of the same coin? *In:* DERANI, Cristiane (Org.). *Transgênicos no Brasil e biossegurança*. Porto Alegre: Sergio Antonio Fabris Ed., 2005. p. 19-33.

RENCHER, Kammi L. Food choice and fundamental rights: a piece of cake or pie in the Sky? *Nevada Law Journal*, v. 12, n. 2, p. 418-442, 2012.

REUTIMAN, Joseph L. Defective Information: Should Information Be a Product Subject to Products Liability Claims? *Cornell Journal of Law and Public Policy*, v. 22, p. 181-203, 2012.

RIBEIRO, Cristina Figueiredo Terezo; ALVES, Raysa Antonia Alves; LIMA, Tamires da Silva. O princípio da precaução à luz da jurisprudência da Corte Interamericana de Direitos Humanos. *In:* OLIVEIRA, Carina Costa de; MORAES, Gabriela G. B. Lima; FERREIRA, Fabrício Ramos (Org.). *A interpretação do princípio da precaução pelos tribunais*: análise nacional, comparada e internacional. Campinas: Pontes Editores, 2019. p. 346-367.

RIHN, Alicia; WEI, Xuan; KHACHATRYAN, Hayk. Text vs. logo: Does eco-label format influence consumers' visual attention and willingness-to-pay for fruit plants? An experimental auction approach. *Journal of Behavioral and Experimental Economics*, v. 82, 2019.

RIOS, Aurélio Virgílio Veiga. Manifestação do Ministério Público Federal (Parecer nº 060/99-NP/AR/PR/DF). *Revista de Direitos Difusos*, v. 7, p. 941-956, jun., 2001.

RIOS, Aurélio Virgílio Veiga. O princípio da precaução e a sua aplicação na Justiça Brasileira: estudos de casos. *In:* VARELLA, Marcelo Dias; PLATIAU, Ana Flávia Barros (Orgs.). *Princípio da precaução*. Belo Horizonte: Del Rey, 2004. p. 373-400.

ROCHMAN, Alexandre Ratner. Da Necessidade de Avaliar a Responsabilidade dos Estados Relativa ao Cultivo de Plantas Geneticamente Modificadas. *In:* DENARI, Cristiane (Org.). *Transgênicos no Brasil e biossegurança*. Porto Alegre: Sergio Antonio Fabris Ed., 2005. p. 183-196.

RODRIGUES, Luciana Faria. OGMs: Organismos geneticamente modificados reflexos no Direito Ambiental e no Direito Econômico-Concorrência e Consumidor. *Revista de Direitos Difusos*, v. 8, p. 1069-1080, ago., 2001.

RODRIGUES JUNIOR, Otavio Luiz. Alimentos modificados e informação dos consumidores. *Revista Consultor Jurídico*. Disponível em: https://www.conjur.com.br/2012-set-12/consultor-tributario-alimentos-modificados-informacao-consumidores. Acesso em: 2 maio 2022.

RODRIGUES JUNIOR, Otavio Luiz. Dilemas na regulação legal brasileira da transgenia. *Revista Consultor Jurídico*. Disponível em: https://www.conjur.com.br/2012-set-19/direito-comparado-dilemas-regulacao-legal-brasileira-transgenia. Acesso em: 2 maio 2022.

ROSENVALD, Nelson. *As funções da responsabilidade civil*: a reparação e a pena civil. 3. ed. São Paulo: Saraiva, 2017.

SADELEER, Nicolas de. *Le principe de precaution dans le monde*: le principe de précaution en droit international et en droit de l'Union européenne. Paris: fondapol; Fondation Jean-Jaurès, 2011.

SADELEER, Nicolas de. Lessons from International, EU and Nordic Legal Regimes. *In:* SADELEER, Nicolas de. *Implementing the precautionary principle*: approaches from the Nordic Countries, EU and USA. Londres: Earthscan, 2007. p. 381-388.

SADELEER, Nicolas de. O estatuto do princípio da precaução no Direito Internacional. *In:* VARELLA, Marcelo Dias; PLATIAU, Ana Flávia Barros (Org.). *Princípio da precaução*. Belo Horizonte: Del Rey, 2004. p. 47-74.

SALAZAR, Andrea Lazzarini. A informação sobre alimentos transgênicos no Brasil. *In:* ZANONI, Magda; FERMENT, Gilles (Orgs.). *Transgênicos para quem?* Agricultura, Ciência e Sociedade. Brasília: Ministério do Desenvolvimento Agrário, p. 294-308, 2011.

SAMPAIO, Izabel Cristina da Silva. Informação e organismos geneticamente modificados na União Europeia: considerações sobre a importância da rotulagem. *In:* ESTORNINHO, Maria João (Coord.). *Estudos de direito da alimentação*. Lisboa: Instituto de Ciências Jurídico-Políticas da Faculdade de Direito da Universidade de Lisboa, 2013. p. 175-208.

SAND, Peter H. Labelling genetically modified food: the right to know. *Review of European, Comparative & International Environmental Law*, v. 15, n. 2, 2006. p. 185-192.

SANDS, Philippe. O princípio da precaução. *In:* VARELLA, Marcelo Dias; PLATIAU, Ana Flávia Barros (Org.). *Princípio da precaução*. Belo Horizonte: Del Rey, 2004. p. 29-46.

SANTOS, Fabíola Meira de Almeida. Informação como instrumento para amenizar riscos na sociedade de consumo. *Revista de Direito do Consumidor*, v. 107, p. 363-384, set./out., 2016.

SARMENTO, Daniel. *Dignidade da pessoa humana*: conteúdo, trajetórias e metodologia. 2. ed. 3. reimpr. Belo Horizonte: Fórum, 2019.

SAX, Joanna K.; DORAN, Neal. Food Labeling and Consumer Associations with Health, Safety, and Environment. *The Journal of Law, Medicine & Ethics*, v. 44, p. 630-638, 2016.

SCAFF, Fernando Campos. A responsabilização civil e a biotecnologia. *In*: PAVINATO, Tiago; SIMÃO, José Fernando (Coord.). *Liber amicorum Teresa Ancona Lopez*: estudos sobre responsabilidade civil. São Paulo: Almedina, 2021. p. 247-256.

SCAFF, Fernando Campos. *Direito à saúde no âmbito privado*: contratos de adesão, planos de saúde e seguro-saúde. São Paulo: Saraiva, 2010.

SCAFF, Fernando Campos; LEMOS, Patrícia Faga Iglecias. Da Culpa ao Risco na Responsabilidade Civil. *In:* RODRIGUES JUNIOR, Otavio Luiz; MAMEDE; Gladston; ROCHA, Maria Vital da. (Org.). *Responsabilidade Civil Contemporânea*: em homenagem a Silvio de Salvo Venosa. São Paulo: Atlas, 2011.

SCHREIBER, Anderson. *Direitos da personalidade*. 2. ed. São Paulo: Atlas, 2013.

SCHREIBER, Anderson. *Novos paradigmas da responsabilidade civil*: da erosão dos filtros da reparação à diluição dos danos. 6. ed. São Paulo: Atlas, 2015.

SILVA, Eva Sónia Moreira da. *Da responsabilidade pré-contratual por violação dos deveres de informação*. Coimbra: Almedina, 2003.

SILVA, José Afonso da. A dignidade da pessoa humana como valor supremo da democracia. *Revista de Direito Administrativo*, v. 212, p. 89-94, abr./jun., 1998.

SILVA, José Afonso da. *Curso de Direito Constitucional Positivo*. 37. ed. São Paulo: Malheiros Editores, 2014.

SILVA, Letícia Rodrigues da; PELAEZ, Victor. O marco regulatório para a liberação comercial dos organismos geneticamente modificados (OGM) no Brazil. *Revista de Direito Ambiental*, v. 48, p. 118-139, out./dez., 2007.

SILVA, Solange Teles da. Princípio da precaução: uma nova postura em face dos riscos e incertezas científicas. *In:* VARELLA, Marcelo Dias; PLATIAU, Ana Flávia Barros (Org.). *Princípio da precaução*. Belo Horizonte: Del Rey, 2004. p. 75-92.

SIMÃO, Ângela Maria Marini. A educação e a formação como via para a afirmação da cidadania. *Revista de Direito do Consumidor*, v. 46, p. 9-40, abr./jun.,2003.

SOUZA, Júpiter Palagi de; SOUZA, Larissa Oliveira Palagi de. Jurisdicização da transgenia: caminho jurídico para informar o consumidor. *Revista dos Tribunais*, v. 972, out., 2016. p. 203-228.

SOUZA, Júpiter Palagi de; SOUZA, Larissa Oliveira Palagi de. Princípio da precaução: pesquisas biotecnológicas, mudanças climáticas, disputas econômicas e organismos geneticamente modificados. *Doutrinas Essenciais de Direito Ambiental*, v. 1, p. 457-470, mar., 2011.

STIGLITZ, Rubén S. La obligación precontractual y contractual de información. El deber de consejo. *Revista de Direito do Consumidor*, v. 22, p. 9-25, abr./jun., 1997.

STIRLING, Andy; RENN, Ortwin; ZWANENBERG, Patrick van. A framework for the precautionary governance of food safety: integrating science and participation in the social appraisal of risk. *In:* FISHER, Elizabeth; JONES, Judith; SCHOMBERG, René von. *Implementing the precautionary principle*: perspectives and prospects. Cheltenham: Edward Elgar Publishing Limited, 2006. p. 284-315.

STRAUSS, Debra M. The International Regulation of Genetically Modified Organisms: Importing Caution into the U.S. Food Supply. *Food and Drug Law Journal*, v. 61, n. 2, p. 167-196, 2006.

SUNSTEIN, Cass R. Beyond the precautionary principle. *University of Pennsylvania Law Review*, v. 151, n. 3, p. 1003-1058, 2003.

SUNSTEIN, Cass R. Is cost-benefit analysis for everyone? *Administrative Law Review*, v. 53, n. 1, p. 299-314, 2001.

SUNSTEIN, Cass R. On Mandatory Labeling, with Special Reference to Genetically Modified Foods. *University of Pennsylvania Law Review*, v. 165, p. 1043-1095, 2017.

SUNSTEIN, Cass R. The Catastrophic Harm Precautionary Principle. *Issues Legal Scholarship*, 2007. Disponível em: https://papers.ssrn.com/sol3/papers.cfm?abstract_id=2532598. Acesso em: 2 maio 2022.

SUNSTEIN, Cass R. They Ruined Popcorn': On the Costs and Benefits of Mandatory Labels. *Harvard Public Law Working Paper nº 18-06*. Disponível em: https://ssrn.com/abstract=3091789. Acesso em: 2 maio 2022.

TALLAPRAGADA, Meghnaa; HALLMAN, William K. Implementing the National Bioengineered Food Disclosure Standard: Will Consumers Use QR Codes to Check for Genetically Modified (GM) Ingredientes in Food Products? *AgBioForum*, v. 21, n. 1, p. 44-60, 2018.

TARTUCE, Flávio. A construção do abuso de direito nos dez anos do Código Civil Brasileiro de 2002. *Revista Jurídica Luso-Brasileira*, n. 6, p. 447-472, 2015.

TEIXEIRA, Luciano Custódio. Alimentos transgênicos: questões controversas. *Revista de Direito do Consumidor*, v. 77, p. 301-336, jan./mar., 2011.

TEPEDINO, Gustavo. Liberdade de escolha, dever de informar, defeito do produto e boa-fé objetiva nas ações de indenização contra os fabricantes de cigarro. *In:* LOPEZ, Teresa Ancona (Coord.). *Estudos e pareceres sobre livre-arbítrio, responsabilidade e produto de risco inerente*: o paradigma do tabaco: aspectos civis e processuais. Rio de Janeiro: Renovar, 2009. p. 195-238.

TOMASETTI JÚNIOR, Alcides. O objetivo de transparência e o regime jurídico dos deveres e riscos de informação nas declarações negociais para consumo. *Doutrinas Essenciais de Responsabilidade Civil*, v. 2, p. 67-104, out., 2011.

TOSUN, Jale; SCHAUB, Simon. Mobilization in the European Public Sphere: the struggle over Genetically Modified Organisms. *Review of Policy Research*, v. 34, n. 3, p. 310-330, 2017.

TYBUSCH, Jerônimo Siqueira; BUENO, Igor Mendes; PILLON, Leonardo Ferreira. Transgenia, sociedade de risco e direito do consumidor à informação: uma análise do PL nº 4.148/2008. *Revista de Informação Legislativa*, v. 56, n. 221, p. 61-86, jan./mar., 2019.

U.S. FOOD AND DRUG ADMINISTRATION. *New 'Feed Your Mind' Initiative Launches to Increase Consumer Understanding of Genetically Engineered Foods*. Disponível em: https://www.fda.gov/news-events/press-announcements/new-feed-your-mind-initiative-launches-increase-consumer-understanding-genetically-engineered-foods. Acesso em: 2 maio 2022.

UNALKAT, Piyush. Feijões, genes e outros temas: a necessidade de precaução. *In* CASABONA, Carlos María Romeo (Org.). *Biotecnologia, direito e bioética*: perspectivas em direito comparado. Belo Horizonte: Del Rey e PUC Minas, 2002. p. 290-293.

UNIÃO EUROPEIA. Comissão das Comunidades Europeias. *Comunicação ao Parlamento Europeu, ao Conselho, ao Comitê Econômico e Social Europeu e ao Comitê das Regiões, Cidadãos mais saudáveis, mais seguros e mais confiantes*: uma Estratégia de Saúde e Defesa do Consumidor, COM (2005) 115 final. Bruxelas: abr., 2005. Disponível em: https://eurlex.europa.eu/legalcontent/PT/TXT/PDF/?uri=CELEX:52005DC0115&from=EN. Acesso em: 2 maio 2022.

UNIÃO EUROPEIA. Conclusões do Advogado Geral do Tribunal de Justiça Europeu. *Processo nº C-442/09*. Karl Heinz Bablok, Stefan Egeter, Josef Stegmeier, Karlhans Müller, Barbara Klimesch contra Freistaat Bayern. 9 fev. 2011. Disponível em: http://curia.europa.eu/juris/document/document.jsf?text=genetically%2Bmodified%2Borganism&docid=79642&pageIndex=0&doclang=pt&mode=req&dir=&occ=first&part=/1&cid=8870849#Footnote1. Acesso em: 2 maio 2022.

UNIÃO EUROPEIA. *Directiva nº 85/374/CEE do Conselho, de 25 de julho de 1985*. Disponível em: https://op.europa.eu/pt/publication-detail/-/publication/b21bef4e-b528-49e2-a0f9-142dc503969a. Acesso em: 2 maio 2022.

UNIÃO EUROPEIA. *Directiva nº 2001/18/CE do Parlamento Europeu e do Conselho, de 12 de março de 2001*. Disponível em: https://eur-lex.europa.eu/legal-content/PT/TXT/?uri=celex%3A32001L0018. Acesso em: 2 maio 2022.

UNIÃO EUROPEIA. *Directiva nº 2005/29/CE do Parlamento Europeu e do Conselho, de 11 de maio de 2005*. Disponível em: https://eur-lex.europa.eu/legal-content/PT/TXT/?uri=celex%3A32005L0029. Acesso em: 2 maio 2022.

UNIÃO EUROPEIA. *Regulamento (CE) nº 178/2002 do Parlamento Europeu e do Conselho de 28 de janeiro de 2002*. Disponível em: https://eurlex.europa.eu/LexUriServ/LexUriServ.do?uri=CONSLEG:2002R0178:20080325:PT:PDF. Acesso em: 2 maio 2022.

UNIÃO EUROPEIA. *Regulamento (CE) nº 1829/2003 do Parlamento Europeu e do Conselho de 22 de setembro de 2003*. Disponível em: https://eur-lex.europa.eu/legalcontent/PT/TXT/PDF/?uri=CELEX:02003R182920080410&from=EN#:~:text=Foi%20estabelecido%20no%20Regulamento%20(CE,Estados%2DMembros%20e%20a%20Comiss%C3%A3o. Acesso em: 2 maio 2022.

UNIÃO EUROPEIA. *Regulamento (CE) nº 1830/2003 do Parlamento Europeu e do Conselho de 22 de setembro de 2003*. Disponível em: https://eurlex.europa.eu/legalcontent/PT/TXT/PDF/?uri=CELEX:32003R1830&from=ET#:~:text=O%20presente%20regulamento%20estabelece%20um,exacta%2C%20o%20acom%2D%20panhamento%20dos. Acesso em: 2 maio 2022.

UNIÃO EUROPEIA. *Regulamento (UE) nº 254/2014 do Parlamento Europeu e do Conselho de 26 de fevereiro de 2014*. Disponível em: https://eurlex.europa.eu/legalcontent/PT/TXT/PDF/?uri=CELEX:32014R0254&from=ES. Acesso em: 2 maio 2022.

UNIÃO EUROPEIA. Comissão das Comunidades Europeias. *Comunicação da Comissão das Comunidades Europeias relativa ao princípio da precaução, COM (2000) 1 final*. Bruxelas: fev. 2000. Disponível em: http://eurlex.europa.eu/legalcontent/PT/TXT/?qid=1507770348511&uri=CELEX:52000DC0001. Acesso em: 2 maio 2022.

UNIÃO EUROPEIA. European Commission. *State of play in the EU on GM-free food labelling schemes and assessment of the need for possible harmonization*. Disponível em: https://ec.europa.eu/food/sites/food/files/plant/docs/gmo-traceability-gm-free_labelling_study_case_en.pdf. Acesso em: 2 maio 2022.

VARELLA, Marcelo Dias. Variações sobre um mesmo tema: o exemplo da implementação do princípio da precaução pela CIJ, OMC, CJCE e EUA. *In:* VARELLA, Marcelo Dias; PLATIAU, Ana Flávia Barros (Org.). *Princípio da precaução*. Belo Horizonte: Del Rey, 2004. p. 275-296.

VAZ, Caroline. A responsabilidade civil e o direito à informação dos consumidores na sociedade de consumo. *In:* MELGARÉ, Plínio (Org.). *O direito das obrigações na contemporaneidade*: estudos em homenagem ao ministro Ruy Rosado de Aguiar Júnior. Porto Alegre: Livraria do Advogado Editora, 2014. p. 97-107.

VAZ, Caroline. *Direito do consumidor à segurança alimentar e responsabilidade civil*. Porto Alegre: Livraria do Advogado Editora, 2015.

VAZ, Caroline; TEIXEIRA NETO, Felipe. Sociedade de risco, direitos transindividuais e responsabilidade civil: reflexões necessárias rumo à efetivação de uma mudança de paradigma. *In:* ROSENVALD, Nelson; DRESCH, Rafael de Freitas Valle; WESENDONCK, Tula. *Responsabilidade civil*: novos riscos. Indaiatuba: Editora Foco, 2019. p. 3-19.

VIANA, Flávia Batista. Transgênicos: alguns aspectos. *Doutrinas Essenciais de Direito do Consumidor*, v. 3, p. 1291-1317, abr., 2011.

VIEIRA, Adriana Carvalho Pinto; FELIZBERTO, Tayrini Vitali; MAY, Yduan de Oliveira. Alimentos transgênicos em sociedade de risco: além da responsabilidade civil, a importância da rotulagem. *Revista de Direito do Consumidor*, v. 103, p. 273-296, jan./fev., 2016.

VIEIRA, Adriana Carvalho Pinto; VIEIRA JUNIOR, Pedro Abel. Debates atuais sobre a segurança dos alimentos transgênicos e os direitos dos consumidores. *Doutrinas Essenciais de Direito do Consumidor*, v. 5, p. 25-47, abr., 2011.

VIEIRA, Adriana Carvalho Pinto; VIEIRA JUNIOR, Pedro Abel. *Direito dos consumidores e produtos transgênicos*. Curitiba: Juruá, 2008.

WATANABE, Edson; NUTTI, Marilia Regini. Alimentos geneticamente modificados: avaliação de segurança e melhorias de qualidade em desenvolvimento. *Revista Brasileira de Milho e Sorgo*, v. 1, n. 1, p. 1-14, 2002.

WEBLER, Thomas; TULER, Seth. Four decades of public participation in risk decision making. *Risk Analysis*, 2018. Disponível em: https://onlinelibrary.wiley.com/doi/10.1111/risa.13250. Acesso em: 2 maio 2022.

WEDY, Gabriel. *O princípio constitucional da precaução*: como instrumento de tutela do meio ambiente e da saúde pública. 2. ed. Belo Horizonte: Fórum, 2017.

WEDY, Gabriel. Uso crescente da precaução nos tribunais superiores. *Revista Consultor Jurídico*, 2020. Disponível em: https://www.conjur.com.br/2020-jan-11/ambiente-juridico-uso-crescente-precaucao-tribunais-superiores. Acesso em: 2 maio 2022.

WINGSPREAD CENTER. *Wingspread Statement on the Precautionary Principle*, January 23-25, 1998. Disponível em: https://www.iatp.org/sites/default/files/Wingspread_Statement_on_the_Precautionary_Prin.htm. Acesso em 2 maio 2022.

WOLFRUM, Rüdiger. O princípio da precaução. *In:* VARELLA, Marcelo Dias; PLATIAU, Ana Flávia Barros (Orgs.). *Princípio da precaução*. Belo Horizonte: Del Rey, 2004. p. 13-28.

XIANG, Wen. Precautionary principle and regulation of GMOs in China. *In:* OLIVEIRA, Carina Costa de; MORAES, Gabriela G. B. Lima; FERREIRA, Fabrício Ramos (Orgs.). *A interpretação do princípio da precaução pelos tribunais*: análise nacional, comparada e internacional. Campinas: Pontes Editores, 2019. p. 251-272.

YANG, Y. Tony; CHEN, Brian. Governing GMOs in the USA: science, law and public health. *Journal of the Science of Food and Agriculture*, v. 96, p. 1851-1855, 2016.

ZANDER, Joakim. *The application of the precautionary principle in practice*: comparative dimensions. Cambridge: Cambridge University Press, 2010.

ZANETTI, Andrea Cristina. Aspectos da razoabilidade na responsabilidade civil pós-moderna. *In:* DONNINI, Rogerio (Coord.). *Risco, dano e responsabilidade civil*. Salvador: Editora JusPodivm, 2018. p. 33-56.

ZANINI, Leonardo Estevam de Assis. Os direitos do consumidor e os organismos geneticamente modificados. *In:* LOPEZ, Teresa Ancona; LEMOS, Patrícia Faga Iglecias; RODRIGUES JUNIOR, Otavio Luiz. *Sociedade de risco e direito privado*: desafios normativos, consumeristas e ambientais. São Paulo: Atlas, 2013.

Esta obra foi composta em fonte Palatino Linotype, corpo 10
e impressa em papel Pólen Bold 70g (miolo) e Supremo 250g (capa)
pela Gráfica Formato.